刑事影像技术

（第二版）

主　　编：徐为霞

副 主 编：张建新　付文波
　　　　　冯季英　钟　淼

参编人员：（以撰写章节先后为序）
　　　　　徐为霞　张建新　钟　淼
　　　　　任宪斌　杨新斌　杨　杰
　　　　　冯季英　付文波

法律出版社
LAW PRESS · CHINA

——北　京——

前　　言

本教材较全面地反映了我国刑事影像技术的理论发展和实践成果。本教材由基础、现场、人像、物证和图像处理五部分组成。基础部分系统地阐明了刑事影像技术的概念、任务、作用和发展历程，刑事照相和刑事录像的器材、方法和要求等课程基本知识；现场部分系统地论述了现场照相和现场录像的概念、内容、步骤、方法及应用；人像部分重点阐述了犯罪嫌疑人或罪犯辨认照相、尸体辨认照相、物证辨认照相和相貌合成的概念、内容、方法和要求，人像辨认录像和人像检验的基本知识；物证部分着重介绍物证常规照相和物证特种照相的知识；图像处理部分着重介绍图像处理的基本知识和图像处理的常用技术。本教材的编写着重于增长学生的刑事影像技术知识，增强学生用影像技术处理现场、人像和物证的能力，为侦查学专业技术和技能课程的学习打牢基础。此次修订以最新的国家标准和行业标准为依据，对术语、数据进行了相应的修改，并增强了内容的可操作性。

《刑事影像技术》由徐为霞任主编，张建新、付文波、冯季英、钟淼任副主编。全书经徐为霞审查、修改定稿。各章撰稿人为（以撰写章节先后为序）：

徐为霞　（中央司法警官学院）：第一章、第二章

张建新　（河北司法警官职业学院）：第三章、第九章、第十章、第十二章（第二节）

钟　淼　（四川司法警官职业学院）：第四章、第五章

任宪斌　（内蒙古警官学校）：第六章（第一、二节）

杨新斌　（国家法官学院西安司法警察分院）：第六章（第三、四节）、第十二章（第三、四、五节）

杨　杰　（湖南司法警官职业学院）：第七章

冯季英　（湖南司法警官职业学院）：第八章

付文波　（中央司法警官学院）：第十一章、第十二章第一节、第十三章

目　　录

第一编　基　　础

第三编　人　　像

第四编　物　证

第五编 图像处理

第一编　基　础

第一章
绪　　论

第一节　刑事影像技术概述

一、刑事影像技术的概念

刑事影像技术是运用照相、录像和图像处理的专门方法，获取、检验、鉴定与刑事案件有关的影像信息的一项刑事科学技术。它包括刑事照相技术、刑事录像技术和刑事数字图像处理技术三个部分。

刑事照相技术是运用照相的方法显示、记录、检验与犯罪有关的客体影像的一门科学技术。

刑事录像技术是利用电视录像的设备器材及其理论和方法，将与打击犯罪和服务于其他执法活动有关的信息记录下来的一门刑事科学技术。

刑事数字图像处理技术是利用计算机对影像进行除噪声、增强、复原、分割、特征提取、图像重建等处理的一门刑事科学技术。

二、刑事影像技术的任务

（一）刑事影像技术的总体任务

1. 在刑事案件现场勘查中的任务

具体表现在：固定案件现场，将案件现场的真实面貌完整、系统、形象地反映出来；记录现场勘查的重要过程或全过程；记录和提取各种痕迹物证，进行显现、分析、比对、鉴别、检验和鉴定。

2. 在案件侦破和司法审判中的任务

具体表现在：为刑事案件的侦破和案件的审判提供影像信息；记录案件侦破、司法审判中的重大工作过程；对犯罪嫌疑人进行监视，收集与案件有关的资料。

（二）刑事照相的任务

1. 记录犯罪现场

这是刑事照相人员日常性的工作，是刑事诉讼获取犯罪现场视听资料证据不可缺少的手段。记录犯罪现场是刑事照相最基本的任务之一。这种记录，要求固定犯罪现场的状况，包括现场环境状况、内部状况及现场细小的痕迹物证，全面、系统、连贯、形象、逼真地反映现场的真实面貌、气氛和特点。

2. 显示各种潜在的痕迹物证

对一些目力难辨的痕迹物证，如汗液手印、汗液脚印、密写字迹、涂改字迹、褪色字迹、模糊印记等，可运用特殊照相方法，将其拍成可见影像，从而显示记录下来。这对侦查破案往往具有重要意义。

3. 在一定条件下鉴别物质异同和进行人身同一认定

这一任务可体现在三个方面：一是鉴别物质异同，主要采用黑白红外线照相、彩色红外线照相、紫外线照相和偏振光照相等方法，鉴别物质是否相同。如鉴别真假货币、真假证件，揭露普通油画下掩盖的名画等。二是进行颅像重合照相，鉴定人身是否同一。把现场上发现的无名颅骨与失踪者的照片进行重合照相，从法医人类学角度判别两者是否来自同一人，可帮助查明死者身源，侦破无名尸体案件。三是进行人像组合照相，为侦查破案提供线索。

（三）刑事录像的任务

1. 在现场勘查中的任务

刑事录像在现场勘查中的任务有三项：一是按现场勘查的规定，记录固定现场；二是记录现场勘查的重要过程；三是记录提取痕迹物证，进行显现、分析、比对、鉴别、检验和鉴定。

2. 在案件侦破中的任务

刑事录像在案件侦破中的任务体现在三个方面：一是记录案件侦破的重大工作进程；二是秘密监视犯罪嫌疑人，收集其犯罪证据；三是总结案件侦破的经验教训。

3. 在案件审判、执行中的任务

刑事录像在案件审判、执行中的任务体现在两个方面：一是记录案件审判和执行工作进程；二是检验录像资料作为诉讼证据的真伪。

（四）刑事数字图像处理的任务

1. 提高人眼对图像的视感质量

刑事数字图像处理的任务之一是提高人眼对图像的视感质量。如对图像的亮度、对比度和色彩进行变换，增强感兴趣的部分、抑制不感兴趣的部分，对图像进行变形校正等，均以提高图像质量，改善图像的视觉效果为目的。

2. 提取图像中所包含的某种特征信息

刑事数字图像处理的另一任务是提取图像中所包含的某种特征信息。如形状特征、纹理特征、灰度或颜色特征、边界特征、频率特征等信息及信息结构，供计算机分析图像使用。

三、刑事影像技术的作用

（一）刑事影像技术的总体作用

1. 固定犯罪现场，提取犯罪痕迹物证

在案件现场勘查中，可以通过现场照相、现场录像将案件现场状况完整、客观、全面、系统地固定记录下来；对在现场勘查或在案件侦查过程中发现的痕迹物证进行提取；为案件分析、现场复原和案件的侦破提供资料和依据，为检验鉴定提供条件。

2. 检验、鉴定有关痕迹物证

通过检验照相和检验录像等技术手段，对一些痕迹物证进行分析、比对、鉴别、鉴定，以分辨其真伪、异同，为同一认定打下基础。通过刑事影像技术提供的影像资料，可以对一些符合条件的痕迹物证进行同一认定并作出鉴定意见，为案件的侦破提供有力的依据。

3. 刑事诉讼中的证据

刑事影像技术可以直接获取犯罪嫌疑人的犯罪影像资料，是对犯罪嫌疑人或犯罪活动的真实记录，是对犯罪痕迹物证的客观反映，根据我国《刑事诉讼法》第 50 条的规定，可以作为刑事诉讼证据使用。

4. 发动群众，震慑犯罪

通过对一些刑事案件侦破的照片的展览和录像片的播放，一方面可以宣传教育群众，鼓舞群众勇于与犯罪分子作斗争，积极为侦查机关侦破刑事案件提供线索，并协助侦查机关追捕逃犯；另一方面可以对犯罪分子和准备犯罪的人员起震慑作用。

（二）刑事照相的作用

概括地讲，刑事照相有两大作用，即记录作用与检验作用。它能将与犯罪有关客体的形状与颜色非接触性地拍摄记录下来，同时，能对某些客体的真伪异同进行鉴别。其具体作用为：

1. 能完整、客观、形象、真实地记录现场、人像和物证

（1）刑事照相能完整、客观、形象、真实地反映发生案件的地点及遗留犯罪痕迹物证的场所，为分析现场和复查案件提供依据。一套完整的现场照片，能一目了然地反映出现场的状况，能在一定程度上反映出犯罪的时间、地点、犯罪过程、作案手段、犯罪结果等，为分析现场和复查案件提供客观依据。

（2）能准确反映通缉通报对象的形象。运用照相方法，能拍照印放通缉令照片，通缉在逃犯、嫌疑犯或查找无名尸体、赃物，辨认作案工具等。

（3）刑事照相能迅速地记录被检验的各种客体。发生在野外的犯罪现场，其痕迹物证若不及时拍照极易被风吹雨打而受到损害；对于繁华地段的现场，迅速记录现场上的痕迹物证，可避免人为破坏，尽快恢复交通，减少财产损失。

（4）刑事照相能将难以用其他方法提取的痕迹物证拍摄下来，为检验提供条件。提取痕迹的方法有提取原物、灌制模型、复印、透明胶粘取等。但一些痕迹，如灰尘手印、灰尘脚印、水迹、足迹、车辆轮胎痕迹、刹车痕迹、墙上涂写或刻划的字迹，都难以用上述方法提取，而用照相方法拍摄提取，就可发挥作用。实际上，照相是提取所有痕迹应优先考虑的方法。

（5）刑事照相能收集、储存各种犯罪资料。如犯罪嫌疑人或罪犯相貌建档登记，现场手印、脚印的建档登记，都有赖于照相，可为日后辨认犯罪嫌疑人、查对赃物罪证、并案侦查和预防犯罪服务。

2. 能对痕迹物证进行显现、检验

（1）刑事照相能记录某些肉眼看不见或看不清的痕迹物证。在现场勘查中，有许多肉眼看不见或看不清的痕迹物证，如汗液手印、布料上或麻包袋上的文字、纸张上的密写字迹等，运用刑事特种照相，能将其显示记录下来，以提供破案线索，提供诉讼证据。

（2）刑事照相能复制技术检验材料，记录技术检验结果，为技术鉴定提供条件和直观的科学依据。复制技术检验材料，如手印、脚印鉴定前，将检材或嫌疑人样本拍摄下来，可供技术人员鉴定使用。对显微镜检验的结果，对法医检验的结果，都可照相固定记录，形成直观影像。

（3）刑事照相能作技术检验手段，在一定条件下鉴别物质异同，进行人身同一认定。如用紫外线照相、红外线照相、偏振光照相等照相技术检验手段鉴别货币、护照、介绍信等文件的真伪；用无名颅骨与怀疑为死者的生前照片进行颅像重合照相，能帮助找出无名尸体身源；用口述相貌拼凑人像照片，能描绘侦查对象的形象，为侦查破案提供线索。

3. 能为刑事诉讼提供证据

《刑事诉讼法》第50条规定：可以用于证明案件事实的材料，都是证据。证据包括：物证，书证，证人证言，被害人陈述，犯罪嫌疑人、被告人供述和辩解，鉴定意见，勘验、检查、辨认、侦查实验等笔录，视听资料、电子数据。证据必须经过查证属实，才能作为定案的根据。刑事照片作为视听资料的一种，是刑事诉讼规定的重要证据。在侦查破案、审查起诉甚至法庭审理各阶段，这种证据对于认定犯罪事实，鉴别犯罪嫌疑人及其辩护人的辩解，最终由法院认定作案者，进行定罪量刑，都具有十分重要的意义。

（三）刑事录像的作用

1. 提取、固定作用

利用录像可以将现场上的痕迹物证提取记录下来，以便进一步检验鉴定。在案件现场勘查前，先用录像将原始现场完整、全面、系统、客观地固定记录下来，为进一步的现场勘查打下基础。

2. 检验、认定作用

利用检验录像手段对一些痕迹物证可以进行显现、比对、分析、检验和鉴定，以辨别真伪、辨别异同。录像可以为辨认提供影像资料，可使辨认工作顺利进行，对某些需要认定的事实加以甄别和肯定。

3. 证据作用

监控录像资料在预审工作中，可以起到震慑犯罪嫌疑人的作用，迫使其尽早交代犯罪事实。利用录像可以直接获取被侦查对象的犯罪证据，是被侦查对象犯罪活动的真实记录，是犯罪痕迹物证的客观反映，可以作为诉讼证据使用。

第二节 刑事影像技术发展历程

一、刑事影像技术的发展简史

（一）刑事照相的发展简史

1. 刑事照相技术的产生

摄影术或称照相术（photography）的诞生是19世纪人类文明的重要成果之一，是科学技术领域的一次伟大突破，它为刑事照相的起源和发展提供了前提。

（1）法医照相的诞生

1839年6月24日，法国的希波利特·巴耶尔（Hippolyte Bayard，1801 –

1887）在巴黎公开展示了他用照相方法拍摄的尸体检验照片，成为世界上第一个把照相用于司法鉴定的摄影师，因此他被全世界公认为“法医摄影的先驱”。1862 年，法医学家约德斯（J. Joders）博士成功地在法医鉴定中应用了照相，并发表文章承认照相在法医检验鉴定中的地位和作用。

（2）辨认照相的出现

照相术的出现，给警察部门带来了新的科学技术手段。警察们很快就发现，用照片来记录、识别和辨认罪犯是一种很不错的方法。1841 年，法国警察当局首次用达盖尔法给两名已知身份的犯罪嫌疑人或罪犯照相留影，以便日后作鉴别之用。1864 年，英国伦敦警察厅（Metropolitan Police Service）开始在整个英格兰地区收集罪犯照片档案，编制罪犯名册。1867 年，莫斯科警察局也建立了罪犯照片册。1871 年，英国议会通过的《预防犯罪法案》（*The Crime Prevention Act*）规定：“凡被警察局拘留逮捕的犯罪嫌疑人或罪犯都必须拍照登记。”1872 年，日本开始采用照相方法管理犯罪嫌疑人或罪犯，除对在押犯罪嫌疑人或罪犯进行拍照外，还规定所有死刑犯的行刑过程都必须有照片记录。1876 年，柏林警察局开始建立照片档案，至 1900 年共收集了 53 卷、37 万张犯罪嫌疑人或罪犯照片。到 1873 年前后，欧美和日本等国各主要城市的警察局和监狱都相继建立了犯罪嫌疑人或罪犯照相登录制度和罪犯照片档案。1876 年，纽约警察局侦探托马斯·伯恩斯（Thomas Byrnes）根据历年来收集的犯罪嫌疑人或罪犯照片，出版了《美国的职业罪犯》（*The Professional Criminals in America*）一书，里面收录了美国各地最臭名昭著的罪犯名单和照片。这本书被广泛散发到北美各城市的警察局和法庭，令那些往来各地作案的罪犯们胆战心惊，无处躲藏。

（3）现场照相的普及

1854 年，瑞士洛桑警察局首次拍摄了犯罪案件的现场，并于 1861 年作出规定：所有犯罪现场都必须拍照记录，以供日后法庭调查之用。这一举动开创了现场照相的历史。1859 年，英国也出现了要求对所有犯罪现场进行拍照记录的议案。

（4）物证照相的产生

1859 年，美国发生著名的卢科案件（the Luco Case）。法庭通过警察出示的照片，证实了该案中的重要证据——一份土地契约是伪造的。这是历史上照片被当作刑事审判的物证并且被法庭采纳的第一个案例。1864 年，旧金山警察局用照相方法成功地揭示和记录了一幅被盗油画上的涂改痕迹。1867 年，瑞士洛桑警方拍摄记录了一起杀人案件现场上凶手遗留的工具。

进入 20 世纪后，随着人类科学技术的进步，新的学科和新的技术不断涌现，给刑事技术不断注入新的活力。在此情况下，检验照相蓬勃兴起，刑事照相的工作内容不断增加。其中重要的有以下四个方面：

第一，分色照相与彩色照相。1868 年，法国的路易斯·德豪伦（Louis Ducos de Hauron，1837 – 1920）拍摄了世界上第一张彩色照片。1914 年，伦敦警察厅成功地采用分色照相技术显现了支票上被涂改的数字，破获一起诈骗案。柏林警察局从 1908 年起研究把彩色照相用于犯罪现场的勘查，特别是凶杀大案的现场照相，并于 1918 年制成了非黑白的有色照片，红地毯上的血迹清晰可见。

第二，特种光线照相。1900 年，阿伯内（W. Dew Abney）发现了红外线。1904 年，沃德（R. W. Word）首次在实验室里进行了红外线拍摄实验。1905 年后，红外线开始用于司法检验，主要是鉴别文件和文物的真伪及是否有内在的损伤。1922 年，美国国家标准局的戴维斯（R. Davis）博士用红外线拍摄方法再现了一份被烧毁的文件上的字迹。1927 年，红外线照相技术开始进入实用阶段。

第三，法医颅像重合技术。1913 年，美国盐湖城犹他州立大学的威尔德（C. A. Wild）博士首次应用颅像重合的方法鉴定了一具白骨化尸体的身源。同年，德国耶拿警察局也采用同样的方法鉴定了一具无名尸体的身份。1916 年，纽约警察局用这种方法侦破了意大利裔女工被杀案。1935 年，英国格拉斯哥大学教授格拉耶斯塔和布拉苏，应用一台老式座机，把汇集在成像屏上的在一起杀人碎尸案件现场提取的两个面部已高度腐败无法辨认的无名颅骨，与两个失踪人腊格斯通夫人及其女仆罗杰·马丽的肖像照片重合在一起，得出了同一认定的结论。法庭使用这一证据使犯罪嫌疑人腊格斯通医生承认了谋杀妻子及女仆的罪行。1936 年英国司法当局正式承认，格拉耶斯塔和布拉苏的颅像重合法（Skull – lnage Superimposition）可以用于无名颅骨案件的司法审判中。

第四，显微照相。1929 年，文检学的创始人阿尔伯特·奥斯伯恩（Albert Sherman Osborn，1858 – 1946）著书叙述了用文件显微镜和立体显微镜检验文件和拍摄记录的方法。1922 年，美国霍普金斯大学教授加尔文·古达德（Calvin Goddard，1891 – 1955）创立了武器弹道学。他把比较显微镜与照相机相结合，检验并拍摄了枪弹表面的摩擦痕迹。

此外，1934 年，布鲁斯（H. L. Broose）首次应用硫化锌处理潜在指纹，然后用紫外线照相拍摄到荧光指纹。1935 年，芝加哥警察局的卢克·梅（Luke S. May）使用显微镜比对木质物的断面，制成第一张比对重合照片。

（5）数字照相机的产生

从模拟原稿转换到数字图像的设想首先在扫描仪上实现，后来发展到模拟视频信号的数字化技术，并产生了通过数字化信号从离散传感器单元阵列捕获静止图片的概念。美国火箭协会喷气推进实验室的 Eugene F. Lally 首次于 1961 年发表文章，描述如何利用马赛克形式排列的光电探测器在数字域中产生静止图片的方法，旨在为执行行星探测任务的宇航员提供在机导航信息。马赛克传感器阵列在经过星球和行星期间周期性地记录天体位置的静止图片，宇航员接近行星时则为手操纵测距仪提供轨道和指引降落的附加信息。有关概念包括照相机单元设计等，航天领域的这些努力预示着第一代数字照相机即将诞生。

美国德州仪器公司的工程师 Willis Adcock 设计了一种无须胶片的照相机，并于 1972 年申请专利，但很难确认他是否组装成了产品。第一次有记录证据的组装数字照相机的尝试发生在 1975 年，由柯达公司工程师 Steven Sasson 完成，他采用 Fairchild Semiconductor 于 1973 年开发的新型固态 CCD 图像传感器芯片。这种数字照相机的重量达 3. 6 公斤，只能在盒式磁带上记录黑白图像，像素捕获能力仅 1 万个，拍摄一幅图像需要 23 秒钟。

第一代真正意义上的数字照相机产生于 1988 年，捕获的数字图像记录成计算机文件，这就是富士的 DS – 1P 数字照相机，配置 16 兆存储容量的内置记忆卡。该数字照相机在美国市场上从未销售过，甚至在日本是否发过货也很难确认。

1990 年，第一批数字照相机出现在商业市场，命名为 Dycam Model 1，也曾经以 Logitech Fotoman 的名称销售过。这种数字照相机使用 CCD 图像传感器，以数字文件形式保存拍摄结果，因可以与计算机直接连接而能够从照相机下载数字图像文件。

1991 年，柯达公司制造的 Kodak DCS – 100 数字照相机推向商业市场，同时启动了单镜头反光数字照相机生产线建设，通常使用尼康制造的胶片照相机机身。Kodak DCS – 100 配置 1. 3 兆像素图像传感器，价格高达 13, 000 美元。

到 1995 年时，卡西欧开始销售第一批背面配置液晶显示器的消费级数字照相机，这就是 Casio QV – 10 产品。次年，柯达公司首先实现了以紧凑型闪存卡为图像记录介质的消费级数字照相机，这就是曾经风光一时的 Kodak DC – 25。

1999 年，尼康成功地推出 Nikon D1 数字照相机，图像捕获能力达到 2. 74 兆像素，成为整体上由照相机主要制造商开发成的第一批单镜头反光数字照相机。

2. 刑事照相在中国的兴起

1840 年，达盖尔的银版照相法传入中国，在香港和广州等地出现了最早的照相馆，开展肖像摄影。1887 年《点石斋画报》第 136 号刊登消息，反映香港轮船失事后照取尸体照片供亲属辨认。题记中写道，“此乃照尸留影之法”，“为香港东华医院首创，适有华洋火船遽遭不测，获尸二百余具，即以此法行之”。这是迄今为止我国有关尸体照相的最早记载。与此同时，鉴于照相所具有的诸多优点，清政府也开始在官务活动中应用照相，把照相用作识别人员真伪、惩戒违法乱纪者的手段。1891 年 4 月 17 日，九龙城大鹏协副将方裕处决劫持南武号轮船的海盗，清政府邀港英代表到场观斩，并照相摄留海盗真面目。1900年，兴中会成员、革命先烈史坚如在广州以炸药袭击广东巡抚署，谋刺署督德寿未成被捕。清朝当局拍摄了现场照片。现有文献表明，我国的刑事照相最早出现在1904年，德国人把亨利指纹法和照相记录法带入青岛。1910年，英国人也把指纹和照相技术带入上海公共租界工部局总巡捕房（后改称警务处），并派人到青岛学习，次年回到上海后开始进行罪犯鉴识。1928年6月，上海市公安局和上海公共租界工部局警务处分别设立刑事科，有了专职的刑事照相人员。

3. 新中国刑事照相的发展

新中国的诞生为我国刑事照相技术的发展开辟了广阔的前景。具体表现在如下四个方面：

（1）刑事照相机构和人员不断发展和壮大

20世纪50年代，全国县以上公安机关都开展了刑事照相业务，地区、市以上的公安机关都设有照相室，并配有专职业务人员。20世纪80年代开始建立一、二、三级刑事技术点，县建立三级点，200万人口以上的城市建立一级点，从而使刑事照相业务建设得到了进一步加强。1989年成立了中国感光学会特种照相专业委员会，1996年成立了中国刑事科学技术协会刑事照相录像专业委员会，对推动学术交流起了重要作用。1993年成立了全国刑事照相录像标准化分技术委员会，开展了我国刑事照相录像标准化工作，加强了业务建设。

刑事照相专业队伍逐步发展壮大。1983年，中国刑警学院开始招收刑事照相专业本科生。中国刑警学院举办了多期刑事照相专业证书班、师资班、刑事照相高级讲习班及激光照相培训班。公安部第二研究所亦举办了多期红外线和紫外线照相培训班。目前，在全国各地已形成了一支庞大的业务素质较高的专业技术队伍。

（2）刑事照相教材、专著不断涌现

20世纪90年代以后，我国在刑事照相方面的教材主要有：周祥文主编的《刑事照相技术基础》，朱宝礼主编的《刑事照相学教程》，黄传开编写的《现场照相》，李卓主编的《辨认照相教程》，朱宝礼主编的《物证检验照相教程》，李寄冰主编的《刑事照相》，孟建国、赵玫、黄建东主编的《刑事图像技术与应用》，黄群、程宏斌主编的《刑事图像教程》等，上述这些教材为提高刑事照相人员的素质起了重要作用。在刑事照相方面的专著和资料主要有：宋立公编著的《实用刑事照相》，赵成文著的《刑事相貌学》，黄群、刘淑霞编著的《物证照相》，赵公仪著的《刑事摄影原理与实践》，王桂强编著的《指纹照相技术》，杨玉柱、姜敏、杨毅主编的《实用法庭科学照相》，沙贵君编著的《刑事案件现场照相技术》，兰玉文著的《颅像重合法的研究与应用》，杨玉柱著的《法医摄影技术》等，上述这些著作对建设和发展刑事照相学科起了重要作用。

（3）刑事照相科研成果丰富

由于广大刑事照相人员积极努力，勇于开拓进取，新的科研成果、新技术、新方法不断出现。20世纪90年代以后的成果主要有：1990年12月天津感光材料公司、天津市刑事科学技术研究所刘亚忠、周云彪等人研制成天津牌Ⅰ型紫外胶卷。1990年6月安徽省公安厅刑事科学技术研究所于正恩、刘清泉等人研制成WZK－Ⅰ型偏振光勘查仪。1990年12月公安部第二研究所俞伟雄、崔钧研制出紫外荧光翻拍仪。1990年12月上海市刑事科学技术研究所周长生、黄志明、杨永春完成了“分色偏振光照相的研究——对有色呢绒、地毯、人造革上的微量灰尘痕迹的拍摄”课题的研究及TKD多功能现场勘查灯的研制。1991年2月辽宁省刑事科学技术研究所王景春、富海军、李文生、任旭东完成了“水浸拍照法显现深色纺织物上消退印章的研究”课题的研究。1991年6月公安部第二研究所张广元、杜宝庆等人研制成GA－91－Ⅰ型X线胶片暗房安全灯和GA－91－Ⅲ型X线胶片暗房安全灯。1992年10月安徽省公安厅刑事科学技术研究所、芜湖光学仪器厂伍其学、王仁安、吴大伦等人完成了同轴光照相仪的研制。1992年12月天津市刑事科学技术研究所、天津市激光研究所马啸、秦明伟、曹新华等人研制成MZQ－Ⅰ三束自定型光纤冷光源。1992年铁岭市公安局213研究所兰玉文等人完成了国家重大科研项目“中国人颅像重合法鉴定指标民族差异的研究”的攻关任务。1993年中国刑警学院赵成文完成了“CCK－Ⅰ人像模拟组合系统研究”的课题任务。1994年5月天津市刑事科学技术研究所秦明伟、周云彪、丁国兴、曹新华完成了“荧光分光谱照相的研究和应用”的课题研究。1994年5月中国刑警学院朱宝礼、单大国、王涨等人完成了“计算机变形图像处理的研究和应用软件的研制”课题的研究。1994年11月江苏省公安厅刑事科学技术研究所、温州瓯海气动器件厂张勇、姜征生、张洪明等人完成了ZJX便携式多功能照相梯。1995年12月天津市刑事科学技术研究所、天津市银成新技术有限公司秦明伟、张之愈、曹新华、张怀志完成了MZQ－Ⅱ型分色光纤冷光源的研制。1995年12月公安部第二研究所王桂强、赵光等人完成了“定向反射显现潜在指纹技术系统研究”课题的研究。1996年7月中国刑警学院潘国光、杨玉柱、单大国、赵宝家完成了“透明玻璃上一次性重叠手印分离的研究”课题的研究。1996年12月辽宁省刑事科学技术研究所、沈阳仪器仪表研究所何遇、富海军、王景春等人将DHY－Ⅰ型低温红外显示仪研制成功。1997年5月重庆市刑事科学技术研究所罗红、白生学等人完成了“西南人人像组合研究”课题的研究。1997年5月中国刑警学院朱宝礼、杨洪臣、秦学新完成了旋转式双向无级可变接环的研制。1997年12月北京市刑事科学技术研究所、北京市科源仪器厂贾志英、朱翔等人研制成 KYB 便携式多波段光源。1997 年 12 月公安部第一研究所、中国刑警学院梁来顺、张书杰等人完成了 SD－Ⅰ型多波段光源的研制。1998 年 7 月中国刑警学院沈阳东大阿尔派软件股份有限公司赵成文、胡景德、张星等人完成了“警星 CCK－Ⅱ人像模拟组合系统研究与应用”课题的研究。

（4）不断总结实践经验，广泛开展学术交流

在公安部原三局和五局的支持下，刑事科学技术研究所和中国感光学会特种照相专业委员会及中国刑事科学技术协会刑事照相录像专业委员会相继组织召开了几次全国性的学术交流会。1982 年 5 月在江西庐山召开了“第一次全国刑事照相技术交流会”。1988 年 10 月在安徽黄山召开了“第二次全国刑事照相技术交流会”。1993 年 6 月在江苏无锡召开了“第三次全国刑事照相技术交流会”。1999 年 7 月在吉林市召开了“第四次全国刑事照相学术交流会”。全国公安院校亦不断召开学术研讨会，发表了不少刑事照相方面的文章。另外，还有一些省、市召开了地区性的刑事照相技术交流会，并将发表的文章汇集成论文集。

（二）刑事录像的发展简史

1956 年美国安派克斯（Ampex）公司研制成世界上第一台可供应用的磁头磁带录像机。1959 年日本东芝（Toshiba）公司研制成第一台单磁头录像机，随后日本胜利（JVC）公司研制成二磁头螺旋扫描录像机。旋转扫描方式为实现录像机的小型化开拓了方向。20 世纪 60 年代各式各样的录像机的研制飞速发展，1958 年美国安派克斯公司研制了四磁头彩色录像机，1966 年日本东芝公司研制了小型家庭彩色录像机。由于录像技术的不断发展，在仅仅 20 多年的时间里磁带录像机如雨后春笋般地迅速发展，其品种、型号超过百种。

1973 年，我国辽宁省公安厅首先从日本索尼（Sony）公司引进 AV－3420 黑白录像机，并于 1974 年应用于刑事现场录像。尽管当时的录像磁带还处于落后的开盘式，图像还处于黑白色调，但是，由于它具有声像同步记录的特点，非常逼真，使没有到过犯罪现场的人观看录像之后如同身临其境，深受公安机关广大干警的欢迎和领导的重视。之后，天津、黑龙江、广西等公安机关也纷纷引进日本黑白录像设备并用于刑事现场。1980 年以后又先后引进品种繁多的彩色录像设备，用于刑事案件。

目前，全国省、市、县公安机关普遍开展了彩色录像业务，多次组织刑事录像技术交流会，中国刑警学院和各大公安院校还专门编写了刑事录像教材，开设了录像学课程。

刑事录像在刑事案件现场勘查、审讯、科学研究、教学、经验交流等方面发挥了显著的作用，成为刑事诉讼中重要的证据之一。

二、刑事影像技术的发展趋势

刑事影像是刑事科学技术的基础，它与痕迹、理化、文件、法医检验交织并存，互相渗透，正朝着记录、检验、识别、鉴定等多学科、全方位、综合性领域发展。目前的发展趋势如下：

（一）人脸识别与人像组合技术

在杀人、强奸、抢劫等刑事案件中，许多发达国家都在研究利用影像技术识别人脸特征，其研究领域已从二维静态迅速向三维动态图像识别发展。计算机技术的发展使检验的速率和识别的准确性得到了进一步提高。计算机人像组合与人工模拟画像有机结合，将目击者和被害人描述的犯罪分子体貌特征勾画得更加相像，为查缉犯罪嫌疑人提供重要的线索和依据。

（二）计算机指纹图像识别

现代化的指纹图像分析技术也打破了传统的人工图像分析法，其主要表现为不用确定指位，不用区分纹型，但对现场提取拍照的指纹有更高的要求：第一，必须用黑白胶片拍照，其残缺指纹的纹线和特征点必须清晰。第二，要拍成原物大，最好的特征点必须在 14 ~ 20 个点位。第三，库存指纹必须三面滚动捺印，对十指（包括掌纹）、户口所在地、居民身份证、捺印单位同时进行编码、扫描、编辑，存入计算机中。计算机识别的优点是自动编辑、自动比对、自动标特征，并且通过全国联网达到资源共享，大大提高了信息传播的速度。

（三）GPS 图像定位系统

盗抢出租车、杀死出租车司机案件，可以利用 GPS 图像定位系统迅速破案。具体内容是：在出租车上装配 GPS 定位系统与“110”指挥中心联网，一旦发生出租车被盗抢案件，该系统就会发出指令，将出租车的位置、车型、驾驶员姓名等信息以图像形式通知“110”指挥中心，以便迅速出警堵截。

（四）DNA 影像识别

DNA 影像识别是分子生物学领域的一项成功技术，20 世纪 50 年代，在英国首次开展研究，经过 50 多年的努力，人类终于揭开了与生命有关的发育、遗传、疾病的形成机制之谜。特别是在亲子鉴定、人身的同一认定、确认尸源的性别等司法案件中，为刑事技术检验开辟了一条全新的道路。在人体中的血液、毛发、骨髓、指甲、皮肉组织都含有 DNA 信息，这一信息与指纹一样，完全可以进行人身的同一认定。指纹鉴定的误差概率为 1/160 亿，而 DNA 鉴定的误差概率为 1/30, 000 亿，远低于指纹的误差概率。目前，在许多碎尸案件中，由于尸体受温度、死亡时间、气候等因素的影响高度腐败或受暴力摧残难以辨认，因此，确定被害人性别对案件侦查至关重要。在常规的检验中，主要采用颅像重合技术，即先寻找被害人的照片，然后用颅骨与照片进行比对重合，确定死者是否是被害人，再通过被害人亲属确认身源和性别。这种方法操作烦琐，技术上不容易掌握，同时存在一定的偏差。现在可以利用DNA影像分析确认被害人性别。

（五）牙齿形态图像的鉴定

牙齿是脊椎动物最耐用的器官。牙齿由于形成的条件和颌骨的保护，具有很好的防腐性和抗降解性。牙齿中的珐琅质是骨骼中最坚硬且最密集的组织，在极为潮湿的条件下，人体的绝大部分组织将腐败变质，而牙齿即使埋在地下几千年，仍能保存得完好无损。牙齿的熔点远远高于钢铁的熔点，其熔点温度大于等于1600℃。牙齿被焚烧到接近熔点时，并没有发现微量结构发生物理变化和化学变化。目前世界各国在人体特征识别上，主要使用指纹、DNA和牙齿形态识别。理论计算表明：DNA确定人身的误差概率为1/30,000亿，指纹的误差概率为1/160亿，而对于两个人，在他们所有的160个牙齿表面，具有完全相同的自然形态和牙齿修复形式的可能性为1/25亿。当然这个误差概率在不同年龄群体中有些变化，特别是在青年、幼年群体中，由于龋齿率的下降，导致这一误差概率增大。如果一个人修复的牙齿越多，使用的修复材料种类越多，越复杂，修复的频率越大，其牙齿形态确认个体特征的唯一性也越准确。实际上，牙齿形态也能像指纹一样，确认唯一身源。牙齿形态鉴定在澳大利亚、英国、美国等发达国家已形成了完整的鉴定体系，而在我国，这项研究是一个盲区，还没有建立起一个完整的牙齿形态鉴定体系，相应的配套措施也没健全。

（六）人体动态影像的识别

打击蒙面杀人、抢劫犯罪的研究在我国刚刚起步，利用动态影像分析、确认蒙面杀人、抢劫的犯罪嫌疑人是一种行之有效的方法。犯罪分子在杀人、抢劫过程中，虽然靠蒙面掩盖了面目可辨认特征，但是根据人体动态特征的不相容原理，仍然可以识别。目前，犯罪杀人、抢劫的主要场所是银行、储蓄所、运钞车、大型商场和酒店，而这些场所都配有录像监视系统，完全可以记录犯罪分子在蒙面杀人、抢劫过程中的动态影像和语音，只要将录像带中的动态影像和语音进行处理，将具有辨认意义的动态图像分离出来，在新闻媒体上曝光，让熟悉这些动态特征的人加以辨认，认出犯罪嫌疑人完全是有可能的。

（七）模糊影像信息的处理

影像信息处理是用以增强或复原二维图像（包括照片）的各种方法和程序，是一种综合技术。这些技术的最初用途是补偿成像系统本身的非理想特征。例如，已知照相机系统的输入、输出特性，就可以对拍出的照片进行消除各类照相机的失真和提高分辨率的处理。该信息图像处理一般用于空间遥感技术。后来在工作实践中发现，现场照相由于焦点虚、抖动、运动物体速度太快和擦划等因素造成影像模糊；由于随机电磁波、人为干扰、背景噪声造成的中心目标不清的影像；因为现场光线过强或过暗，造成曝光失误导致影像质量不高；等等，这些低质量的影像信息，经过影像处理就可以变得清晰。特别是现场提取的某些模糊指纹，是无法进行直接比对鉴定的，而通过影像处理，就可以消除干扰，增强指纹的信息特征，得到较清晰而且有鉴定价值的指纹影像。另外，因为照片保存不好，多年风蚀，表面已模糊，擦划多处，经过影像处理，将其轮廓重新勾画，擦划部分模拟掩盖，反差调整，背景处理和增强特殊部位影像，就可以得到一张近似于原照的新照片。影像处理在刑事科学技术中，具有广泛的应用潜力和重要的检验价值。

延伸阅读

全息照相

全息照相亦称“全息摄影”，是一种利用波的干涉记录被摄物体反射（或透射）光波中信息（振幅、相位）的照相技术。全息照相是通过一束参考光和被摄物体上反射的光叠加在感光片上产生干涉条纹而成。全息照相不仅记录被摄物体反射光波的振幅（强度），而且还记录反射光波的相对相位。为了满足产生光的干涉条件，通常要用相干性好的激光作光源，而且光和照射物体的光是从同一束激光分离出来的。感光片显影后成为全息图。全息图并不直接显示物体的图像。用一束激光或单色光在接近参考光的方向入射，可以在适当的角度上观察到原物的像。这是因为激光束在全息图的干涉条纹上衍射而重现原物的光波。再现的像具有三维立体感。在摄制全息图时感光片上每一点都接收到整个物体反射的光，因此，全息图的一小部分就可再现整个物体。用感光乳胶厚度等于几个光波波长的感光片，可在乳胶内形成干涉层，制成的全息图可用白光再现。如果用红、绿和蓝三种颜色的激光分别对同一物体在厚乳胶感光片上摄制全息照片，经适当的显影处理后，可得到能在白光（太阳光或灯光）下观察的有立体感和丰富色彩的彩色全息图。全息照相在信号记录、形变计量、计算机存储、生物学和医学研究、军事技术等领域得到广泛的应用。

全息照相是一种记录被摄物体反射波的振幅和相位等全部信息的新型照相技术。普通照相是记录物体面上的光强分布，它不能记录物体反射光的相位信息，因而失去了立体感。全息照相采用激光作为照明光源，并将光源发出的光分为两束，一束直接射向感光片，另一束经被摄物的反射后再射向感光片。两束光在感光片上叠加产生干涉，感光底片上各点的感光程度随强度也随两束光的位相关系而不同。所以全息照相不仅记录了物体上的反光强度，也记录了位相信息。人眼直接去看这种感光的底片，只能看到像指纹一样的干涉条纹，但如果用激光去照射它，人眼透过底片就能看到与原来被拍摄物体完全相同的三维立体像。一张全息照相图片即使只剩下一小部分，依然可以重现全部景物。全息照相可应用于工业上进行无损探伤，超声全息，全息显微镜，全息照相存储器，全息电影和电视等许多方面。

20世纪80年代初，法国全息照相展在世界各地展览，人们欣赏到了神奇莫测的全息照相。墙上看来明明伸出了一只水龙头，举手前去拧一下，结果是抓了个空；一只镜框，里面没有什么图像，可是当一束光射过来，框里就出现一位美丽的姑娘，她缓慢地摘下眼镜，正向人微笑致意；一只玻璃罩，里面空无一物，可是，在光的照射下，罩里马上现出维纳斯像……在镜框上，玻璃罩内，图像还在不断地变换。

第二章

刑事照相基本知识①

第一节　照　相　机

照相机（camera）是摄取与记录物体影像的主要工具。目前，照相机市场主要由135平视取景相机、135单反相机、120相机、一步成像相机、数码相机和少量的专业相机、110相机、APS相机等组成。其中135平视取景相机占据着75%以上的市场份额。

一、照相机的种类

（一）普通照相机

1. 按照使用对象的不同，照相机可分为专业相机和业余相机

专业相机是供专业照相人员使用的照相机。其主要特点是使用范围广、功能稳定、功能齐全等。业余相机是为普通照相者设计生产的照相机。它具有操作简单、自动化程度高、携带方便等特点。根据使用对象和使用目的不同，业余相机又可分成高级相机、中档相机、普及型相机、傻瓜相机等。

2. 按照胶片型号不同，照相机可分为散页片大型相机、120相机、135相机、110相机、126相机、127相机、一步成像相机和特小型Minox相机

---

① 本章依据标准：

1. 中华人民共和国公共安全行业标准：刑事照相设备技术条件GA/T 591—2006。

2. 中华人民共和国国家标准：法庭科学数字影像技术规则GB/T 29350—2012。

散页片大型相机，使用8英寸×10英寸、10英寸×12英寸散页片，可拍摄不同尺寸的底片，所用的胶片较厚，反差大，适合于修版。常见的有全景照相机、摇头照相机、新闻相机。120相机有120单反、120双反、120平视取景三种机型，使用120胶片或220胶片，不同的相机可分别拍摄60mm×60mm、60mm×45mm、60mm×70mm、60mm×90mm等幅面的底片。著名的哈苏相机、禄莱相机、玛米亚相机均使用120胶片。135相机是指使用35mm胶片的相机，主要有135单反和平视取景两种机型，它们拍摄36mm×24mm底片。另有135半幅相机拍摄135相机一半大（24mm×17.5mm）的画幅，135全景照相机则拍摄13mm×36mm的画幅。110相机，使用16mm的110底片，拍摄13mm×17mm底片。126（拍26mm×26mm底片）、127（拍24mm×24mm底片）相机目前市场上已无法见到。一步成像相机使用4英寸×5英寸底片，可拍摄78mm×78mm底片，拍摄后可以立即得到照片，又称一分钟照相机，该相机将显影、定影过程在出片时同时进行，在被摄胶片从相机内出来后，大约1分钟就能将所拍影像全部显示出来。特小型Minox相机拍摄8mm×11mm底片，主要用于特殊场合，如间谍、旅游、高科技照相等场合。

3. 按照自动化程度不同，照相机可分为机械相机、半自动相机、全自动相机和傻瓜照相机

机械相机全部由机械装置组成，所有操作均由使用者控制。半自动相机是带有测光的机械相机，现在也指只带有自动曝光而不具有其他自动功能的照相机。全自动相机，除取景之外的操作均为全自动化操作。傻瓜照相机是适合于携带的全自动照相机和简易照相机的统称。

4. 按照取景方式不同，照相机可分为平视取景照相机和单反照相机

平视取景照相机取景时，取景光线直接通过取景器进入人眼，观察取景影像不受拍摄限制，无时间视差。单反照相机，取景光线要经过反光镜反射才能进入取景器，成像在聚焦屏上，供人眼观察，它与照相共用一个镜头，所以在拍摄时，无法看到被拍影像，存在时间视差。

5. 按照快门方式不同，照相机可分为中心快门照相机和焦平面快门照相机

中心快门照相机，快门装在镜头内部，工作时快门叶片从中心向边缘开启，待完全打开完成曝光后，再从边缘向中心收拢关闭，该快门的特点是可以使被拍摄景物同时曝光。焦平面快门照相机，是快门安置在相机焦平面附近的照相机，分为帘幕快门和钢片快门两种。

6. 按照用途不同，照相机可分为一般照相机和特殊照相机

一般照相机指目前常用的普通照相机。特殊照相机包括全天候照相机、水下照相机、航空照相机、立体照相机、全景照相机、缩微照相机等。全天候照相机

是一种具有一定密封性的 135 照相机，可以在浅水或恶劣环境下使用，具有防水、防潮、防尘和防腐蚀气体侵蚀的功能。水下照相机，主要用于水下照相，它除具有全天候相机的特点外，还具有耐高水压、耐寒冷等功能，它内置水下照相所需要的滤光镜，密封性极好。航空照相机用于拍摄航空照片，使用能感受红外光线的航空胶片，主要适用于军事、测量、地质勘探、森林监测等行业。立体照相机，又称体视照相机，它是利用两个或多个镜头从不同角度对同一景物进行拍摄，然后制成不同角度的照片，把照片分别放在观察器上，就可以看到立体感照片。现在的立体制作技术，可以把几个镜头拍摄的底片，制作在一张照片上形成立体效果。全景照相机可对大范围的水平位置连续照相，一般采用旋转式，又称摇头照相机。缩微照相机用于拍摄缩微胶卷，将文件、图表制成极小的底片，一方面便于保存、增加容量，另一方面便于携带。多用在档案管理、间谍等行业。

7. 按照感光材料种类不同，照相机可分为胶卷照相机和 APS 照相机

胶卷照相机使用银盐感光材料，只能记录影像。先进照相系统（advanced photo system，APS）照相机使用 APS 新型感光材料，可以记录声音和拍摄信息。

（二）数码照相机

数码照相机（digital camera）采用数码影像记录原理，与传统的银盐感光照相机截然不同。它使用新型的多电荷耦合器件（charge couple device，CCD）图像传感器，将光线作用强度转换为电荷积累。再通过模拟数字转换芯片，把电荷转换成数字信号。经过压缩后，将信号保存在数码相机的内部存储器或硬盘卡内，从而将图像以数字信号形式记录下来。将保存后的数字信号输入计算机或其他设备，即可还原成图像，并显示在屏幕上或经由打印机得到图像硬拷贝。数码影像记录系统包括低通滤光器、镶嵌式滤光器、CCD 影像传感器、A/D 变换电路、图像处理电路、信息写入装置和存储器。数码照相机与普通照相机一样，也可分成若干种类。

1. 按照使用目的和使用对象不同，数码照相机可分为专业数码相机和普及型数码相机

与普通银盐相机不同，数码相机专业与非专业的划分主要依据两个方面：一是检像器件 CCD 像素的多少。传统上一般把像素大于百万的称为专业型，但这种分法已失灵，可以按相机的价位来分。二是开发意图和使用对象。专业型是为满足专业照相如印刷、广告、高级人像、计算机制版等行业的要求而设计的，而普及型则是以一般个人、家庭为对象开发的，二者在性能方面有很大差异。

2. 按照相机与处理系统、控制系统的相互关系不同，数码照相机可分为联体式和分体式

联体式（on line type）相机需要与电脑和控制器连接才能工作。分体式

（off line type）相机照相工作由相机本身独立完成，与外部设备无关。

3. 按照工作方式不同，数码照相机可分为一次拍摄完成式、三次拍摄完成式、三板式和扫描式

一次拍摄完成式（one shot type），也称 RGB（红、绿、蓝）矩阵 CCD 方式。每个 CCD 元件分别附有 R、G、B 的滤光器，并作交互式配置，由三个像素点分别记录一个像点的三原色值，输入处理系统，再将它们混合，再现色彩。这种记录方式的特点是影像一次拍摄记录，三原色影像被同时记录，因此能够拍摄运动体，也可以使用闪光灯，但是照相的像素利用率低，分辨率是总像素的三分之一。三次拍摄完成式，又称 RGB 滤光器方式。这种方式需要在镜头前或 CCD 传感器前设置三色滤光器，对同一被摄物体，需运用三色滤光器分别进行一次曝光，才能完整记录彩色影像。与一次拍摄完成式相比，曝光操作时间长，不能拍摄运动物体，但是可以使用闪光灯。三板式，也称 3CCD 式。这种方式使用三组像素相等的 CCD 器件，通过棱镜分光组合，在等像面上分别记录影像的三原色，利用存储器将同一点的三种色光信号分别存储，利用软件后期处理将三色光混合，再现影像色彩。这种方式成像质量好、颜色再现性好，但是构造复杂、成本高。扫描式，也称线阵 CCD 扫描方式。这种方式类似于扫描仪。它是利用 R、G、B 三原光的线阵 CCD 平行设置，拍摄时通过扫描形式逐行记录影像，曝光时间长，不适合运动体照相，也不能使用闪光灯。

二、照相机的结构

照相机从结构上可分为机身和镜头两部分，其中机身主要起记录影像的作用，镜头则起对被摄景物成像的作用。典型的普通照相机由八部分装置组成，即镜头、取景器、调焦机构、光圈、快门、自动控制系统、机身及其他。

（一）镜头

镜头（lens）是精密光学元件，主要作用是将被摄物体正确、清晰、可靠地成像在记录胶片上。照相镜头的外观机构比较简单，一般包括调焦环、光圈调节环、卡口环、滤光镜圈，变焦镜头则有变焦环，可能还有微距锁钮。主要由成像镜组、镜筒、光阑和调节机构组成。在选购镜头的时候要检查镜头的外观、镀膜、成像质量、调节机构、调焦精度和光圈大小等方面。

1. 普通镜头

（1）定焦镜头：根据视场角的大小不同，可以分为三类：

标准镜头（standard lens）：焦距与所摄底片对角线大致相等的镜头称为标准镜头。对于 135 相机来说，50mm 镜头约定称标准镜头。标准镜头的透视效果与人眼直接观察的效果基本一致，画面不变形，适合于大多数场合拍摄，特别适合

于中近距离照相，其最佳照相距离为2.5～4m。

广角镜头（wide angle lens）：是指视场角大于人眼视场角的镜头。广角镜头可进一步分为四类：准广角镜头、广角镜头、超广角镜头和鱼眼镜头。准广角镜头：介于标准镜头与广角镜头之间，是照相中常用的焦距段。对于135相机，其焦距范围在35mm左右，视场角在60°左右。画面变形轻微，适合拍摄集体相、大场面。现场照相中的方位照相和概貌照相常使用准广角镜头。广角镜头：视场角在60°到80°，适合大场面照相，如风光、体育照相等。超广角镜头：视场角在90°以上，画面变形严重，照度变化大，适合于抽象照相、建筑表现照相等。鱼眼镜头：前组镜片凸出，犹如鱼眼一般，一般视场角在180°左右，可以拍摄下半球面范围的影像。

望远镜头（long focal length lens/long focus lens）：是指视场角小于人眼视场角的镜头。可分为中焦镜头、长焦镜头和超长焦镜头三种。中焦镜头：视场角为40°左右，成像倍率略大于标准镜头，因此适合于拍摄人像，特别是室内人像，拍照半身像或头像。长焦镜头：视场角为10°～30°，成像倍率大，作用距离远，适合拍摄远距离景物。超长焦镜头：视场角在10°以下，由于视场角小，特别适合拍摄不易接近的物体，如体育摄影、动物摄影等，也常用于偷拍和抓拍。

（2）变焦镜头（zoom lens）：就是焦距可以变化的镜头。变焦镜头有两种变焦方式：一种是推拉式，另一种是旋环式。前者操作简便，可以边调焦，边改变焦距，一环两用，但它有容易“滑”焦的缺点。后者调焦与变焦分别使用各自的调节环，操作需分别进行，但焦点一旦固定，不容易滑动。变焦镜头根据其变焦范围不同可以分为下列几种：

标准变焦镜头：变焦范围在标准焦距段变化的镜头，称为标准变焦镜头。它同时又有另一方面的含义，即该镜头是最常用的，可代替标准镜头，是相机的标准配置之一，其成像质量可以与标准镜头相比。早期的135相机标准变焦镜头为35mm～70mm，后来逐步变为28mm～70mm和28mm～85mm。

广角变焦镜头：焦距变化范围在广角区域的变焦镜头称为广角变焦镜头，常见的有18mm～24mm、24mm～28mm、24mm～35mm、16mm～20mm等几款。广角变焦镜头设计和加工都比较复杂，价格较高。其使用特点同广角镜头。

望远变焦镜头：与广角变焦镜头类似，变焦范围在长焦范围的变焦镜头称为望远变焦镜头。常见的有70mm～210mm、100mm～300mm、75mm～300mm、80mm～200mm和100mm～1000mm等规格。

跨区变焦镜头：变焦范围跨越两个以上区域的变焦镜头称为跨区变焦镜头。这种变焦镜头跨越区域大，变焦比大，涵盖范围广，使用方便灵活，可一头多用。但它有成像质量相对低的缺点。目前常用的有28mm～135mm、35mm～

200mm、28mm～200mm、24mm～120mm等规格。

2. 特种镜头

特种镜头，是为特殊照相目的制作的镜头。目前常用的特种镜头有柔焦镜头、控透镜头（又称移轴镜头）、微距镜头、紫外镜头等。

（1）柔焦镜头（diffuser lens）：是为人像摄影设计的。它采用预留球面像差的方式，或在镜头中间加一块多孔的金属片，利用影像透过孔板形成扩散现象，达到柔焦目的。可使成像画面中央部分清晰度略有下降，使人像面部细节消失，以弥补和掩饰面部皱纹、缺陷。这种镜头的像差与相对孔径有关，相对孔径越大，像差越大，柔光效果越好；反之，相对孔径越小，柔光效果越差。只要在人像摄影时恰当地选择光圈，就能够达到柔光的目的。目前它广泛地用于婚纱摄影、老年摄影及其他场合中，但应当注意的是儿童摄影忌用。

（2）控透镜头（perspective control lens）：可以控制调节透视效果的镜头。由于它是通过倾斜移动镜头光轴来实现控制调节透视效果的，所以又称为移轴镜头。这种镜头可以把镜头前组透镜作横向移动、上下移动、前伸倾斜等，以改变镜头成像的各种透视比例。通常用作高层建筑摄影，改变透视比例。亦有改变镜头场曲，以适应弯曲场面的纠正、扩张需要，变换透视的比例。

（3）微距镜头（macro lens）：对有限距离的被摄体进行像差校正的镜头。既可用作普通镜头使用，也可用于近距物体拍摄，一般可达到1/2～1的成像倍率。

（4）紫外镜头［ultraviolet（UV）rays lens］：能够透过波长较短的紫外线并能校正紫外线焦点的镜头。普通镜头一般不能透过波长较短的紫外线，因此不能用于对紫外光线进行成像，对红外线成像时其焦点也偏离一段距离。紫外镜头是采用特殊光学玻璃（如萤石、石英等）制作的透镜；对紫外线有较好的透过率，而且对不同波长的色散较低，可使不同波长的光线聚焦在同一点上。这种镜头价格高，相对孔径一般不能太大。

（二）取景器

取景器（viewfinder）是用于观察被摄景物和确定景物拍摄范围的装置。现代取景器还具有辅助测光、辅助调焦、启动系统和显示其他必要信息等新功能。

取景器的种类很多，分类方法不一。常用的分类方法有：按成像方式，分为光学式、实像式、虚像式三种；按取景视差，分为同轴取景器和旁轴取景器；按用途，分为普通取景器和可换式特殊取景器。在以上几种分类中，按视差分类对使用者影响最大。

1. 同轴取景器

同轴取景器指取景与照相共用一个光轴的取景器。单反相机、大型座机等都采用同轴取景器。同轴取景器存在时间视差，但可以无空间视差。单反相机的取景器是同轴取景器的典型。

2. 旁轴取景器

旁轴取景器，又称异轴取景器。这种取景器的取景镜头与照相镜头光轴平行，但空间位置不一致。由于这种取景器结构简单，成本低，是中低档相机常用的取景器类型，如普及型的傻瓜机、120 双反照相机都采用这种取景器。

旁轴取景器存在空间视差，但不存在时间视差，这对拍摄运动体十分有利，照相者在曝光的一瞬间可以观察到运动体所处的状态。但这种方式也常造成一些失误，因为它不通过镜头取景，所以盖上镜头盖后，仍能看到被摄景物，有可能造成盖着镜头盖拍摄。大部分相机都采用各种形式的消视差设计。最简单的是普及型相机使用的双黄框设计，外框用于远景照相，内框用于近景照相。

（三）调焦机构

调焦是指调节镜头或其中一部分与底片面的相对位置，使被摄物体按拍摄要求正确地成像在胶片面上的操作过程。从光学上说，调焦就是调节机身或镜头，使被选定的景物在胶片上清晰地结像。调焦机构（focusing system）就是照相机为实现调焦过程而设计的装置。它由两个部分组成：一部分是调节装置；另一部分是验证装置。前者是执行调焦命令而进行移动，其移动量由后者来确定；后者则用来验证调焦是否正确。

1. 调焦机构

调焦机构有移动镜头和移动后背两种方式，其中移动镜头方式占绝大多数。移动镜头又分为整组移动、前组移动和中后组移动三种。可换式标准镜头多采用整组移动调焦方式，其特点是：调焦时，镜片与光阑的相对位置不变化，镜头焦距不变，像差变化小，容易实现自动对焦，但也存在移动量过大的缺点。前组移动式调焦广泛应用于中低档普及型相机，其优点是移动量小，但在调节的同时，镜头焦距会发生一定变化，镜头的像质会受到影响。中后组移动调节方式多应用于长焦镜头和变焦镜头，由于镜头前组的口径大，重量大，移动时重心变化大，而中后镜组镜片重量仅相当于前组的 1/10 左右，移动时重心变化小，有利于相机的稳定，同时中后组调节的移动量也比较小，但它存在焦距和像质会发生改变的弱点。

2. 验焦机构

相机种类多种多样，验焦方式也不相同。常用的验焦方式有叠影式、影纹式、截影式和微棱镜式。

（1）叠影式：这是平视取景相机使用的测距验焦方式。利用测距器机构，对同一物体在同一个取景屏中央黄框内形成两个影像，通过观察两个影像是否重合来判定调焦是否正确。当两个影像完全重合时，表明调焦点位置正确。

（2）影纹式：又称磨砂玻璃式，其借助取景屏上的毛玻璃显现成像影像的清晰程度来判断调焦是否正确，在120相机上广泛使用，135相机上也是常备的附属验焦工具。其优点是取景方便、快捷，所见即为所得；缺点是验焦精度低，常需使用放大镜来提高精度。

（3）截影式（又称裂像式）：利用取景屏中央的两块楔形棱镜，将成像平面中央的一个小圆形区域内的影像分裂成相等的两部分（俗称裂像，有水平分割和45度斜线分割两种）。当两部分影像正确接合时，表明调焦正确；否则说明调焦不正确。裂像式验焦方式为大多数照相者所偏爱，一则由于判断容易，二则验焦的精确性比磨砂玻璃要高5倍左右，特别适合于景物中有明显轮廓线条的场合。其缺点是在光线过暗或相机镜头孔径过小时，裂像区内会出现一半亮一半暗的现象，无法指示调焦结果。出现这种情况时，可以试一试将眼睛的观察位置稍微移动一下，两个半圆内的明暗情况就会发生变化，继续移动直到能够同时看到上下两半图像。

（4）微棱镜式：微棱镜式验焦指单反相机上的“环带微棱镜”，由裂像圈周围环带内的若干个小微棱镜组成。调焦时观察该环带内景物，若景物在环带微棱镜内呈锯齿形破碎状闪耀，表示调焦不准；锯齿形破碎状闪烁消失，表示调焦准确。这种方式对不适合裂像的无明显边缘的景物验焦十分有效，因此常作为裂像式验焦的辅助方式。

除上述方式之外，在简易型相机中，常采用另外两种方式替代验焦装置。早期使用距离刻度式，现在多使用图标式。

（四）光圈

光圈（diaphragm/aperture）又称孔径光阑，用来控制参与成像的光束，影响通光量、景深和成像质量。现代照相镜头上的光圈，都是用许多薄金属页片来组成可变光孔的。这些页片排列整齐，转动灵活，一端钉在光圈围框上，中间与光圈调节环上的斜形孔洞套合，另一端向内叠围成一个小圆孔。只要转动调节环，即可使页片均匀地开合，现出所选定的孔径。这种光圈又分为调定光圈和跳动光圈两种类型。调定光圈调好后随即收圈到预定的孔径；而跳动光圈在调定时无任何反应，仅在拍摄开始按动快门钮的瞬间才自动跳动到预定的孔径。快门启闭后又自动复位到其最大位置。现代各种单镜头反光式照相机和曝光表控制的自动光圈照相机，使用的都是跳动光圈。

光圈孔径的大小，是用光圈系数来标示的。各级光圈的孔径d，与镜头焦距f比值的倒数，就是各级光圈系数，一般用字母A表示：

$$A = f/d$$

上式所求得的光圈系数又称 f 制光圈系数（简称 F 数）。

光圈系数的序列有两种：一是英美制，二是大陆制。

英美制：1，1.4，2，2.8，4，5.6，8，11，16，22，32。

大陆制：1.5，2.2，3.2，4.5，6.3，9，12.5，18，25。

目前世界上大多数国家都采用英美制的光圈系数序列。我国部颁 JB745－65 标准，对 f 制光圈系数的系列规定，也与英美制相同。

由于光圈系数是用镜头的焦距与各级光孔直径的比值来标示的。故光圈系数越大，光圈的孔径就越小。

在光圈系数的标准序列中，每相邻两档光圈系数的数值均以$\sqrt{2}$递增。由于圆的面积与直径的平方成正比关系：

$$S=\pi d^2/4$$

因此，直径每相差$\sqrt{2}$倍，光孔面积就相差 1 倍，进光量也就随之相差 1 倍。故光圈系数每调 1 挡，进光量就相差 1 倍。

光圈系数的各挡数值，一般都刻在照相镜头上光圈调节环的外圆周上。光圈大小的调定有随意性，即光圈调对基线既可对准各光圈挡位，也可以对到两挡之间的任意位置，无损于光圈机械，不受规定挡位的限制，便于更精确地控制曝光量。

（五）快门

快门（shutter）是使胶片获得合适曝光量的时间控制机构。在照相机中，它的作用主要有三个方面：一是控制成像光线对胶片平面的照射时间（曝光时间，又称快门速度）；二是控制拍摄运动物体时的成像模糊量；三是保护胶片，可靠地阻挡非曝光用的光通量，使之不致重复曝光或漏光。快门的主要参数有曝光时间、快门效率、闪光同步速度等。

1. 曝光时间

曝光时间又称快门速度，用字母 T 表示，是表征快门控制成像光线在胶片上照射时间的量。为了适应不同亮度时的拍摄需要，快门速度设有若干个挡位。国际上一般以 1 秒为标准，上下成倍增减。即 $T=(1/2)^n$，其中 n 为整数。因此，快门速度的序列为……8，4，2，1，1/2，1/4，1/8，1/16，1/32，1/64，1/128，1/256，1/512，1/1024 等。有些高挡相机可以进行半挡调节，即在上述挡位之间插入了半挡位，如 1/45、1/90 等。带有自动曝光功能的相机，可以自动控制曝光时间，不受上述快门速度序列的限制。由于快门速度序列数目比较复杂，为便于记忆和刻度，需对它们的分数部分进行圆整。圆整后得到如下快门速度数值：……2，1，1/2，1/4，1/8，1/15，1/30，1/60，1/125，1/250，1/500，1/1000……圆整后的数值在相机上刻度时，对于小于 1 的分数数值，只刻度分数中的分母数字；对于原来是整数的，则用特殊颜色线条加以刻度。这样，快门速度就出现了三类数值：圆整前的数值称为实际曝光时间值，相机快门按此数值实际控制曝光时间；圆整后的数值序列称为名义曝光值，这是我们平常经常提到的数值；而在相机上刻度的称为刻度值。

普通相机的快门速度一般在 1/1000～1 秒范围内。为了实现长时间曝光，相机上设有 B 门或 T 门，它们是手控曝光时间挡，用于人工控制曝光时间。使用 B 门时，当按下快门或锁定快门后，快门将长时间开启，直到松开快门按钮为止。T 门与 B 门类似，不同的是，T 门需要两次动作，它不需要长时间按住快门，只要按下快门，快门就保持开启状态，直到再次按下快门时才关闭。

2. 快门效率

快门的开启和关闭不是瞬间完成的，而是存在一个过程。这个过程的存在，就使快门的实际开启时间和理论上的数值（有效值）出现不一致，前者大于后者。快门效率是指快门有效曝光时间占全部开启时间的百分比。从使用者的角度来说，快门效率越高越好，因为它能使使用者正确断定运动物体的成像模糊程度，减少因快门效率低造成的模糊。一般来说，中心快门的快门效率较低，而钢片快门的快门效率较高。

3. 闪光同步速度

这是对帘幕快门而言的，中心快门不存在闪光同步问题。闪光同步是指在快门完全开启时，闪光灯发光，保证整个画面均得到照明。能够闪光同步的最高速度挡称为快门的闪光同步速度。具体地说，由于帘幕快门是一条一条扫描式曝光的，闪光灯的闪光就受到一定限制。只有当快门前幕帘走到画面尽头，而后幕帘尚未启动时闪光，才能将整个画面同时照亮，这就要求快门要开启较长的时间，该时间对应的快门速度挡位，就是闪光同步速度挡，相应的快门速度称为闪光同步速度。不同种类的相机，其闪光同步速度不同，布帘式的海鸥 DF 相机，其闪光同步速度为 1/45 秒；普通的钢片快门，其闪光同步速度为 1/125 秒左右。目前，最高的闪光同步速度（只从相机角度看）为 1/300 秒。

（六）自动控制系统（automatic control system）

1. 测光方式

测光，就是对被摄景物的亮度或照射到被摄体上光线的照度进行测量，并根据给定的已知条件，显示出测光结果。照相机的测光系统能够帮助照相者根据不同的照相条件和照相要求，选择合适的曝光参数。

测光系统主要有三种测光方式，即外测光（EE）、内测光（TTL）和直接测光（OTF）。

外测光：一般应用于旁轴取景照相机。测光元件位于镜头前圈上或机身前侧上部，上面有一个透明的保护片。它可测量处于拍摄范围内的大部分光线，视场角大约为30度。这种测光系统结构简单，但测光精度低，误差范围为±1.5电子伏特。

内测光：应用于单反照相机和高档平视取景相机。其测光元件位于镜头后面，分布在反光镜上、反光镜后、取景屏上、屋脊棱镜上或取景目镜等多个位置，测量的是通过镜头的光线。这种测光方式精度高，不受更换镜头的影响，可以实现多种区域选择测光。

直接测光：又称“实时测光”“胶片平面测光”。它与内测光类似，但它的测光元件放置在胶片平面附近，在快门开启前一瞬间测量参与曝光的光线。由于受时间因素影响小，特别适合于光线变化比较频繁的场合。但这种形式不能预先了解相机使用的曝光组合，常常需要与其他测光方式并用，由内测光在取景器内提供测光结果，由直接测光结果决定最终曝光数值。

高级相机一般采用内测光系统，并且还对测光范围进行了细致分割，形成了复杂多样的测光方式，主要有平均测光、中央重点平均测光、点测光、多区域分割测光等。

（1）平均测光。测量整个拍摄范围的平均亮度，但各点的加权值因所在位置不同而有区别，离中央越近，加权值越大，因此它不是绝对平均的。目前这种方式已被中央重点平均测光取代。

（2）中央重点平均测光。其仍对整个画面测光，但侧重考虑中央或中央偏下部位的景物亮度。它弥补了平均测光和点测光适用面小的缺点，特别适用于被摄主体在画面中央场合，可以同时兼顾被摄主体和四周背景，测光精度高，应用面广，为大多数中高档相机所采用。

（3）点测光。测量画面中一个小范围的光线强度，其范围一般只占画面面积的2%～5%。点测光适用于对主体精确测光和画面光线复杂的场合，有利于控制和表现景物的细节。但这种方式不利于表现背景和陪衬体，适应性受到限制，常作为辅助测光方式供照相者选用。为了增加点测光的适用范围，奥林巴斯相机使用了多点测光，即可分别对画面中的几个点（最多可达8个点）分别测光，由相机内置的微处理器对测光结果进行综合处理计算，求得最终结果。

（4）多区域分割测光。利用多个测光元件分别测量画面中不同位置的光线强度，由相机根据各部分的亮度、亮度对比和相互关系等因素自动分析处理，并给出测光结果。它属于智能型测光，可以分析逆光、背光等复杂光线，并根据照相意图给出合适的曝光值。多区域测光的优点是能够综合分析景物的亮度分布情况，根据拍摄者的意图自动确定合适的曝光量。该测光模式适用范围广，测光精度高，多用于高档照相机。

2. 自动曝光（automatic exposure，AE）

（1）光圈先决自动曝光。其又称光圈优先自动曝光，用 A 或 Auto 表示。这是目前多数相机具有的自动曝光模式。该曝光模式由照相者根据拍摄意图（主体表现、景深大小等）预先确定光圈系数，而把快门速度挡定在 A 挡（自动挡），照相机再根据胶片所需要的曝光量、景物的亮度等因素自动确定曝光时间。光圈先决自动曝光多用于要求预先确定景深或保证成像质量等照相场合，它不利于对运动体模糊量的控制，在光线较暗或使用长焦距镜头时，拍摄到的主体有可能模糊。

（2）快门先决自动曝光。其又称快门优先自动曝光，用 S 或 Tv 表示。它是由照相者预先选择快门速度，相机根据胶片所需曝光量和主体的亮度自动确定光圈大小来达到正确曝光。与光圈先决 AE 相反，该模式强调了对主体运动模糊量的控制，而无法兼顾景深和成像质量，多用于拍摄运动体，得到动感或动势效果。

（3）程序自动曝光。其又称为双优先，用字母 P 表示。在此模式下，光圈和快门速度均由相机自动控制，相机的程序曲线将两个变量合二为一。光照度高时，光圈小，曝光时间短；光照度低时，光圈大，曝光时间也长。这种模式在抢拍突发性事件或进行遥控自动照相时非常方便。其缺点是：如果被摄主体与背景的亮度相差悬殊，照相机就会把主体与背景的亮度平均起来，主观决定曝光量的大小，因此会造成曝光失误。程序自动曝光根据拍摄目的不同，又分为标准程序 AE、运动程序 AE、景深程序 AE、双程序等。

除上述三种自动曝光模式外，一些照相机还可根据用户的需要，对拍摄场合进一步细化，并针对特定的情况设计出自动曝光模式。如景深先决 AE、人像模式、运动体拍摄模式、动感照相模式、近距照相模式、室内照相模式等。

3. 自动输片

自动输片是指由相机内置的马达或外加卷片器完成过片、倒片过程，简化拍摄操作程序，提高拍摄速度，并可实现连续拍摄。自动输片在全自动“傻瓜”相机中已广泛使用。在拍摄时，每按一下快门，拍摄一张，松开快门，马达进行一次卷片，全部拍完后，相机会自动倒片。拍摄中途，可以手控中途倒片。高级照相机的输片系统更可以实现单次和连续两种输片形式。

4. 自动对焦（automatic focusing，AF）

自动对焦装置则可由相机内的调焦机构自动测定被摄物的距离，并自动将镜头调节到最佳成像位置。也就是说，自动调焦是在半按快门后一瞬间（最快可达 0.1 秒），由相机自动完成测距和对焦过程。对焦方式有四种，即光电测距式、红外线测距式、超声波（声纳）测距式和相位检测式，但光电测距式目前已经淘汰。红外线测距 AF 是通过一对红外发光二极管发射和接收红外线，并根据发射和接收的角度来确定被摄体的距离来实现自动对焦，这种方式主要适用于测距器式相机，广泛使用在小型照相机中。超声波 AF 是利用超声波反射原理，通过计算从发出超声波到其由物体反射回来的时间计算出照相距离来实现自动调焦，这种方式结构简单，但不利于拍摄那些同时具有远近景物的场合，如拍摄笼中动物、玻璃窗内的展览品等。相位检测式 AF 是通过影像相位的变化来实现自动对焦的，其原理比较复杂，但精确度高，是目前最高级的一种对焦方式，多用于高档单反照相机中。

使用自动对焦时，需事先将要求对焦的主体对准取景器内的对焦区域，对大小不同的主体可以选择窄角对焦区和广角对焦区，而后根据主体所在位置在取景器内设置多个对焦区（如佳能相机设置了五个对焦区），任意手动选择对焦区域，也可以通过眼控选择对焦区域，即照相者眼睛盯住哪个区域，就对哪个区域内的主体进行自动对焦。

5. 自动闪光

自动闪光是指当环境光线过暗或主体逆光时，相机会控制闪光灯自动发出一定量的补偿光线，保证胶片获得合适的曝光量。

自动闪光主要通过专用闪光灯和内藏闪光灯实现。自动闪光有多种模式，如闪光光比控制（慢速快门同步闪光）、防红眼闪光、后帘同步闪光、强制闪光和强制不闪光等。

闪光光比控制模式可通过慢速快门同步闪光控制主体与背景的曝光量，其中主体的曝光量由闪光灯控制，而背景的曝光量则由光圈和快门来控制。照相时，相机测量出背景的亮度并根据照相要求及主体与背景的曝光量差别，选择合适的光圈和快门速度。这种模式对表现背景的层次十分有利，特别适合于拍摄漆黑的夜景。

防红眼闪光又称减轻红眼闪光。使用闪光灯拍摄人像时，有时会出现被拍人眼变红的现象（以下简称“红眼”现象），特别是使用傻瓜照相机时，这种现象更是明显。产生这种现象的原因是：由于闪光灯距镜头主轴较近，闪光发射到眼底后，人眼瞳孔急速收缩，视网膜充血，视网膜血管反射回来的光线，恰好沿主轴反射到镜头内，因而在底片上就会出现“红眼”现象。防“红眼”闪光可消除红眼现象。具体方法是：正式闪光拍摄前，相机自动预闪几次（这时快门并不开启），眼睛遇闪光刺激会使瞳孔收缩，而后正式闪光时，瞳孔收缩幅度减小，眼睛视网膜上充血减少，这样就大大降低了红光的反射量，眼睛也不再变红了。

后帘同步闪光是相对于正常的前帘闪光同步而言的。闪光同步是指在快门处于全开状态时闪光灯发光，使整个画面在闪光瞬间同时曝光。正常情况下，闪光开始时刻由前帘控制，即前帘完全开启时接通闪光开关，使闪光灯发光。而后帘同步闪光则是由后帘幕控制闪光灯发光时刻，即在后帘启动前一定时间内，接通闪光开关，控制闪光灯发光。前帘同步与后帘同步在一般情况下的照相效果完全一样，但在慢速闪光同步场合，在拍摄带有光亮的运动体时，效果则不同，如在夜间拍摄公路上行驶的汽车，前帘闪光同步拍摄的效果是车体行驶方向前面留下一路光影，而后帘闪光同步则是在车体前进的后方留下一线光影，效果自然而有余味。与闪光光比控制一样，后帘同步闪光也要求使用与相机配套的专用闪光灯。

强制闪光又称日光补光。当景物亮度很高、主体处于逆光或在阴影下时，需要对主体进行强制闪光补光，以补偿主体曝光不足。

强制不闪光是关掉闪光灯，即使在光线非常暗的场合也不使用闪光补光，通过长时间大光圈维持曝光量，以达到自然的表现效果。

（七）机身及其他

1. 机身

机身是照相机的主体部分，其主要作用是支持、连接上述各个部件，使之成为一个有机的整体，同时实现一些附加功能。具体作用如下：与快门一起构成暗箱，安放待摄胶片；配合卷片计数机构完成上弦、卷片、计数工作；配合卷片系统实现多次曝光功能；配合快门释放系统实现自拍功能；配合多功能后背，实现对相机的多种控制，如多程序曝光、日期打印、遥控照相等；采用人体工程学设计，使相机把握更舒适、使用更方便；提供与三角架等固定装置的连接口；等等。

根据相机的种类不同，机身的形状与尺寸也千变万化。其外形有方箱式、折叠式、抽拉式，材质有木质、铁皮、铝合金压铸、塑料注压、铜质、陶瓷、聚酪纤维等。

机身一般由机体、底座、机壳（包括前盖、底盖）、后盖、镜头连接座等组成。其中镜头连接座、压片机构的精度直接影响着成像质量。镜头连接座的位置决定了机身的镜箱焦距（即胶片平面到镜头连接面的距离），镜箱焦距只有与镜头的工作距离一致，才能保证镜头的对焦精度。

2. 附加装置

为方便照相者，照相机往往有许多附加功能，如自拍、多次曝光、景深预测、曝光锁定、曝光补偿、遥控照相、日期打印、自动包围曝光、影像输出、电池检验、液晶显示等。

三、照相机的使用

（一）普通照相机的使用要点

清晰度和解像力是衡量底片影像和照片影像的两个重要指标，照片影像的成像质量即感官清晰度，实际上是这两个技术指标的综合体现。

1. 正确选择镜头的各种参数，充分发挥镜头的功能，提高成像质量。

2. 最佳光圈在自最大光圈缩小 3 ~ 4 级后的光圈上，最大光圈的成像质量最差，不宜使用。

3. 一般在镜头焦距的 50 ~ 80 倍是镜头的最佳拍摄距离。

4. 应尽量使用成像质量较好的焦距段，以提高照片的清晰度和解像力。

5. 精度调焦。

6. 正确曝光。

7. 避免抖动。

（二）数码照相机的使用要点

1. 准备工作

装好电池或者连接好电源，检查储存卡安放情况或者数码相机与计算机连接状态，确认无误后，打开电源开关，启动相机，检查各部件是否处于工作状态。

2. 功能设置

使用普及型数码相机时，只需使用自动挡，不需任何设置就可拍摄。使用高档相机或者专业数码相机时，则需要根据拍摄要求进行功能设置，这些设置包括曝光模式、对焦模式、测光模式、感光度检查、白平衡设置、ID 号码设置（使用 SCSI 接口）、滤光镜检查等一系列过程。当然，也可以使用相机的初始状态（默认状态）而不需要变化。

3. 拍照

相机设置完成后，就可以拍摄了。数码相机的取景、构图方法与普通照相无异，只是应当注意取景器内的取景范围标示，由于数码相机的 CCD 面积比普通胶片小得多，同样焦距处其视场角会小一些。试拍一幅后，可以启动显示器观察所拍画面的效果。由于显示器的像素较少，显示器上的影像颗粒要大一些，使用者只需观察画面的构图、色彩、层次等几方面内容，如不满意可以将其删除，重新拍摄。一般情况下可以按照需要观察储存媒体内存储的所有图像，也可以随时进行删除以节省存储空间。当储存媒体存储满后，使用可移动式储存卡的，可以更换有储存空间的储存卡继续拍摄；如使用内置式的储存卡，则需要将储存的影像传递给其他储存系统后才能继续拍摄。

4. 图像的后期处理与制作

拍摄完成后，要将拍摄到的影像传递给计算机进行后期处理、制作。利用图像处理软件可以对影像进行各种特技处理，如加强反差，改变影调、层次，色调分离，影像叠加，影像拼合，变形处理，改变尺寸，增加字幕、注释，制作立体照片等。处理后可以存储为不同格式，供不同场合使用。如需要制成照片，只需通过打印机或影像输出系统，即可输出照片或负片。如需要印刷、制版，则可以将影像信号直接输入电子制版系统。

5. 相机、存储器的保护及数据备份

数码照相机是精密电子仪器，要注意防潮防尘，防止温差过大，防止碰撞、挤压。要注意保存好拍摄后得到的影像数据，为保证数据的安全，至少要制作两个以上的质量可靠的光盘、硬盘或内存等磁介质备份。

四、照相机的维护与保养

（一）镜头的保养

1. 镜头的擦拭

镜头的擦拭方法有三种：一是毛刷与吸球配合擦拭方式。当灰尘较少时，可使用柔软、洁净的毛刷轻轻掸去灰尘，然后用吸球吸除。记住不要用吸球吹，以防将灰尘吹到相机内部。二是干擦法。对于油渍、汗渍、指纹、水印等污迹，可使用专用镜头纸擦拭。三是湿擦法。对于较脏和发生霉变的镜头，可用脱脂棉蘸无水酒精和乙醚的混合液擦拭。

2. 镜头的保养

镜头是精密的光学零件，保养工作非常重要。在使用和存放中应注意：（1）不要碰撞镜头，不要拆卸和松动其零部件，严禁挤压；（2）切忌与挥发性药品一起存放，镜头的镀膜层会受化学药品腐蚀；（3）应该放置在通风干燥的地方或干燥皿中，严防受潮发霉；（4）放置较长时间后，应取出试用一下，保证其灵活性。

（二）机身的维护

照相机在使用、携带、保管中要格外当心，如有故障应送交厂家特许的专业维修站修理，切勿自行拆卸；应明确各种相机的使用范围，全天候相机可在雨中、水面上使用，但不能在水下使用；普通相机不能在雨天、雪天及潮湿的环境下使用，一旦不慎被水浸湿，应取出电池，并用清洁、柔软的干布擦拭干净，然后送专业维修站处理。切记此时切不可开启电源，以免因短路烧毁相机。

不要将相机放在火车行李架上或汽车后备箱里，以防因颠簸、高温出现故障。尽量避免磕碰、损伤。

相机长期间不用时，应将机身与皮套分开存放（因皮套容易吸潮霉变），并将电池卸下，最好将相机放在装有防潮剂的密封塑料袋中或放入防潮箱内。存放时应放在通风、干燥、阴凉的地方，切忌与具有挥发性、腐蚀性等的化学药品放在一起。存放期间应定期启动相机快门，检查相机的工作状态。

五、刑事照相用照相机及其附件

（一）照相机

刑事照相用常规照相机优选感光材料基本画幅为 36mm × 24mm 的专业级 135 单镜头反光式照相机或基本画幅尺寸为 60mm × 45mm 以上的专业级 120 单镜头反光式照相机。机身与镜头可拆卸，镜头可更换，两者之间可连接近摄附件。如近摄接圈、延伸皮腔和增焦镜（增距镜）。

刑事照相用数码照相机优选成像器件为电荷耦合器件或互补金属氧化物半导体器件（CMOS）的画幅尺寸相当于 36mm × 24mm 或 60mm × 45mm 以上的小型专业级单镜头反光式照相机。使用的成像器件的几何尺寸不应小于 23.7mm × 15.6mm；机身应具备单镜头反光式取景器和彩色液晶取景显示屏；色彩管理系统的色度信息应大于 24 比特，红、绿、蓝三基色的每种颜色的色度信息不应小于 12 比特；对影像的记录不应随意更改，应有档案标记功能。

（二）镜头

135 单反照相机的标准镜头优选：50mm/F1.4，50mm/F1.7，50mm/F1.2；广角镜头优选：28mm/F2.8，20mm/F2.8，17mm/F2.8；望远镜头优选：200mm/F4，300mm/F4，200mm/F2.8，500mm/F4；变焦距镜头优选：28mm ~ 85mm/F3.5 ~ F4.5，28mm ~ 80mm/F3.5 ~ F4.5，35mm ~ 70mm/F3.5，70mm ~ 210mm/F4，80mm ~ 200mm/F4；微距镜头优选：能够拍摄原物大图像，物像比例 1∶1，如 105mm/F2.8，60mm/F2.8，200mm/F4；石英镜头用于紫外照相，焦距不小于 100mm，超消色差。

120 单反照相机的标准镜头优选：80mm/F2.8；广角镜头优选：50mm/F2.8，40mm/F2.8；望远镜头优选：135mm/F4，350mm/F5.6，500mm/F8。

（三）滤光镜

1. 滤光镜的种类

滤光镜（filter）又称滤光器，也被称为滤色镜，是照相的重要器材之一。滤光镜一般安装在镜头的前面。安装方式有螺口式、卡口式或专用结合器。在照相中使用滤光镜，可以从不同的方面改变进入照相镜头的光线，从而可调节影像的影调和色调。

（1）按照构成材料不同，可以分为固体滤光镜、液体滤光镜和气体滤光镜。

固体滤光镜又有玻璃、塑料、明胶三种质地。玻璃滤光镜是以玻璃为载体的滤光镜，通常是通过将一些金属氧化物溶于玻璃中而制成，通过吸收作用“滤光”。也有采用镀膜（硬膜或软膜工艺）方法制成，通过反射法进行滤光，玻璃滤光镜材质较硬而耐用。塑料滤光镜由特殊的塑料作为载体制成，轻巧易携带，但耐磨程度不如玻璃。明胶滤光镜是以明胶作为载体制成的滤光镜，一般属于一次性使用的滤光镜，可以随意剪裁。液体滤光镜在检验照相上使用，因其是液体，携带不便，一般在室内照相使用。按需要配制成不同颜色和浓度的液体，装入透明的玻璃器皿中，一般放置在光源前面。气体滤光镜在个别情况下使用，如为了显微镜的内部分离短波紫外线，可以在其滤光镜的石英小盒内充氯气和溴气。

（2）按照作用不同，可以分为能改变光波中光谱成分比例的滤光镜，能控制偏振光的偏振镜，能使光线产生漫射、折射效果的漫射镜和衍射镜，其他附加镜。能改变光波中光谱成分比例的滤光镜是根据透明体对光选择性透过的特性，运用减色法的原理改变进入相机光线的光谱成分比例，从而达到调节影像的影调和色调的目的。这类滤光镜数目最大，用途也非常广，常见的黑白照相、彩色照相专用滤光镜基本上属于这种类型。能控制偏振光的偏振镜主要是控制偏振光（来自自然光的反射或偏振光源）进入相机的相对比例，从而起到调节影调，减弱或加强光影的作用。能使光线产生漫射、折射效果的漫射镜和衍射镜实际上并没有滤光作用，它是利用光的漫射、折射等现象制成的特殊的镜片以达到柔光衍射、星光等特定的效果。还有一些滤光镜没有“滤光”效果，而是对影像进行一些形态加工，如起放大作用的近摄镜、产生多重影像的多影棱镜等。

（3）按照连接方式不同，可以分为专用滤光镜和通用滤光镜。专用滤光镜是指与一定口径的照相镜头配合使用的滤光镜。它的口径是固定的，需与口径相同的镜头匹配。一般以螺旋、卡口等方式连接。这类滤光镜使用很普遍，但缺点是一套滤光镜只能与口径相同的镜头配合使用，镜头的口径不同，需要不同的滤光镜。通用滤光镜由一套标准的滤光片和一个镜架组成。镜架上有可拆卸的接圈，接圈一端与镜头连接，另一端与镜架连接，接圈有多种口径以适应不同镜头的需要，镜架上可换用不同滤光片，因此，一套这种滤光镜，可在所有镜头上使用。

（4）按照在刑事照相中的适用领域不同，可以分为黑白照相滤光镜和彩色照相滤光镜。黑白照相中的滤光镜有吸收型和非吸收型两大类型。吸收型的滤光镜又分为两种类型：截止光波型和单通光型。截止光波型滤光镜的标准值是表达该滤光镜“滤光”的重要参数，一般把阻止短波而透过长波的截止光波型滤光镜称为长波通滤光镜，而把阻止长波而透过短波的截止光波型滤光镜称为短波通滤光镜。单通光滤光镜又称带通光滤光镜，它的特点是只允许一段光波通过，而吸收其他光波（包括短波和长波）。非吸收型滤光镜的滤光原理是以干涉、色散等方式，阻止光线通过。这类滤光镜的优点是能够得到狭窄的光谱波段。但制造工艺较复杂，成本较高，滤光时，光的损失相对较多。彩色照相的滤光镜主要有两类：第一类是校正彩色图像色彩偏差的滤光镜。这类滤光镜又分为两种：一种是校色温滤光镜，另一种是彩色补偿滤光镜。第二类是改变画面局部或总体色彩的滤光镜，如彩色渐变滤光镜及特定色彩效果滤光镜。

2. 刑事照相中使用的滤光镜及要求

（1）中性灰度滤光镜。用于降低进入镜头的通光量，在高亮度时保证照相机获得合适的曝光量。根据需要选择阻光指数为2、4、8、16的中型灰度滤光镜。

（2）有色滤光镜。各种颜色不同密度的滤光镜。在紫外光的照射下，滤光镜（染料）本身不产生荧光。透过率不小于80%。

（3）红外滤光镜。可以是截止型长波通滤光镜或带通型滤光镜。透过率大于50%，杂散光小于10^{-4}。

（4）紫外透过滤光镜。使用透紫外玻璃或石英玻璃作基底的窄带通滤光镜，透过率大于20%，杂散光小于10^{-4}。

（5）色温转换滤光镜。用于彩色照相时升降光源的色温，使胶片与光源的色温趋于一致。色温转换范围是5500K～3200K（Kodak Wratten 85B）、5500K～3400K（Kodak Wratten 85）、3200K～5500K（Kodak Wratten 85A）、3400K～5500K（Kodak Wratten 80B）。

（6）偏振镜。普通偏振镜和圆偏振镜，在刑事照相中用起偏镜和检偏镜，拍照粗糙客体上灰尘痕迹。在400mm～700mm波长范围内产生偏振光的偏振度不小于99%。

（四）光源

1. 照相用光源

光源是指由于能量的转变而能发光的物体或装置。照相专用光源是指能够产生足够光强的、适用于各种感光材料，并经简单滤光处理即能达到色彩平衡的光源。照相所用的光源有两大类：自然光和人造光源。

（1）自然光。自然光泛指太阳光、月亮光、天空光等，其中以太阳光为主，它是照相的常用光源。日光分为直射和漫射两种情况：太阳光线直接投射到被摄物体上称为直射光，其照度较大，被照表面明亮。当太阳光被物体（如云彩、房屋、树木等）遮挡而在天空中发生漫射，照度较低，光线柔和，称为漫射光。

（2）人造光源。人造光源经历了由火光源到电光源的发展过程。电光源按发光物质的不同，一般分为固体发光光源和气体发光光源。固体发光光源，包括热辐射光源（如日光灯、卤钨灯）、场致发光灯和半导体发光器件等。气体发光光源，包括辉光放电灯（如氖灯、霓虹灯）、弧光放电灯（如荧光灯、钠灯、汞灯、氙灯、金属卤化物灯等）。

2. 刑事照相用人造光源

（1）闪光灯。要求闪光指数（guide number，GN）不小于 28［当感光度 ISO100 时］，闪光灯的头部在高低和左右方向可以改变角度，进行反射闪光。变焦型闪光灯应当具备手动和自动挡。环形闪光灯，要求 GN 不小于 16（当 ISO100 时），用于拍摄伤痕或小物体时消除阴影。

（2）多波段光源。用于刑事照相的多波段光源要求输出波段至少在六个以上，应符合 GA 235—1999 的要求，如输出光斑直径为 10cm 时光斑均匀度大于 50%，输出的白光能量不得小于 2.0×10^5lx 等。

（3）光纤聚光光源。使用冷光源，输出光纤的长度大于 0.5m。

（4）摄影室光源。可以选用摄影室闪光灯或摄影室溢光灯。

（5）紫外光源。在进行紫外照相时，根据被拍对象的条件选用下列紫外光源：长波紫外光源；短波紫外光源；长短波紫外翻拍台；紫外激光器；中波紫外光源。

（五）近摄装置

1. 近摄接圈

近摄接圈是通过加长像距而增大影像的近摄附件。它由金属制成的圆形套圈构成。近摄接圈由 3～5 个组成一组，长度一般为 0.5cm～30cm，每一组接圈按拍摄的要求和拍摄对象的大小，可适当增减。

2. 延伸皮腔

延伸皮腔又称近摄皮腔、蛇腹。一般由皮革材料制成风琴箱式的形状，安装在一个有钢架的滑轨上，皮腔的长度通过旋钮调节可自由伸缩。滑轨上刻有长度标尺，有的还刻有各种镜头的拍摄倍率。

3. 近拍镜

近拍镜又称半身镜、附加透镜。它有无色的新月形凸透镜和镜圈组成，实际上它就是一个放大镜，加在照相镜头前，与照相镜头共同组成光学成像系统。

4. 微距镜头

微距（macro）镜头是专为近距照相设计制造的照相镜头，这种镜头专门针对近距离进行像差矫正。使用这种镜头可获得均匀的光照和清晰的影像。微距镜头有 35mm、40mm、50mm、55mm、60mm、90mm、100mm、200mm 等不同焦距规格。它们的放大倍率可达 1∶1，甚至 3∶1。

5. 短筒照相镜头

专用于近摄皮腔的近摄镜头，焦距短，无调焦机构，成本低，成像质量出色。

6. 其他方法

除上述方法外，还可利用放大镜、老花镜，利用变焦镜头的微距功能，利用倒置镜头进行近摄，利用增距镜放大影像等方法达到近摄效果。

上述方法从优到劣的次序为：短筒照相镜头和微距照相镜头、延伸皮腔或接圈加标准镜头、倒置照相镜头、镜头后置增距镜头、前置近拍镜。

（六）比例尺

使用比例尺，是为了表示出被摄物的大小。拍摄时，要将比例尺与被拍物同时摄入画面。不同的拍照对象，考虑到反差、影调等因素，需要使用不同的比例尺。

1. 彩色不干胶物证照相比例尺

这类比例尺，除有以毫米为单位的刻度标线外，还有黄、品红、青的颜色，以便显示色彩还原情况。

2. 黑白不干胶物证照相比例尺

这类比例尺的品种较多，也以毫米为基本单位。（1）黑底白刻度比例尺，用于深色调被拍物；（2）白底黑刻度比例尺，用于浅色调被拍物；（3）黑白相间比例尺，用于中性色调被拍物；（4）透明比例尺，用于透明被拍物。

3. 皮卷尺

常用于对较大范围或被拍物的拍照。

4. 升、降折叠式物证照相比例尺

这类比例尺，主要用于对立体物件的拍照，它在比例尺下增加了折叠机构，它的方便之处，在于可根据物体拍照面的高度，自由升降比例尺平面的高度，操作灵活而简便。

此外，还有方形照相比例尺，深度照相此例尺，长度照相比例尺。

（七）其他附件

1. 固定装置

刑事照相中使用的固定装置主要有三角架和翻拍架。三角架是照相最常用的固定装置。照相机固定在三脚架上，在使用慢速快门时可防止震动而造成的影像模糊；在取景构图时，可精确调焦和构图；在遥控照相机上，可进行远距离的遥控拍摄。翻拍架是用于翻拍的专用装置。它一般由底盘、升降杆和相机固定平台构成。操作时照相机固定在固定平台上，通过升降杆可上下移动，照相机的镜头一般朝向底盘，镜头光轴与底盘平面垂直，以保证所拍画面不变形。有的相机平台上还有可微调的装置，供仔细调节用。翻拍架底盘就是载物台，一般由金属材料制成。小型翻拍架的底盘为金属平板。多功能翻拍架的底盘做成脱影箱，既可翻拍也可用于脱影。有的翻拍架还带有光源装置，如白炽灯、紫外灯等。

2. 快门线

快门线是间接按动照相机快门按钮的软线，是一种为了减少按动快门时的震动而设计的附件。使用时，把快门线的螺纹端拧入已固定好的照相机的快门按钮螺孔中，按动快门线的另一端，即可控制快门的开启。快门线内有一根金属顶针，快门线与快门螺纹孔连接后，顶针可以顶动快门中心钮而启动快门。快门顶针的伸缩由另一端手工加力控制，也有的是通过气球挤压控制。

3. 遮光罩

遮光罩是用于遮挡杂光的照相附件。它的作用是让所需的成像光线进入照相镜头同时遮挡拍摄范围外的强烈直射光，以免杂光投射到底片上，降低影像的反差和清晰度（如逆光拍摄）。遮光罩由金属或橡胶材料制成，通过镜头外螺纹相连接。遮光罩的形状有方形和圆形两种。方形遮光罩多用于镜头平移调焦的照相机，圆形遮光罩多用于镜头旋转调焦的照相机。不同的照相镜头由于视角不同，因而需要匹配不同的遮光罩。遮光罩的罩光度应大于照相镜头的视角，以免遮挡了画面，这在使用广角镜头时尤其要注意。

第二节　拍摄基本技术

拍摄是指使用照相机将景物影像记录在感光片上形成潜影的过程。正确使用照相机及其辅助器材，使从被拍景物的反射光线，通过照相机镜头会聚成像，借助感光片的光化作用，形成景物影像潜影，这一过程称为拍摄。

一、操作程序

（一）拍摄前的准备工作

拍摄需有完好的照相器材，因此，拍摄前应做好照相器材的各项检查、准备工作。首先，应检查照相机各个部位的机件，如光圈、快门、取景调焦器、卷片计数装置等部件是否灵敏、准确、完好；闪光灯与照相机是否同步；照相机的电池是否够用；照相机后盖是否漏光；感光度调节盘是否调定好等。其次，根据要拍摄的对象，选择好适宜的感光片。最后，备好必要的照相辅助工具，如灯光设备、反光屏、三脚架、滤光镜等。如果是胶片相机，可打开照相机后盖，装上胶卷。

（二）拍摄的操作过程

拍摄的操作过程主要包括取景构图、调焦、布光、曝光等基本步骤。

1. 取景构图

取景构图就是合理地安排画面的内容和结构，以求达到结构紧凑和谐、主题鲜明突出、画面优美有趣的目的。取景构图是通过照相机的取景器来完成的，拍照者可以通过取景器观察被拍景物的大小是否适宜、拍照的位置和角度是否恰当、构图是否符合要求。

2. 调焦

调焦是指通过旋转调焦环改变像距或焦距，使被拍景物清晰地成像在感光平面上。调焦是否准确，可以通过安装在取景器中的验焦机构来检验。

3. 布光

布光根据被拍对象的反光特点、所处的光照条件以及拍摄要求，适当选择光源，选择配光的角度、距离和高度，确保曝光所需的照度和构图的完美。

4. 曝光

根据感光度、被拍物的亮度以及拍照的要求，确定应该选用的光圈大小和曝光时间的长短。旋转快门速度盘，使所需要的快门时间的数值对准快门速度盘的指示刻度线即可，使用闪光灯时，使用的快门速度不要高于闪光同步挡。光圈的调整可以通过旋转光圈调节环来实现，光圈的调整可以是无级变化的调整，即光圈的调整不受挡位的限制，可以选择任意位置，速度则不能，应该严格按照挡位调到位。按动照相机的快门按钮，听到“咔嚓”一声，快门和光圈按照事先调好的组合开关，完成一次曝光。此时，从被拍物体上反射的光线，通过镜头的光孔成像在成像元件或感光片上。

二、用光

照相机记录的是景物的光影，“光”显示景物的形象和色彩；“影”强调了景物的立体感和质感。用光是指正确运用光质，光的特性，光谱成分，光照角度、方向和距离、光强、光照均匀程度等，充分表现物体的轮廓、形态及细微特征。光源主要分为自然光源和人造光源两种。自然光源受自然条件的约束而变化，人们只能根据其变化的规律进行应用。而人造光源种类繁多，各有特色，可根据实际需要进行不同的选择。

（一）光的基本特性

所有的光，无论是自然光或是人工室内光，都有其特性：

1. 明暗度

表示光的强弱，它随光源能量和距离的变化而变化。

2. 方向

只有一个光源，方向很容易确定。而有多个光源诸如多云天气的漫射光，方向就难以确定，甚至完全迷失。

3. 色彩

光随不同的光的本源，并随它穿越的物质的不同而变化出多种色彩。自然光与白灯光或电子闪光灯作用下的色彩不同，而且阳光本身的色彩，也随大气条件和一天时辰的变化而变化。

（二）光的造型效果

光的造型效果归纳起来主要有顺光、前侧光、侧光、侧逆光、逆光、顶光和脚光 7 种。

1. 顺光

顺光，也称正光、平光，是指光照方向与镜头拍照方向一致。被拍物体表面光照均匀，无明显明暗反差，不利于表现层次和立体感。在灯光人像摄影中，顺光通常作辅助光。

2. 前侧光

前侧光，也称正侧光，是指光照方向与镜头光轴成 45°左右。这是最常见的一种配光方向，前侧光照射的景物富有生气和立体感，有较理想的明暗反差，层次丰富，有利于表现立体和质感。在灯光人像摄影中，前侧光常用来作主光。

3. 侧光

侧光，也称旁光，是指光照方向与光轴垂直。侧光下被拍物体受光呈阴阳效果，景物半面受光，有较强的立体感，强烈突出明暗对比。在灯光人像摄影中，照亮被摄者的半边脸，产生一种斧头光效果，这种效果很少用，但是它可以掩盖被拍者面部的缺欠，使宽鼻子变窄或者造成明显的反差，最大限度地表现面部的纹线和细节，具有强烈的戏剧性效果，常用作辅助光。

4. 侧逆光

侧逆光，也称后侧光，是指光照方向与光轴成 135°，光线来自被摄物体的后侧方向，能使被摄体的一侧产生轮廓线条，使主体与背景分离，从而使画面有立体感、空间感，具有较强的艺术效果。

5. 逆光

逆光，也称背光，是指光线来自被摄体的正后方，光线与镜头光轴成 180°。逆光能使被摄体产生生动的轮廓线条，使主体与背景分离，从而使画面产生立体感、空间感，给人有较大的想象空间，具有较强的艺术效果。

6. 顶光

顶光，是指光照方向与光轴成 90°，是从被摄体的上方向下照射的光线，如夏天中午时刻的阳光。顶光照明时上明下暗，效果奇异。表现人物时，由于在颧、额、眼窝、鼻子、嘴等处的下方出现较大的阴影，容易产生变形感，视觉效果不佳。

7. 脚光

脚光，是指从被摄体下方照射的光线。脚光照明时，被摄体下明上暗，与人们平时的视觉印象相反，因此会产生变形感和恐怖感，是常用于丑化人物的一种用光方法。

（三）用光技巧

用光有两个基本目的：一是为了满足曝光的需要而提供足够的照明；二是为了控制被摄体的再现效果。通过应用各种用光手段，使被摄体在画面上表现出构图的思想性和艺术性，充分表达主题及环境气氛。

1. 主光

主光，又称塑型光或造型光，是塑造形象的主要光线，它具有比较明显的照射方向和最明亮的强光，是各种光中最主要的光。它对被摄物体的主体形态、外貌特征、质感都有明确的表现，确定总体轮廓和大面积的光线效果。常用光线：前侧光（上前侧光）。

2. 辅助光

辅助光，又称副光，是弥补主光照射不足的光线。辅助光的光线，不能像主光那样具有明确的照射方向和比较强烈的照度，而应该柔和，具有漫散射光的性质。辅助主光照射不到的局部，提高其照明效果，调整画面反差。常用光线：正光。

3. 轮廓光

轮廓光是勾画物体轮廓的光线。这种光线像一条明亮的光带将被摄物体的外形轮廓特征勾画出来，使被拍主体与背景分离，线条分明，主体突出，并起到修饰主体形象的作用，使画面产生一种生动的气氛。轮廓光的亮度要比主光强 2 倍以上，否则轮廓光的效果会被冲淡。常用光线：逆光或侧逆光。

4. 背景光

背景光是用来照明背景的光线。它是用来调整主体与背景之间的影调对比，突出主体，渲染气氛，说明时间、地点或环境的一种光线。

5. 装饰光

装饰光是用来弥补主光造型不足的光线、通过调整某一局部的照明水平以增强主光的造型效果，以便突出或美化被拍物体的某一具体细节，如胸饰、装束、眼神等。

6. 效果光

效果光是用来渲染画面气氛的光线。

三、构图

照相构图是指拍摄者根据被摄对象及拍摄要求，应用各种造型手段，对画面造型进行的构思。构图需遵循三个基本原则：第一，要有一个鲜明的主题（有时也称题材），或是表现一个人，或是表现一件事物，甚至可以表现一个故事情节。主题必须明确，毫不含糊，使任何观赏者一眼就能看得出来。第二，必须能把注意力引向被摄主体。第三，必须画面简洁，只包括那些有利于把视线引向被摄主体的内容，而排除或压缩那些可能分散注意力的内容。

（一）照相构图的要素

1. 影调

影调属于视觉现象，是被摄体在光照下亮度分布在画面上的灰度的总体反映。在照相中影调的主要作用是造型，具体为：表现立体，即用从纯黑到纯白的无数个影调的浓淡层次变化在平面上向人们提供凸起或凹陷的立体感觉；表现光线和空气构成的气氛，当照片上再现了某种时刻或天气的明暗变化时，就能够让人们通过影调的构成体会到特定的自然环境；表现质感，物体的质感是指物体的物质属性在视觉上产生的一种感受；表现颜色，黑白照片的影调是被摄体颜色中明度的反映，借助于景物的性质，就可以象征性地表现颜色及颜色之间的关系。影调有两种类型，即基调和阶调。

（1）基调。在黑白照相中基调是指画面灰度深浅的总体效果。从具体作品的研究中会发现，凡是成功的作品都有一个明确的基调。其原因在于：基调的建立可以统一画面，使画面形成秩序，有利于景物之间的对比，从而达到突出主体的目的；基调还可以营造画面气氛，提高作品的感染力，这种作用应归结于影调的情感象征性。基调有三种变化，即高调、低调、中间调。

高调，也称亮调，是以明亮的白色、浅灰色和少许的黑色构成的影调结构，具有轻松、纯洁、淡雅的特点。适合表现儿童、少女及明亮的景物。

低调，又称暗调，是以黑色或深灰色及少许的明亮色构成的影调结构，具有凝重、庄严和神秘的特点。适合表现深沉、忧郁的情感和气氛。

中间调，这是以中灰色为主构成的影调结构，具有自然、亲切的特点。适合表现日常生活和一般景物。

（2）阶调。阶调是照相中影调的另一种类型，是指构成画面由白至黑灰度层次的多少。阶调又分为硬调和柔调。

硬调是影调灰度色层次较少，变化显著的影调结构。硬调具有反差大、对比强的特点，适合表现直射阳光下的各种景物。

柔调是灰度色层次丰富、变化缓和的影调结构，具有反差小、柔润、细腻的特点。适合表现诸如清晨的薄雾及阴雨连绵的水乡景色等。

影调作为造型处理不可缺少的手段，其本身所具有的形式美是不可否认的事实。照相者应当充分发挥它的作用，使它与主题相结合。只有当内容与形式完美结合，才能创造出优秀的作品。在实际运用中，影调的运用应根据以下的原则：根据被摄体的色调特征确定画面的基调和阶调；以利于突出主体为影调配置的前提；无论是高调或低调，都要保证画面具备“最高音”和“最低音”两级影调的存在。只有这样，各种影调才能显示出自己的特性。

2. 线条

照相中的线条，是指宽度较窄的形象，景物的轮廓，形体转折的接合处，景物在排列、组合上形成的感觉等。线条就其性质和方向来说是各不相同的，或直或曲或刚或柔。在构图中，每一根线条都能造成不同的视觉印象，引起视线的不同运动，形成视觉心理的不同感觉。同时，它又与现实生活相联系，表现出或平静或激动的情感。

（1）线条具有表现情感的特性。由经验可知：垂线具有坚定、挺拔的性格，它暗示着沿垂直方向的延伸、高度以及某种程度上的稳定，代表着生命、尊严、永恒权利及抗拒变化的能力；水平线暗示着稳定持久、平静以及沿水平方向的延伸；斜线意味着行动、危险、崩溃以及无法控制的情感和运动。参差不齐的斜线使人联想到闪电、意外和毁灭；曲线有一种弯曲流畅和起伏的性质，具有抒情意味，象征着大海的平静或女性的气质；垂线和水平线的结合，能表明人造的结构；会聚的直线有一种高耸、上升的感觉，能强调对象的高度。

（2）线条具有方向性和空间感。

（3）人们对线条的感受存在错觉。垂线比水平线看上去长一些。由于人眼的这些视觉特性，可以造成许许多多不同的光学幻觉，它们有利于照相者通过交叉线的选择，按照自己的意图改变被摄人物与物体的视觉印象。

作为形式因素的线条，虽然具有极大的表现力，但它还是抽象的、象征的，照相作品仅仅凭借线条的作用还是不够的，还不足以达到影响观众的目的。所以，在运用线条的时候，只有借助于它的表现力，把它作为一种手段，加强对人物和物体的特性刻画。也正是线条具有强大的表现力，所以描写人物和物体时，应力求在拍摄对象的配置中找出最符合主题的线条组合。

3. 色彩

不同的色彩能给人不同的心理影响，不同的色调会唤起人们不同的情感变化。色彩的处理，关键在于发挥其艺术表现力和创造美的意境。当然，要想在取景构图中比较自由地运用色彩，就必须对色彩的特性、感光材料、拍摄技巧等进行深入的了解，研究不同照明条件的色温变化，培养对色彩的审美能力。

一般来说，偏红的色彩有暖感，偏蓝、偏紫的色彩有冷感。红与绿、黄与紫、蓝与橙等补色相配，对比效果强烈；红与橙、蓝与紫等邻近色相配，画面和谐、统一。暖色有兴奋感，冷色有沉静感。

色彩美的基础是色调。色调延伸了黑白照相中影调的含义，它包括三个方面：第一是具有不同反射、吸收能力的物体上笼罩着一定亮度、色相的光源色，使各种物体带有同一色彩倾向；第二是反射、吸收能力相近的物体组合在一起时构成的色彩倾向；第三是取景构图时集中表现某些色彩而形成的色彩倾向。色调的种类很多，从明度上分有高调、低调、中间调；从色性上分有暖调、冷调；从色相上分有红调、蓝调等。在实际中，三者是综合表现的。

4. 光线

光线是照相中最重要的造型手段之一。光线具有强烈的表现力，能够突出主体，揭示照片的主题。光线能勾画出物体的轮廓，表现各物之间的距离；能使物体的各面反射出不同程度的光亮，表现物体的立体感；能反映物体的表面结构，表现质感；能表现环境气氛和环境条件，显示特定时间等。在拍照用光处理上应正确掌握光质、光强、色温、光照方向、光照角度等特性，正确选用顺光、侧光、逆光，直射光或散射光，用以美化构图。

5. 虚实

虚实是指画面景物影像清晰与模糊相间。用虚实对比，可以突出主体，渲染气氛，表现动感，增强立体感。如动体跟拍可以虚化背景，表现动感；人物特写，可以虚化杂乱的背景，美化图片；突出主体，可以虚化前景，增加气氛。

6. 对比

对比是指被拍景物影像之间的比较和对照。它包括景物之间形状、大小、方向、高低、明暗、质感、色彩以及内涵的比较和对照。通过比较和对照，可以把注意力吸引到主体上来，以增强画面的表达效果，渲染画面的气氛。

（二）画面的组织结构

1. 主体

主体是指照片上表达内容的主要对象，是造型结构的中心。组织照相画面，首要的任务就是确立对主体的造型表现，其他一切景物的存在与表现都应以突出主体为前提。就整个造型任务来说，除主体外的景物都是附属的、从属于主体的。作为主体形象，可以是一个人或一组人物，也可以是动物、植物、建筑，甚至是一个抽象形态和一个局部的质感。

主体的位置处理有两种基本方法：一种是中心式布局，另一种是偏心式布局。所谓中心式布局，就是把主体安排在画面中心附近。具有空间分布均匀、平稳庄重、格式严谨的特点。适合表现正面人像、建筑等，由此而派生的横列式布局被广泛用于群体像的拍摄。中心式布局极易使主体突出，也易导致呆板，尤其是表现复杂的景物和具有一定方向性的主体时显得无能为力。所谓偏心式布局，是把主体安排在偏离中心的位置，具有形式活泼、对比强烈、适用范围广的特点。由于是除画面中心之外的任何位置，因此变化多、选择的余地大。在偏心式布局中有一种传统的方法，是把主体安排在画面的“黄金分割点”附近，称为“黄金分割构图”，被认为是最具有普遍审美意义的布局方法。主体的位置处理主要取决于照相者的创作意图。一般来说，当强调平稳、庄重及装饰效果时多采用中心式布局；当强调活泼、空间的对比变化和纵深的层次时多采用偏心式布局。

主体还有两种不同的表现形式：一种称为直接突出，即在面积、地位、照明条件等方面使主体占有最强的表现力，以最引人注目的形式呈现在画面上。另一种称为间接突出，即主体的面积较小，没有清晰真切的细节刻画，而着重于环境气氛烘托演变的表现形式。

2. 陪体

陪体是指在画面中起陪衬、烘托主体作用的景物。陪体永远处于从属地位，其位置的处理方法变化多端，没有明显的规律。有的紧依附于主体，有的游离于主体之外。但是，无论怎样处理陪体都不外乎是为了实现构成情节、平衡画面、丰富形象等目的。陪体在画面中的作用是交叉并行的，常常是在起着某种作用的同时也起着另外的作用。无论怎样，陪体的处理在任何情况下都不能削弱主体的表现。陪体所占的地位、面积、色调的轻重、线条的走向等都不能强于主体，不能造成喧宾夺主的局面。陪体还应与主体存在必然的联系，在内容上、形式上应息息相关，不能产生有之也可、弃之无妨的感觉。

3. 前景

前景是指画面上位于主体前面，并超出一般陪体作用的景物。其特点是位于画面的最前方、成像大、概括性强，多以局部表现的方式出现。虽然前景和陪体一样是从属于主体的，但其作用又超出一般陪体，具有特殊的表现力。前景的表现力主要有以下几个方面：

（1）概括地表现季节或环境。通过具有典型特征的局部表现，交代出人物存在及事件发生的季节或环境。

（2）加强画面的空间感。通过前景景物与远景景物在大小、影调、色彩等方面的对比，提供想象空间的条件。

（3）对主体和内容补充说明。通过具有典型特征的前景说明主体的性质，或对主体表达不清的内容加以提示和补充。

（4）突出主体。多用于虚化的前景和框架式的构图。通过前景与主体在形象的地位、影调、完整与残缺、清晰与模糊的对比，实现主体的突出。

（5）美化构图。通过前景的设置使画面形象具有多样化、多层次，改变视觉效果的单一性，同时也对画面起到了装饰效果。

处理前景时要注意：一般情况下，前景的线条特征不应与边框平行，也不应构成直角，避免居中和上下左右的对称安排。

4. 背景

背景是指画面上主体后面出现的景物。其特点是景物范围相对较大，表现较为具体。在照相中，背景有两种形式：一种是实体背景，即有具体形象的背景；另一种是空白背景，即没有具体形象而以影调的形式出现的背景。背景在照相中的作用主要有以下几个方面：

（1）表现环境和时间。通过具有典型特征的背景可以让人们了解人物或事件所处的环境并产生时间的概念。

（2）充实主体的刻画。通过与主体有着某种联系的背景给人以联想，用以衬托人物的职业，强调性格特征。

（3）突出主体形象。通过背景与主体在形式方面的对比衬托主体形象。

（4）美化照片构图。通过背景的形象和形式上的变化特点产生装饰美化照片构图的效果。

照相中的前景和背景都属于环境表现的范畴，其作用基本相同。但是，前景成像大、“写意”性强，在环境表现上常常是以点代面，具有概括性。背景的空间范围大，“写实”性强，表现得比较充分、具体。

（三）照相构图的技巧和方法

1. 拍摄距离的选择

拍摄距离是指拍摄点与被摄景物之间距离的远近。通过选择不同的拍摄距离，可出现远景、全景、中景、近景和特写等不同景别的变化。

（1）远景。即远距离拍摄的景物。一般利用超焦距或对焦在无限远进行拍摄，照片中的画面包含着广阔的景物范围，以表现景物的气势。远景大多用于自然环境和现场方位的拍摄。

（2）全景。即拍摄距离比远景拍摄近一些，以反映某一被拍景物的全貌和它所处的环境位置。如现场概貌照相，一般交代清楚现场的概貌，以及与环境的关系。

（3）中景。拍摄点与被摄物之间距离较近，擅长表现人与人、人与物、物与物之间的关系，以情节取胜。如现场重点部位照相，就是运用“中景”反映现场重点部位的具体情节。

（4）近景。拍摄点与被摄物体距离很近，以拍摄人物胸部以上的部位，影像较大，空间范围较小，主要突出表现人体面貌或物体的细腻质感。如尸体辨认照相，就是运用近景来反映尸体的面貌特征。

（5）特写。拍摄点与被摄景物之间的距离极近，它对景物的刻画比近景更细腻。如现场细目照相，只能摄取某一细小痕迹物证，以整个画面去表现其结构特征。

2. 拍摄方向的选择

拍摄方向，是指在被摄物体高度不变的条件下，围绕被摄景物周围选择拍摄点。由于方位不同，主体的轮廓形态、主体和背景的关系都会在画面上发生显著的变化。因而，便产生了正面构图、正侧面构图、斜侧面构图和背面构图等不同形式。

（1）正面构图。即相机正对被摄主体的正面。这种方向有利于表现主体的正面形象；擅长于表现对称美，能产生庄重、威严、静穆之感。正面构图也往往会使画面缺乏立体感，而显得呆板。

（2）正侧面构图。即与被拍主体正面成90°的侧面方向。正侧方向用于人像拍摄时，能突出地表现人物脸部，尤其是表现鼻子的轮廓线条，正侧方向也是拍摄人物剪影的最佳方向。拍摄人与人之间的感情交流时，正侧方向往往有助于表现出双方的面部神态。正侧面构图一般不宜拍照建筑物，因其也会削弱建筑物的立体感、空间感。

（3）斜侧面构图。它是照相中运用最多的方向，斜侧方向拍摄时，被摄物体本身的水平线条会在画面上变成一种能产生强烈透视效果的汇聚线，因而有助于表现出景物的立体感和空间感，画面也就随之容易显得生动，也有利于突出主体。在选择斜侧方向时，值得注意的是“斜侧程度”有一系列变化，这种斜侧程度的变化，甚至稍有变化，往往会使主体形象产生显著变化，因此要注意对比不同斜侧方向的效果，寻找最佳斜侧方向。

（4）背面构图。它是从被摄主体的背面拍摄，这是一种易被忽视的拍摄方向。把它用于人物摄影往往能使主体与背景融为一体，因为画面背景中的景物正是主体视线所注视的，从而也有助于观众联想主体人物面对背景所产生的感受。采用背面方向拍摄人物时，要注意人物的姿势，使人物背影能产生一种含蓄美，使观众产生更多的联想。

3. 拍摄角度的选择

“角度”是指照相机拍摄方向与主体视平线的夹角。它是指相机是高于、低于还是类同于主体的水平高度。拍摄点高度的一系列变化，造成了视觉效果的一系列变化。可以归纳为三方面，这就是常说的平拍、仰拍和俯拍。

（1）平拍。相机位置与被摄主体处于同一水平的高度，照相机镜头朝水平方向拍摄，平拍较合乎人们通常的视觉效果，因而有助于观众对画面产生身临其境的视觉感受；平拍还有助于主体在画面上更多地挡去背景中的人物或景物，从而使主体更突出；平拍人物或建筑还不易产生变形，使景物或人物在画面上显得亲切、自然。

（2）仰拍。相机位置低于被摄主体的水平高度，照相机镜头朝着向上的方向仰起拍摄。仰拍有助于强调和夸张被摄对象的高度，有助于夸张跳跃动体的向上跃起，有助于表现人物高昂向上的精神面貌，以及表现拍摄者对被摄人物的仰慕之情。在室外采用仰拍还能最大限度地把被摄体衬托在天空之中，从而使画面具有一种豪放之情。仰拍时要注意避免镜头过仰，否则会引起景物的明显变形，这在拍摄中、近景人物时尤应注意。

（3）俯拍。相机位置高于主体的水平高度，照相机镜头朝下拍摄。俯拍的最大特点是能使前、后景物在画面上得到充分展现，物体的纵深位置明确。俯拍有助于强调被摄对象众多的数量，有助于表现盛大的场面和深远的空间感，也有助于展现大地千姿百态的线条美。

此外，还要综合利用线条、光线、色彩、影调层次以及虚实、远近、大小、高低等对比来反映被拍物体的形象，寓情于景中，表达拍摄者的意愿，达到构图的目的。

四、景深

景深是指被摄景物能在感光材料上成像清晰的纵深范围。纵深范围的大小，称为景深大小。景物中离拍摄镜头最近和最远的清晰物平面分别称前界和后界。前界和后界到调焦物平面的景物纵深范围分别称为前景深和后景深。

（一）影响景深的因素

影响景深的因素有光圈、焦距和调焦距离。

1. 光圈大小（F）与景深的关系

在其他条件不变的情况，光圈越小，景深越大；光圈越大，景深越小。因此，在拍摄时，为了使景物成像清晰范围大些，就应该选择较小的光圈进行拍摄；反之，就应该选择较大的光圈。

2. 焦距大小（f）与景深的关系

在其他条件不变的情况下，焦距越长，景深越小；反之，焦距越短，景深越大。因此，在拍摄时，为了使景物成像清晰范围大些，就应该选择较小的焦距进行拍摄；反之，就应该选择大的焦距拍摄。

3. 调焦距离（U）与景深的关系

在其他条件不变的情况下，调焦距离越大，景深越大；调焦距离越小，景深越小。因此，在拍摄时，为了使景物成像清晰范围大些，就应该选择距景物远一些的拍摄点进行拍摄；反之，就应该选择近一点的拍摄点。

（二）景深的运用

1. 小景深

使用长焦距镜头、大光圈作近距离拍摄，可使被摄主体前后的景物比较模糊，而被摄主体非常清晰，形成虚实对比，突出被摄主体。它还能使画面的深度感增强，并减弱杂乱背景对画面构图的不良影响，彩色照相中的虚影还可增强照片的艺术感。

2. 大景深

使用短焦距镜头或用小光圈，作远距离拍摄，可使前后较大范围内的景物均比较清晰，能全面介绍被摄主体的周围环境，生动地表现出被摄景物的深度和广度。刑事照相一般都要求景深尽量大，常结合使用超焦距拍摄法。应用超焦距调焦，可获得最大景深。具体用法有两种：（1）先定光圈后定调焦距离。通过景深表将无穷远对准所选定的光圈系数的一端，然后查出另一端光圈系数所对应的景物距离，这一距离到无穷远均在景深范围内，即可获得最大景深。（2）先定清晰范围后定光圈系数。对准两倍的最近清晰点的景物调焦，通过景深表查无穷远对准的光圈系数，选择该光圈系数进行拍摄，这样就可以获得最大景深。

3. 固定景深

当将照相镜头对某固定点调焦后，景深范围也就同时固定了。因此，只要在拍摄时使被摄主体位于该固定景深范围之内，就可获得比较清晰的影像。这种固定景深的拍摄方法简化了调焦工作，特别适用于抓拍一些运动对象，使照相者不必再为调焦分心，以便集中精力抓拍那些转瞬即逝的生动而自然的影像。

五、曝光控制

曝光，是指从被摄景物反射的光线，通过照相机镜头成像到感光片上，使之发生光化学变化，产生潜影的过程。

（一）曝光程度的类型

1. 曝光不足

曝光不足的照片不能表现景物暗部的细节。

2. 曝光过度

曝光过度的照片不能表现景物亮部的细节。

3. 曝光不足和曝光过度并存

同一照片上，密度最大和最小的地方都失去了影调层次。在拍摄日出、日落的场景时，明亮的阳光与逆光下的景物之间亮度差距很大，容易产生这种曝光不足和过度并存的情况。

4. 正确曝光

正确曝光又称为正常曝光，照片层次分明，反差适中。在景物的亮部白中具有更白的影纹，在景物的暗部黑中也有更黑的影纹，影像具有丰富的层次和细节。

（二）互易律

光圈口径的大小和快门时间的长短是照相机控制曝光量的两个基本因素。调节光圈大小，可以控制进光口径，它决定着像平面上受到的光照度的大小；调整快门速度，可以控制曝光时间，它决定着感光片曝光时间的长短。这两者互相配合，就可以控制曝光量的多少。

$$曝光量=像面照度\times曝光时间$$

曝光量是与像面照度和曝光时间的乘积成正比的。当曝光量为一定值时，若像面照度高，曝光时间就要相应缩短；若像面照度低，曝光时间就要相应延长。总之，只要总曝光量不变，像面照度和曝光时间可以互相调整大小。这种像面照度和曝光时间相对于相同曝光量的互易关系称为互易率，又称倒易率。互易率是实际运用曝光规律的基础，平时照相时就是根据互易率来对光圈和快门进行调整组合的。

互易率在一般情况下是正确的，但在极低照度下，如月光、星光下拍摄而需要很长时间曝光时，或在高照度下用1/1000秒的高速度曝光时，都会产生互易率失效现象，按正常情况计算出来的曝光量就会使胶片感光不足。在这种情况下，需要通过增加曝光量来加以弥补。

引起互易率失效的原因：一是当光线太弱时，感光片的光化能力会显著减低；二是当曝光时间极短时，光线不能穿入感光材料内层，其光化作用也会因而减退。

（三）影响曝光量的因素

影响曝光量的因素主要有：

1. 曝光时间的长短

时间越长，曝光量越大；时间越短，曝光量越小。

2. 光源对曝光量的影响

光源的种类、光强及其光谱成分对景物的亮度都有较大的影响。

3. 被摄体的反射情况

被摄物体的颜色、反光能力和表面光滑程度等。

4. 被摄物所处的环境条件

被摄物所处的地理纬度、海拔高度以及周围环境对光的反射情况。

5. 使用照相附件对曝光量的影响

如使用各种滤光镜、偏振镜等各种照相附件都将影响被摄物体的照度。

6. 使用光圈的大小

光圈越大，光线越强，被摄物体的照度越大；反之，照度越小。

（四）光圈与快门的选用

根据感光度和被摄景物的亮度决定曝光量，选用光圈、快门组合时，既要考虑光圈和快门互相之间的倒易关系，又应考虑光圈大小对景深的影响，以及被摄体的运动状态对快门速度选定的影响。

光圈的大小直接影响着景深的长短。当要获取大景深时，就应选用小光圈，并相应延长快门时间。在通常情况下拍摄，一般可先决定光圈大小，再配以合适的曝光时间；但在拍摄有动作的对象时，则应首先确定快门速度，然后再配以相应的光圈使曝光正确，以求拍得清晰的影像。

选用快门速度拍摄动体时，应考虑以下四点：

1. 物体运动的速度

物体的运动速度越高，快门应越快。

2. 物体运动的方向

同样的运动速度，由于运动的方向不同，快门的速度应有所不同。

3. 物体和照相机的距离

距离越近，快门应越快。

4. 照相镜头的焦距

镜头的焦距越长，快门速度应越快；焦距长 1 倍，速度亦应加 1 倍。

实验安排

实验一：照相机的使用

一、实验目的

1. 了解照相机的主要结构和性能。
2. 初步学会正确持机操作以及常用附件的使用。

二、实验内容

1. 熟悉相机各主要部件的名称和作用。

2. 持机操作。

三、实验器材

数码单反照相机、三脚架。

四、实验方式

学生每 2 人一组，在教室或实验室进行实验。

五、实验方法（略）

六、实验作业

写出实验报告，要求说明实验目的、实验内容、实验方法和步骤。

实验二：室外景物的拍摄

一、实验目的

1. 初步掌握拍摄的操作要领。

2. 了解光圈和景深的关系。

二、实验内容

1. 拍摄一个景物的远景、中景、近景。

2. 拍摄顺光、侧光、逆光景物。

3. 在同一条件下，曝光量相同，用几种不同的曝光组合拍摄。

三、实验器材

数码单反照相机、三脚架。

四、实验方式

学生每 2 人一组，在校院拍照。

五、实验方法（略）

六、实验作业

写出实验报告，要求说明实验目的、实验内容、实验方法和步骤。

实验三：使用电子闪光灯拍摄室内景物

一、实验目的

1. 进一步掌握拍摄操作要领。

2. 初步了解电子闪光灯工作原理及结构，弄清楚闪光灯上符号、标志的含义。

3. 学会使用闪光灯，学会闪光灯的配光方法。

二、实验内容

1. 了解闪光灯的工作原理，弄清符号、标志的含义。
2. 闪光灯与相机的配合操作。
3. 用闪光灯拍摄室内景物。

三、实验器材

电子闪光灯、数码单反照相机、电池。

四、实验方式

学生每 2 人一组，在教室学习使用闪光灯，在室内进行闪光灯拍摄实验。

五、实验方法（略）

六、实验作业

写出实验报告，要求说明实验目的、实验内容、实验方法及步骤。

第三章

刑事录像基本知识

第一节　刑事录像的基础条件

刑事录像是利用录像的设备器材及其理论和方法，将与侦查犯罪案件和服务于其他执法活动有关的信息记录下来的一门刑事技术。因此，无论是现场录像，还是其他刑事录像资料的摄录，都需要用到录像机和后期制作设备以及拍摄的技术和技巧，它们组成了刑事录像最基本的录像设备系统。在特殊情况下还需要用到一些特种录像设备系统，如显微录像系统，红外线、X 射线、微光等录像系统，以满足刑事侦查、刑事检验、安全检查和安全保卫等工作的需要。

一、彩色录像机

彩色录像机是刑事录像的重要前端设备，是利用录像管的光电转换和电子扫描，把被摄物的光图像转变成相应的电信号，再经过一系列的编码处理后，输出彩色信号的装置。

自从 1931 年制成第一只录像管以来，黑白、彩色电视事业迅速发展。特别是近十几年由于固体录像元件的采用，彩色录像机在高性能、小型化、微型化方面取得了很大成就。目前，从广播级、专业级到家用型录像机，都广泛全面地采用 CCD 固体录像元件，因而成本更低，功能更齐全，重量更轻，自动化程度更高，自动诊断能力更加完善，也使录像机由模拟复合式向数字化方向发展，清晰度越来越高。

（一）彩色录像和显像系统

彩色录像及显像全过程：

彩色景物的光场分布→镜头→录像元件→得到红、绿、蓝三个视频信号→彩色编码→全信号通道→录像机→磁带→放像机→电视机解码→红、绿、蓝三个视频信号→彩色或黑白图像。

声音→话筒→音频信号→电平→磁带→耳机、监视器、电视机→声音。

彩色录像和显像系统所包括的器件有录像机、放像机、监视器。

（二）录像机的分类

录像机可从以下几方面进行分类：

1. 按色彩分，有彩色录像机和黑白录像机两类。

2. 按质量等级分，分为：

（1）广播级。其价格高，体积较大，成像质量高，性能全。如演播室用的，现场制作节目用的，新闻采访用的。

（2）专业级。如监视用的，对红外线有高灵敏度，医疗用的对 X 射线灵敏，其他的如新闻采访、图像通讯、工业、电化教育等方面用的，图像质量稍低于广播级，重量也较轻。

（3）家用型。图像质量低一些，但体积小，价格便宜；性能稳定，自动化程度高，多为摄录放一体化机。

3. 按录像管数量分，有三管式，图像重合好，分别摄取红、绿、蓝三色信号；二管式，一管产生亮度信号，一管产生色度信号；单管式，内藏分光系统，有多种分光方式。现在常用的为三管机和单管机。

4. 按光—电转换器件类型分，有电真空器件（光电导录像管）录像机和电荷耦合器件录像机。

5. 按使用方式分，有座机式和便携式录像机。

6. 按视频信号处理方式分，有模拟录像机和数字录像机。

（三）数字录像机的工作机理

数字录像机多为摄录放一体机，它的内部基本结构可以概括为：光电转换录像头部分、数字化处理部分、数字化存储录像部分。它们各由高精度设备组成独立紧凑的单元，完成各自不同的任务。

录像头是一种把景物光像转变为电信号的装置。影像通过镜头聚焦成像，透过光学过滤器落在带有电荷耦合器件的成像感应头上，这个感应头也就是光敏成像区，由大量微小的磁敏感元件组成，其外形像排列整齐的马赛克。工作时光学图像的镜头会聚在成像区，磁敏感元件产生图像电荷，这些特殊的电荷叫像素，光敏成像区由大约 50 万个“像素”图像单元阵列组成，像素是以光的亮度和色彩的方式分析影像的。把每个像素一行行地扫描成序列，得出的整个扫描图案暂时存放在存储区。存储区的结构与成像区相似，存储区的信号转到输出寄存器，在那里信号被放大，成为视频信号。光电转换系统是录像机的核心，其中的固体录像机器件即电荷耦合装置便是录像机的“心脏”。

数字摄录一体机获取、处理、记录的完全都是数字信号，即录像机部分采取全数字处理，实现数字化记录。因此，数字摄录一体机具有杰出的图像质量，可避免图像在复制、制作中的分辨率损失。

数字录像机虽然都采用数字电路处理信号，性能稳定，能够保证最佳的图像质量，但性能指标方面的差别很大。例如，CCD 的类型、数字压缩比率、量化的比特率、数字化处理方式等因素，将直接影响录像机的总体技术指标。

（四）数字录像机的主要组成部分及作用

简单地说，数字录像机主要由录像机镜头、寻像器、话筒、机身、附件等部分组成。

1. 录像机镜头

录像机镜头是录像机的眼睛，是决定拍摄影像层次的关键。镜头的尺寸越大，成像质量越高、失真越小。专业级录像机的镜头多为 1/2 英寸，民用数字录像机的镜头多为 1/3 英寸。

专业的录像机镜头突出在录像机机身前面，其主要构件有聚焦环、变焦环和开关、光圈、微距聚焦环、倍率镜。聚焦环是调节镜头透镜与成像装置之间的距离，使成像清晰的部件。变焦环在聚焦环的后面，由变焦开关控制。电动变焦开关是个跷跷板开关，通常位于镜头的右侧（专业的录像机还保留了变焦镜头的手动开关）。光圈是控制光线进入成像系统的机械装置，有自动和手动两种。微距聚焦环是当物距小于 0. 8m 时，用来微距调焦的。倍率镜也叫增距镜，这是专业录像机才有的装置，可增长焦距，放大物像，拍摄到更远的物体。但同时会降低镜头的通光效率，在光线不足的情况下，最好不用倍率镜。

变焦镜头具有在一定范围内连续改变焦距，而成像面位置不变的性能。录像机镜头的光学变焦范围通常用比率表示，如 10∶1 的变焦，意思是说能把镜头焦距增加 10 倍，机身的标志是 10×。有些录像机还标出视场最宽的焦距位置，例如，15mm×12. 5mm 表示这个变焦镜头能从 12. 5mm 焦距的广角位置变焦 15 倍，即变为 188mm 焦距的远摄位置。变焦镜头的光学变焦范围为 10～20 倍，已完全适合日常拍摄的需要。有些数字录像机上标注的变焦倍数在 100～400 倍，是指数字放大变焦倍数。从画面图像质量的角度讲，光学变焦倍数越大越好，数字变焦倍数以 60 倍为宜。

2. 寻像器

寻像器大多是一只小屏幕的黑白电视图像监视器。一方面可以简化设备的技术要求，另一方面有利于录像人员准确对焦。当前彩色电视以4兆赫或更宽的带宽来传送亮度信号，它代表了电视图像的清晰度，而彩色信号以很窄的频带传送色彩信号，色彩以附着方式加在画面上，不利于画面清晰度指标，给录像师判断景物清晰度带来困难。因此，绝大多数录像机仍采用黑白寻像器，这就要求录像师要习惯彩色图像在黑白图像上的分布情况。寻像器除完成正常的拍摄图像的监视，还通过荧光屏幕或边框上的各种指示灯和指示装置，进行录像机工作状态的显示。其显示内容主要包括以下几个方面：

（1）被遥控的录像机记录状态显示。这项指示可通过寻像器边上的指示灯来进行，也可以在屏幕边缘显示“REC”字样。

（2）多种内容的警告显示。这些警告内容包括被遥控的录像伺服系统产生故障，被用于记录的录像带已接近结束，直流供电电池功率快用完及拍摄照度太低等。这些内容一般都通过寻像器旁边的各种指示灯进行指示。

（3）彩色录像机调整状态的显示。录像机的白平衡调整、黑平衡调整、重合调整是否完成，录像机的增益状态等情况均可在寻像器屏幕上得到显示。

3. 话筒

话筒也叫麦克风，是录像机的“耳朵”，有了它，录像机才能既“视”又“听”。外界的声音通过它把声音信号转换为电信号，再通过相应的电路把电信号转化为磁信号记录在磁带上。因此，录像机才能既录到图像，又录到声音，从而达到声像并茂。

录像机上的话筒有的是非立体声话筒，在录像带上进行正常声道录音；有的是立体声话筒，可在录像带上进行双声道立体声录音。话筒上一般都带有灵敏度选择开关（高/低）；有的还带有正常拾音（全向话筒，四周的声音都能录上）、指向拾音（指向话筒，只录话筒正前方向的声音，其他方向的声音都被减弱）、超指向拾音和变焦拾音（随焦距变化而改变拾音指向范围）选择开关，以供录像者根据不同的目的选择不同的拾音状态。录像机上除了机内话筒（随机安装的话筒），还设有外接话筒插座，可以利用外接话筒进行录音。

4. 机身

机身实际上也就是录像机的整个躯体，包括它的“脑袋”和“五脏六腑”。镜头、录像机、话筒、各种操作开关、显示屏、附件插座、连线插座、插孔等都在它的身上；电池仓、磁带仓、各种电路板、元器件都在它的“肚子”内。

5. 附件

附件是录像机工作时必不可少的或者是有时候要用的器件。如充电电池转接器、射频转接器、音频转接器；肩带、携带箱（包）、照明灯、三角架、编辑控制器、连接缆线等。其中，电池或电源转接器是录像机工作时的电源供给部件，是录像机拍摄时必不可少的。其他则是录像机某些工作状态下所需的附件，使用者可随心配备。

二、后期制作工作室

为便于拍摄资料的编辑，以最快的速度提供现场录像资料，建立一个适合基层刑侦部门使用的后期制作的工作室，显得十分重要。

（一）硬件配置

1. 多媒体电脑

（1）CPU。CPU 需要奔腾Ⅲ以上 CPU。奔腾Ⅲ具有 32 千字节（KB）一级高级缓存和 512KB 二级高速缓存，增加了 70 多条多媒体扩展指令集，可支持高达 80 位的浮点运算，这是图形、图像运算时所需要的中心部分。

（2）主板、硬盘和内存。根据 CPU 去配主板。以 40 吉字节（GB）以上的硬盘为宜。1 分钟 VCD 质量的 AVI 文件大约有 60 兆字节（MB），10 分钟就是 600MB，而 1 分钟 DV 级质量的 AVI 文件大约有 210MB。最好将硬盘分成三个区，C 盘装操作系统和杀毒软件，D 盘装应用软件，C、D 分区大约合用 6GB 左右，剩下的空间全部分给 E 盘，专门用来装视频素材。其好处是一旦系统崩溃或不幸染毒，可将 C、D 格式化重新安装应用软件，并不影响工作。另外，最好另配一块硬盘作素材盘，专门用于存储和处理影像文件。

（3）声卡、显卡及显示器。多媒体电脑主板上自带声卡的无须另配，需另配声卡的有 3D 音效的 PCI 即可。对显卡的要求是：具备 8MB ~ 16MB 的显存，AGP 2x 的总线类型，支持 1600 × 1200 像素。显示器以 17 英寸以上为宜，要保证支持高的分辨率和具备高的刷新频率。

2. 打印机

以彩色喷墨打印机为宜，有 720 每平方英寸点数（dpi）以上的光学分辨率，A4 以上的打印画幅，黑色墨盒、彩色墨盒分开的打印机即可。

3. 扫描仪

600dpi ~ 1000dpi 分辨率的为中档扫描仪，色彩位数以 32 位，SCSI 和 USB 接口的扫描仪是较常用的，传输速度、扫描质量也较好。

4. 视频压缩卡

视频压缩卡又叫 MPEG 压缩卡，是一块集视频捕捉、数模转换、AVI 转 MPEG、影像编辑、编码压缩等功能于一体的板卡，是影音制作系统不可或缺的重要组成部分。

5. 话筒

录像机配用的话筒有内置式和外配式之分，也有有线和无线之分，按工作原理还分为动圈式（DXXX）、电容式（CXXX）话筒，还有心型话筒（可感受以自身为轴心半径3.5m、180°～200°弧线内的声音）、领带夹式话筒等。有条件的最好选择灵敏度高、音质清脆的电容式话筒。

（二）软件配置

影视制作系统所需软件很多，可根据实际需要及自己对软件掌握的熟练程度来选择使用。常用的软件配置主要有视频捕获和压缩卡、图像处理、影视编辑、动画、观图与选图、动态文字制作、配乐、解说录制、VCD刻录等方面的软件。

第二节　录像的技术与技巧

一、正确执机

执机，就是录像者持机进行拍摄的方法，包括徒手执机法、肩扛执机法和用三脚架协助执机法三种。

（一）徒手执机法

小型录像机可单手执机，也可用双手执机。将右手放进手柄的皮带圈内，手指放在操作按钮上，右肘部紧贴右肋，肩部、胳膊放松，两脚与肩部同宽，以保持重心稳定。双手执机时，左手一般托在镜头下方为宜。眼睛可紧贴寻像器取景，也可通过液晶显示屏观察拍摄景物。应尽量避免使用长焦距镜头拍摄，以免抖动和影像模糊。长时间或低角度拍摄时要注意控制呼吸，尽量找一些稳固的物体作为依托辅助支撑，或把录像机放在膝盖上，以保持平稳。

（二）肩扛执机法

机型体型较大的录像机，可用肩部将录像机扛起来进行拍摄。将录像机放在肩上架稳，右手握紧手柄，操纵开关进行聚焦和变焦，左手轻扶遮光罩，适时调整光圈和焦距。为确保机器的稳定，可将机器靠紧脸颊，肩托的位置可根据录像者的体形做适当调整，以适应脸部紧靠录像机机身和眼部紧贴寻像器罩的需要。

肩扛执机时，应两脚分开，略宽于肩，重心要低，力求支撑的底部面积大些，这样才能使拍摄的画面稳定。如果执机运动拍摄，双腿应略弯曲，重心适当前移，并尽可能使身体上部移动而减少或避免双脚的移动。在需改变物距时，应尽量改变机位而避免使用长焦距镜头变焦拍摄。

肩扛执机时，除站姿外，还可以采用坐姿和跪姿，或将身体靠在墙上及其他稳固的物体上。

（三）用三脚架协助执机法

在条件允许和拍摄需要时，可将录像机固定在三脚架上，使拍摄者轻松自如地操作，保证拍摄的画面稳定平滑，拓展拍摄景物的范围。

二、调整黑白平衡

调整白平衡，是为了确保在照明条件发生变化时，图像中的白色还原良好，图像的色调依然保持自然。从不同光源发出的光的色彩千差万别，同时，随着照明条件的改变，被拍物体所表现出来的颜色也会改变，因此，当基本照明光源发生变化时，必须重新调整白平衡。常用的方法有以下几种：

第一，将录像机镜头对准白纸或白墙，使其充满屏幕。数字录像机预设了几种普通光源的最佳设定，它们通过对镜头和白色平衡感应器所接受的图像色调进行估量，判断拍摄状态，然后选择类似色调的设定，这种功能即为自动白色平衡调节。有黑白平衡选择开关的录像机则可以手动调节。

具体操作：将开关调在“自动”处，将“黑白自动调整”开关置“黑”的一边，松开几秒钟，表示黑白平衡的指示灯亮，再将“黑”的“自动调整”开关置“白”的一边，几秒钟后，调节正常的指示灯亮。

第二，在室内拍摄时，将录像机专用白色镜头盖盖在录像机镜头上，将光圈开到最大，对准光源，将“黑白平衡选择”开关置于“自动”处，然后松开，白平衡指示灯亮后又熄灭，表示白平衡已调好。室外拍摄时，盖好白色镜头盖，大致调一下光圈，再对准天空（不能对准太阳）。拍逆光或阴影处景物，要让阳光照在白色镜头盖上，然后按室内方法调整。

第三，将“黑白平衡选择”开关拨在“预置”即3200K处。在3200K光源时，可不用调黑白平衡，在其他场合光源色温变化时，只要相应改变滤色片即可，不必再调整黑白平衡。

第四，录制彩条：放入磁带后，将彩条/白平衡开关（BARS/WB）拨到BARS，按下录像钮录制5～8秒，停止录制后，把彩条/白平衡开关调回中间位置。

三、选定拍摄位置

从拍摄的角度来说，视点即是录像机的拍摄位置。在拍摄时应如何选择最佳视点呢？这里需要明确以下两点：

（一）拍摄方向

拍摄方向即录像机镜头与被摄主体在水平面上360°的相对位置，也就是通常所说的正、侧、背面。录像机所处的位置不同，被摄对象的轮廓形状会有很大的改变，画面的结构会出现明显的差异。拍摄方向不同，被摄对象的造型效果也不同。

正面拍摄，物体多在画面中心位置，画面对称稳定，表现物体庄严规范；侧面拍摄，有利于表现物体的层次和质感；背面拍摄可反映景物的空间感和纵深感，物体的轮廓表现也最佳。在拍摄时应从不同方向观察被摄对象，从中找出最佳的拍摄方向。

在选择拍摄方向的同时，应注意光照方向。不同的光照方向反映物体的质感、层次也不同，对人物的形象及面部特征的表现明显不同。

（二）拍摄高度

拍摄高度即录像机镜头与被摄物体在垂直平面上的相对位置或相对高度。根据拍摄高度的不同，可分为平角拍摄、仰角拍摄和俯角拍摄。平角拍摄可使画面结构稳固、安定，被摄对象不易变形，视觉效果与日常生活中人们观察事物的正常情况相近；仰角拍摄会使被摄对象有高大、巍峨的夸张效果；俯角拍摄最易观察事物的全貌，是反映全景的最佳位置，它可用于说明一定范围内所有物体间的相互关系，是其他位置所不能替代的。

四、确定画面与镜头

（一）录像画面

录像画面是指录像机拍摄下来的一幅幅图像，也就是最后通过屏幕所呈现的形象。它是视觉信息的载体，是录像片的基本构成单位。

所谓一个画面，在拍摄中，录像机位置和镜头角度固定不变，所摄录的图像其构图基本不变，这些图像叫一个画面。因而，在拍摄中，录像机位置变化，或镜头变焦，或镜头的拍摄角度变化，或被摄主体发生运动，使构图改变，上述每个因素每变化一次，就拍摄到一个新的画面。

（二）录像镜头

录像片是由一个个镜头有理有序地结合在一起。录像镜头，是指能表达一定意义的画面。它包括画面和声音两个方面的因素。

所谓一组镜头，从拍摄角度上说，是指录像机从开机到关机这段时间里所拍摄录制下来的所有画面。如果从电子编辑的角度上说，是前后两个编辑点间的那些画面。

一组镜头可以表现为一种景别，一种构图的画面，也可以表现多种景别，多种构图的画面。一组镜头可由一个画面或多个画面组成。在拍摄中，录像机只要不停机，在电子编辑中只要不剪断，那么就是一组镜头。在拍摄中是一组镜头，在编辑中可以分成几组镜头。

（三）镜头的分类

1. 从画面内容上区分

（1）实镜头。有人物，并且人物占有一定的画面面积的镜头。

（2）空镜头。有风光、静物的但没有人物的镜头，即使有人物，人物所占面积也很小并且在不显著的位置上的镜头。

（3）特技镜头。用录像机自然拍摄不到的，需用特殊技术和技巧制作的镜头。

（4）动画镜头。拍摄的画面是连续的图画的镜头。

（5）字幕镜头。拍摄的画面是片名或文字、图表的镜头。画面的衬底可以是单一彩色或是风光景物或是人物的活动。

2. 从拍摄场所上区分

（1）内景镜头。表现场面较小，并在室内拍摄的镜头。

（2）外景镜头。表现场面较大，在室外场地搭起的外景或实景拍摄的镜头。

3. 从镜头时间的长短上区分

（1）长镜头。拍摄或剪辑时间在20秒以上的镜头。

（2）短镜头。拍摄或剪辑的时间在1秒左右的镜头。

4. 从景别上区分

在拍摄中把不同取景范围的画面称为景别。根据视距的远近，一般分为远景、全景、中景、近景和特写。

（1）远景镜头。这是视距最远的景别，它视野广阔，景深悠远，表现远距离的人物及周围广阔的自然环境和气氛，远景镜头以环境为主，可以没有人物，即使有人物也只占有很小的面积。

（2）全景镜头。全景镜头包括主要被摄对象的全貌（人的全身、物的整体）和它周围的环境。

全景的作用：一是确定事物、人物的空间关系，为一组画面定向。二是因为全景镜头里已经有了人物，所以利用全景镜头有利于表现人或物的动势。三是利用全景镜头作过场镜头，起叙事作用。

（3）中景镜头。中景镜头包括被摄对象的主要部分（人膝盖以上的部分）和事物的主要情节。较之全景镜头，中景镜头中人的形象，物的形状特征占主要成分。通过中景镜头，可以清楚地看到人与人之间的关系和感情交流，也能看清人与物、物与物的相对位置关系。

（4）近景镜头。近景镜头包括被摄对象更为主要的部分（人物上半身以上的部分），近景镜头用于细致地表现人物的神情和物体的主要特征。较之中景来说，近景着重细腻的描写，要抓住人物脸的神情、手的动作和物体的形态、质感等特征。

（5）特写镜头。特写镜头是把被摄对象的某一局部充满画面，对其做更细致的交代，给人以强烈的集中突出的印象。

5. 从叙事情节（或称叙事角度）上区分

（1）主观镜头。录像机的视点直接代表某一画面中人物的视点所拍摄的镜头。

（2）客观镜头。也称“中立镜头”。录像机采用大多数人在拍摄现场所共有的视点拍摄的镜头。在屏幕直观效果上可产生临场感。

五、拍摄要求

（一）稳

拍摄的画面是否稳定，是直接影响画面内容的重要因素，同时，它还影响着观众的情绪，掌握不好，会造成精神上和视力上的疲劳，进而影响观看效果。

为了保证拍摄画面的稳定，除了在拍摄时要正确持机，依靠三脚架、墙壁等稳固的物体作为支撑物外，坚持长时间地练习拍摄基本功也是非常重要的。工作中，要尽量依据身体的运动来完成拍摄，避免和减少脚、腿的移动。在条件允许的情况下，轮换采用立姿、蹲姿、坐姿、怀抱录像机等多种体位和姿势，以保证长时间拍摄时有足够的体力。另外，使用广角镜头和录像机稳定器，也是避免和减少画面不稳的办法之一。

（二）平

平是指所拍摄画面中的地平线一定要平。在寻像器中看到的景物图形应横平竖直，以寻像器的边框为基准来衡量，画面中的水平线与录像器的横边平行，垂直线与录像器的竖边平行。为确保地平线的平直，关键是靠录像者扎实的基本功，或者依靠三脚架、水平仪等辅助器材来保障。

（三）准

准是指画面构图、起幅和落幅要根据创作意图或表现内容的要求做到捕捉景物准确，还有运动速度、色彩还原、聚焦、光圈大小等，都应做到准确到位。实践中，要做到“准”，还要克服几个难点：

第一，录像中，落幅准确至关重要。在落幅画面中，焦点构图都应该是正好的，而不应该在落幅之后又进行构图的再次调整，这样容易使人产生混乱之感。

第二，由于物体在不断运动变化当中，准确地将镜头聚焦在被拍主体物上有相当大的难度，这就要求录像者在现场要情绪稳定，心态平和，运用娴熟的操作技能和实践中累积的拍摄经验来达到聚焦的准确性。

第三，有时根据拍摄的需要，同时使用两种拍摄技巧，如摇摄和推摄同时使用。为了保证画面的均衡，要在最适当的时机同时停止操作，这样才能达到最佳效果。这样的操作也需要多加练习方能掌握。

（四）匀

匀是指录像机的运动速度要均匀。无论使用何种技巧，都应当匀速进行，运动方向的变化要平稳、流畅，不能忽快忽慢，尤其是起、落幅要缓慢，中间运动画面要匀速。

六、拍摄方式

录像机的运动使不动的物体和景物发生了运动和位置的变化，在屏幕上直接表现了人们生活中的流动的视点和画面，不仅赋予了电视画面丰富多变的造型形式，而且使电视成为更加逼近生活，逼近真实的艺术。运动镜头的视觉效果，与人们观察事物的习惯十分相似。人在观察物体时，头部和眼睛常常上下左右转动，不仅会趋前观看，还会跟着移动的物体看，这一原理运用到运动摄录上，就产生了推、拉、摇、移、跟等拍摄技巧。镜头运动的多种形式与录像三要素相结合，就产生了生动多变的电视画面，极大地丰富了镜头的表述功能。

（一）推镜头（推摄）

录像机向被摄主体方向推进，或者变动镜头焦距使画框由远而近向主体接近的一种拍摄方法，用这种方法拍摄的镜头叫推镜头。

1. 推镜头画面的特性

（1）在镜头向前推进的过程中，造成画面框架面前的运动，使画面向被摄主体方向接近，画面表现的视点前移，形成一种较大景别向较小景别连续递进的过程，具有大景别转换成小景别的各种特点。

（2）推镜头分为起幅、推进、落幅三部分。推镜头画面的向前运动，既不是毫无目标，又不是漫无边际的，而是具有明确的推进方向和终止目标，最终表现被摄主体，由这个主体决定了镜头的推进方向和画面的最后落点。

（3）随着镜头的向前推进，被摄主体在画面中由小变大，由不清晰且所占画面比例较小到逐渐清晰且所占画面比例较大，甚至充满画面。与此同时，主体物周围的环境由大到小，由占有较大的画面空间逐渐变成所占空间越来越小，甚至消失。

2. 推镜头的作用

（1）突出主体人物，突出重点形象。推镜头将画面推向被摄主体，取景范围由大变小，随着次要部分不断移出画外，主要部分逐渐充满画面，具有突出主体人物、突出重点形象的作用。

（2）突出细节。推镜头从一较大空间的范围起动逐渐向前接近这一空间的某个细节形象，这一细节形象的视觉信号由弱到强，并通过这种运动所带来的变化，引起观众对这一细节的注意。推镜头将细节形象呈放大状地表现出来，具有突出呈现的效果。

（3）突出一个重要的戏剧元素。在影片和电视剧中，推镜头将画面从纷乱的场景引到具体的人物，或从人物引到其他细小的动作，通过独特的造型形式突出表现引发情节和事件的重要戏剧元素，形成电影电视特有的场面调度和画面语言。

（4）能介绍环境与人物之间的关系。一些推镜头以远景或全景为起幅，首先展现在观众面前的形象是人、物所处的环境。随着镜头的向前推进，环境空间逐步出画，人物形象越来越大并成为画面的主体形象。这种推镜头从环境出发，通过镜头运动进一步"深入"该环境中的人物，在一个镜头中，既介绍了环境又表现了人物。

（5）推进速度的快慢可以影响和调整画面的节奏。推进速度的缓慢和平稳，显示一种安宁幽静的气氛；推进速度的急剧和短促，则表现一种紧张和不安气氛，激动和气愤的情绪。特别是急推，被摄主体急剧变大，画面从稳定状态急剧变动继而突然停止，爆发力大，画面的视觉冲击力极强，有震惊和醒目的效果，具有一种揭示的力量。

（6）推镜头可以加强或减弱运动物体的动感。如人物迎面走来，镜头推上，行走速度就显得快些；人物离去，随着背面一起推进，就可减缓远离的动感。如果运用变焦推，这种动感的增强或减弱只能在比较短的距离内实现。当变焦镜头推到最长焦距时，这种动感修饰就停止了。

3. 推镜头的拍摄

（1）拍摄推镜头，要注意起始画面与终止画面的处理，它们分别被称为起幅与落幅。起幅起铺垫和交代作用，开机后，先固定画面拍摄一段时间，让观众看清楚画面的基本内容后，再按压变焦钮推进，一般全景作起幅可停 2 秒左右，中景可停 1 秒左右。落幅是推镜头的落脚点，也是镜头所要表现的重点，应根据被摄对象、画面内容和构图形式，选择最佳位置停下，使需要交代、强调的内容得到恰如其分的表现，当画幅停顿一两秒钟后，再按下停止钮，结束这一镜头。需要后期编辑的镜头，起落还要长些，尤其是起幅，应停留 10 秒以上，以方便编辑操作。

（2）在选择落幅画面时，应注意景别的选择，起幅不等于变焦镜头的最广角端，落幅也不是最长焦端。拍摄前可先预推一遍，确定最佳画面，尤其是落幅时，主体位置要安排恰当，然后再正式开拍。

（3）运用推镜头拍摄运动物体时，在选择推的起点和止点上，应遵循“他动我也动，他停我也停”的原则，将启动点选在主体开始时，而将停止点安排在主体运动结束后，使观众在不知不觉中接受了镜头的移动。

（4）选择推镜头的动速，应与镜头所表述的情节节奏相一致，除了表现某种动荡不安的造型效果外，推进速度不论快慢都应保持均匀，不可有迟滞与停顿。当采用移机推进时，还应随时注意调整焦点，以保持主体的清晰度。

（二）拉镜头（拉摄）

拉摄是录像机逐渐远离被摄主体，或变动镜头焦距（从长焦调至广角），使画面由近而远与主体脱离的一种拍摄方法，用这种方法拍摄的镜头叫拉镜头。

1. 拉镜头画面的特征

拉摄的镜头运动方向与推摄正好相反，其画面具有如下特征：

（1）在镜头向后拉出的过程中，造成画面框架的向后运动，使画面从某一主体开始逐渐退向远方，画面表现的视点后移，呈现一种较小景别向较大景别连续渐变的过程，具有小景别转换成大景别的各种特点。

（2）拉镜头分为起幅、拉出、落幅三个部分，画面起幅于某个主体物，随着镜头的向后拉开，被摄主体在画面中由大变小，主体周围的环境则由小变大，画面表现空间逐渐展开，起幅中的主体形象逐渐远离，视觉信号越来越弱。

2. 拉镜头的作用

（1）表现主体和主体所处环境的关系。拉镜头使画面从某一主体物逐步拉开，出现主体周围的环境，最后在一个远大于主体空间范围内停住。在一个镜头中，既在起幅画面表现了主体形象，又在落幅画面表现了主体所在的环境特点。如从床上的婴儿拉出房间一角，说明孩子在卧室里。拉镜头也可造成具有某种趣味性的效果，如从火炉上熊熊的火苗拉开到周围穿着皮袄的人正在吃西瓜，强烈的对比，生动地显示出新疆的地域特色与民俗风貌。

（2）拉镜头可用于镜头间的衔接。如前一个镜头拍人们在室内活动，接着是一朵花的特写，镜头拉出，说明这些人已在公园草坪上嬉戏游乐了，镜头转接与场面变换显得十分自然。

（3）拉镜头也可以改变运动物体的进行速度。用长焦端迎面拉，作为减缓行进速度修饰，背面拉，则加快行进速度修饰。

（4）一些拉镜头从不容易推测出整体形象的局部为起幅，调动观众对整体形象的想象和猜测，随着镜头（画面）的拉开，被摄主体的整体形象逐渐出现，给人一种“原来是……”的求知后的满足。

（5）拉镜头使在一个镜头中景别不断发生变化，有连续后退的蒙太奇句子的作用。由于拉镜头画面是一个连续后退的蒙太奇效果，给人一种退出感和结束感。因此，拉镜头常用于某个段落或一段片子的结束，使之产生结束或结论性的效果。如在电视片的结尾选用拉镜头配合人物背影远去画面，这种结束的喻示性就十分自然了。拉镜头的画面“语言”很丰富，它还给人以“扩展”“开阔”“远望”“深邃”的感受。

（6）拉镜头的起幅画面立体、形象、鲜明、突出，有先声夺人的艺术效果。随着镜头的拉开，画面越来越开阔，内部节奏由紧到松，与推镜头相比较能发挥感情上的余韵，产生许多微妙的感情色彩。

3. 拉镜头的拍摄

拉镜头除了拍摄时的镜头运动的方向与推镜头正相反外，其他在技术上应注意的与推镜头大致相同，有着基本一致的创作规律。拉镜头拍摄也有起幅与落幅画面，应注意中心物体与周围景物的比例，尤其是落幅镜头，镜头焦距变短，视线扩大，如果前景中的物体靠录像机太近，就会显得太大，影响主体形象的表现。因此，应事先拉出落幅镜头，观察画面效果，适当调整拍摄位置与距离，再正式开始拍摄。拉镜头的起、落幅，也应有适当的停顿，让观众有足够的观赏时间。

（三）摇镜头（摇摄）

摇镜头也叫“摇”，是指录像机位置不动，在改变拍摄方向时所拍录的镜头。“摇”是运动镜头中使用最多、表现力量最丰富的一种拍摄技巧，常被用来展示广阔的空间，介绍事物之间的联系，表现物体的连续动作、姿势变化和运动速度以及强度和形成某种效果积累。

1. 摇镜头的画面特征

（1）整个镜头所表现的空间或形象是积累形成的，不像静态画面是一次完成的。

（2）摇镜头使被摄物体在画面内停留的时间相对于静态画面来说减少了，人们观看画面中景物的时间相对短了。

（3）一个完整的摇镜头包括：起幅、摇动、落幅三个部分。镜头水平摇时，画面展示结果是一条横卷；镜头垂直摇时，画面展示的结果是一条纵卷。

（4）由于摇镜头的运动方向、角度、速度等均由拍摄者控制，观众看画面时受到某种制约。

2. 摇镜头的作用

（1）展示空间扩大视野。摇镜头通过录像机的运动将画面扩展，使其更加开阔。

（2）包容更多的视觉信息。摇镜头扩展了画面的表现空间，可以包容更多的视觉信息。

（3）介绍、交代同一场景中两个事件的内在联系。生活中许多事物经过一定的组合都会建立某种特定的关系，而这些关系如果一同放在一个大视野中并不容易引起人们对它的注意。例如，从讲课的教师摇到听课的学生；从国旗摇到旗杆下的哨兵。这时，老师和学生、国旗和哨兵，这些关系均被镜头语言交代得十分清楚。

（4）利用性质意义相反或相近的两个事物通过摇镜头连接起来形成对比，表示某种暗喻、比喻、并列、因果等关系。例如，从一片花朵摇到一群天真的孩子；从树上的乌鸦摇到树下的赌博者。这种通过摇镜头来建立某种对立关系的镜头，如同对列蒙太奇的表现组接一样，把生活中富有对比因素的两个视觉形象连接起来，使它所表现的意义远远超出了这两个单独形象本身的意义。

（5）表现运动主体的动态、动势、运动方向和运动轨迹。用长焦距镜头在远处追摇一个运动物体，摇动的方向、角度、速度均以这个被摄动体为基点，被摄体朝哪运动镜头就摇向哪方，被摄体移动快，镜头摇动也快，用此方法将被摄动体相对稳定地处理在画框内的某个位置上，这种摇镜头可以使观众在一段时间里看清这个动作的动态、动姿和动势。

（6）画面转场的手法之一。摇镜头可以通过空间的变换、被摄物体的变换引导观众视线由一处转到另一处，完成观众注意力和兴趣点的转移。

3. 摇镜头的拍摄

运用摇镜头拍摄时，要注意处理好起幅与落幅的画面构图。如果表现两者之间的联系，起幅与落幅应分别是两个不同的主体；如果要表现几个同等重要的对象，在依次摇过去后，不要落掉其中的一个，也不要摇过去，再摇回来，否则镜头会显得拖沓。伴随摇应以主体的运动为基准，始终随着主体运动的方向摇动，最后落幅时，可以等主体运动停止后停拍；也可以先将录像机停止摇动，让主体走出画面或向远处离去后，再停拍。

摇摄时一定要有目的性。镜头的运动应使画面具有某种表现因素。摇摄不应成为表现的目的，而只能是表现的手段。

跟随摇摄物体时，摇得过快或过慢，运动物体在画面上就会时而偏左、时而偏右，显示出忽快忽慢的动态，观众容易产生视觉疲劳和不稳定的感觉。从某种意义上说，全部美感价值都在摇摄速度与画面内运动主体速度的对位上。

摇摄时注意纵深空间内影像的清晰度。比如，拍摄一幅横长的国画，从画幅的一端摇至画面的中央或是由画面的中央摇至边缘，除被摄景物在画面中的位置有变化以外，还有距离的变化，因而主体的清晰度也随之改变。这一影响对距离较近而又处于景深前界与后界边缘的景物更为明显。当把镜头的焦点落在画幅中间的距离上，中央清晰，画的边缘清晰度较差。另外，随着距离的变化，其成像比例会有明显的改变，因而会影响到画面中的透视关系。所以，在拍摄过程中应考虑到这一特征，并根据这种特性来安排和处理被摄景物的位置。

摇镜头不在于单一画面构图的完整和均衡，而在于整个摇摄过程中的适时与和谐。摇摄的全过程应当做到：画面运动平衡，起幅、落幅准确，摇摄速度均匀。在用远景或全景拍摄摇镜头时，还要注意画面内地平线的水平。

（四）移镜头

移镜头录像是将录像机架在活动物体上随之运动而进行的拍摄。用这种方法摄出的镜头称为移动镜头。移镜头包括横移、斜移、曲线移及升、降移等形式。横移是指录像机在横侧与摄轴成90°水平方向移动中进行的拍摄。录像机摄轴与移动方向面成斜角，称为斜移。录像机的移动方向由水平改为垂直上下移动，称之为升或降。

1. 移镜头画面的特征

（1）录像机的运动使画面框架始终处在运动中，画面内所有的物体都呈现位置不断移动的势态。

（2）移动镜头表现的画面空间是完整而连贯的。

（3）录像机的运动，直接调动了人们生活中运动的视觉感觉，使观众产生一种身临其境之感。

2. 移镜头画面的作用

（1）在表现大场面、大纵深、多景物、多层次等复杂场景方面具有气势恢宏的造型效果。从某种意义上说，移动镜头与推、拉、摇镜头相比，在空间表现上具有更大的自由度，它的最大优点就在于对复杂空间表现上的完整性和连贯性。

（2）移动拍摄可以表现某种主观视向，有强烈的主观色彩，从而表现出更加生动的真实感和现场感。移动镜头在跟人物的过程中，能另换一个人继续移动，在一个镜头里达到了蒙太奇的效果（通常称为内部蒙太奇）。这既能使画面显得特别真实，也能使观众在与录像机一同移动的同时，产生身临其境的感觉。

（3）移动拍摄可以引起被摄主体背景、角度和视向轴线的变化。以一个人物为中心的移动镜头，机位的运动可以引起人物背景、视觉方向的变化。

（4）移动拍摄形成了多样化的特点，可以表现出各种运动条件下的视觉效果。比如两辆汽车一前一后地追逐，在空中追随跳伞运动员组成的各种图案造型，随潜水员在海底遨游、观赏海底奇观等。各种形式的移动拍摄，极大地丰富了电视画面的造型形式和表现内容，因而被大量地用于纪实性的电视片拍摄中。

3. 移镜头拍摄

移动拍摄应力求画面平稳，而平稳的重要标志在于保持画面的水平。无论镜头运动速度快或慢，角度方向如何变化，地平线应基本上处于水平的状态。否则，晃动厉害的画面会让观众头昏眼花，感觉极不舒服。

在拍摄大场面时，为了加强移动效果，可以在录像机与被摄对象活动路线之间放置一些静止的物体，使画面有层次的对比，也便于画面构图，从而避免呆板的感觉。

移动拍摄过程中穿插暂时的停顿，这样可以增加变化，甚至打破连续重复运动的单调感。停顿时，最好避开在前景中有过多其他物体的地方，因为大量占据前景可能会影响主体的表现。

不管是什么方向、什么形式的移动拍摄，用广角镜头来拍摄均会取得较好的画面效果。广角镜头的最大特点是景深大、视野宽、透视效果明显，因而在拍摄移动镜头时画面感强、现场感强，并且容易保持平衡。拍摄时还应注意随时调整焦点，以保证被摄主体始终在景深范围之中。

（五）跟镜头

跟摄是录像机随运动的被摄体一起运动进行的拍摄，所拍摄的镜头称为跟镜头，可分为“跟摇”和“移摇”。前者是摇镜头（跟随运动物体的摇镜头），后者属于移动镜头（跟随运动物体的移镜头）。“跟”字的本质含义是对准运动着的物体。

跟镜头跟随被摄主体一起移动，形成画面中运动的主体不变（并非不动）、背景变化的造型效果。常被用来通过人物引出环境，人物运动“带”着镜头运动，镜头随着人物将其走过的环境连贯地表现出来。

从人物背后跟随拍摄的跟镜头，由于观众与被摄人物视点的合一，将观众直接引入剧情，是使观众产生与剧中人物相似的主观感受的有力手段之一。跟摄可以从主观上、客观上反映某物，是录像中常用的一种技巧。

跟上、追准被摄对象是跟镜头拍摄的起码要求。无论运动速度多么快、多么复杂的人物或物体都应力求将其“稳定”在画面的某个位置上。而画面的平稳运动是保证观众观看的先决条件。

跟镜头也是通过录像机机位运动完成的一种拍摄方式，镜头运动所带来的变化，如焦点的变化、角度的变化、光线的变化等，跟摄时都应考虑到。

（六）综合运动镜头

综合运动镜头是在一个镜头中把推、拉、摇、移、跟、升、降等各种运动拍摄方法，不同程度地有机结合起来拍摄的镜头。

综合运动镜头呈现多种组合形式，如推摇镜头、拉摇镜头、移推镜头、跟摇镜头、摇升镜头、摇降镜头等。也可以在周密的设计和恰当的场面调度下，把推、拉、摇、移、升、降等多种拍摄技巧巧妙地揉在一个镜头里。

在一个镜头里，综合运动镜头既不像固定拍摄镜头那样一机一拍到底，缺少变化；又不像单一运动镜头，一推或者一拉，一摇或者一移，缺乏生气。它是通过综合调度镜头的各种运动形式，随着情节中心的转移不断变化着画面的表现空间和形象内容，把多种形式有序地统一在整体的形式美之中，构成一种活泼流畅、连贯紧凑的场景，显示了独特的艺术表现力。例如，镜头从小女孩弹钢琴的手的特写开始，随着乐曲的旋律变化，画面时拉时摇，时移时推，拍摄小女孩和她的家人。一首乐曲一弹到底，乐曲中有旋律的变化，镜头中有运动的变化，乐曲的分段处，又是镜头每次运动的转换处，声音与画面达到一种和谐，很好地表现了小女孩一家人的欢快情绪。这种处理方法既保持了音乐的完整和连贯，又保证了现场气氛的完整和连续，使画面与音乐的配合和谐流畅。在纪实性长镜头拍摄中应注意运用这种技巧。

综合运动镜头拍摄时的注意事项：一是除特殊要求外，镜头的运动应力求保持平稳，避免画面大幅度的倾斜摆动。二是镜头运动的每一次转换应与人物运动的方向、情节中心和情绪发展的转换相一致，形成画面外部的变化和画面内部变化的完美结合。三是机位运动时注意由于拍摄角度的变化而引起方向的变化对画面造型的影响，并防止拍摄人员的影子进画的现象。四是避免滥用运动拍摄技巧，无目的地推、拉、摇、移。五是注意起幅、落幅、中间转换的定幅，要留有足够的空间，让观众看清画面。

第三节　录像片的制作

一、后期制作的内容

在前期拍摄完成之后，将拍摄好的素材，按内容需要进行画面的重新组接和镜头长短的剪辑，再配以说明的字幕、增加效果的音响（音乐）、配音（解说）以及片头片尾的制作等，才能成为一部具有价值的完整的刑事录像片。完成以上工作的综合过程称为后期制作。

二、录像编辑

连续的图像是一个个镜头（一段段连续的画面）按一定的顺序组接（切换或

过渡）而成的，把一个个独立的镜头或片段按一定顺序组接的过程就是编辑。

（一）按工作流程可分为组合编辑与插入编辑

针对不同的工作流程，电视编辑有各种编辑方式，按信号的记录方式不同，可分为组合编辑和插入编辑，这也是最基本的编辑方式。

1. 组合编辑

组合编辑也称“裁剪”，是将同一盘录像带或不同录像带上记录的若干素材内容（包括视频、音频和控制信号），在另一盘录像带上按顺序一段段地“组接”起来，成为一个完整的内容。组合编辑只有一个编辑点，只能在前一个画面的结束点来续接新画面。组合编辑过程中，录像机的全消磁头处在工作状态，在记录新内容的同时，原视频/音频和控制磁迹同时被消去，因此，不能用于修改已录好节目的录像带。

2. 插入编辑

插入编辑是在原录有节目或编辑好的磁带中间插入新的内容（视频或声音），它不改变原磁带节目的长度，只改变内容，可随意插入更多的镜头。插入编辑多用于替换原有不理想的画面或增加新的配音等，可以使用这种系统来增添现成的景物特写或附加标题。高级编辑机可以将图像和声音分别插入，一般录像机画面和声音在插入编辑时，会被新内容同时取代。

插入编辑必须有两个编辑点——编辑入点和编辑出点，以保证准确地控制插入画面和声音的长度，插入编辑只能重新记录视频和音频磁迹，而不能重新记录控制磁迹。因此，原录像带上必须有连续的控制磁迹，以保证插入新的内容准确到位。

（二）按编辑使用的器材和记录信号的不同，可分为线性（磁带）编辑与非线性编辑

1. 线性（磁带）编辑

首先要根据实际需要准备好放像机、录像机、编辑控制器、切换器、特技机、字幕机、调音台、监视器、磁带等，并将它们调试正常。经过审看、筛选素材后，用文字对选中的素材进行记录和预编，据此再实际编辑。对编辑完成的片子要从头到尾播放几遍，检查有无需要修改和补充之处，然后经过混声、配音、加入必要的字幕说明后，再将制作完成的片子反复播放，检查声画效果、镜头组接是否流畅、编辑点是否有抖动、声画有无错位等，直至满意后就可以进行复制或存档保管。

2. 非线性编辑

非线性编辑，实际上是在计算机上进行的编辑。为了进行高效数据压缩，完成大量数据存储和剪辑，除需要高性能的计算机、高级压缩板和非线性编辑软件

外，还应根据实际需要配置视频/音频输入、输出外围设备，如数字录像机、数码照相机、磁带录像机、录音机、监视器、麦克风、素材录像带等。素材量较大时，还应配专用的海量 AV 素材硬盘。

非线性编辑基本过程大体可分为三个阶段：第一阶段，向计算机硬盘输入素材，可一次性输入，也可以分片段地输入。第二阶段，利用系统提供的编辑界面和工具从硬盘向编辑软件中调入（上载）素材进行编辑。在整个编辑过程中，任何素材拍摄的次序均可任意调整，增删画面，随意伸缩改变镜头长度，将素材或片段随意插入或覆盖到其他素材的任何一个位置。第三阶段，是在视/音频轨编辑、特技制作、字幕叠加完成后，对完整的电视片进行播放，经修改满意后，即可合成（生成）与输出成品节目，以便显示、记录或播放。

三、录像片的组接技巧

（一）画面组接

1. 蒙太奇

“蒙太奇”的本义源于“montage”，是建筑学上装配、组合的意思。借用到电影制作上后，又逐渐成为电影、电视剧制作的一个专用术语。狭义的蒙太奇是指影视作品镜头的组接技巧；从广义上讲，蒙太奇还有着更为丰富的内涵，它既是影视反映现实生活的艺术方法，也是电视艺术独特的形象思维和叙述语言，是作为电影电视作品基本结构手段和镜头组合的艺术技巧。

蒙太奇的实质，是根据影片所要表达的内容和观众心理顺序，将影片分别拍成许多镜头，然后再按照原定的构思把它们组接起来，使之产生另外的含义。

例如：A　甲由西向东行走的镜头

B　乙由东向西行走的镜头

C　甲、乙热情握手的镜头

第一种：A　B　C 的顺序说明相逢

第二种：C　B　A 的顺序说明道别

2. 蒙太奇镜头

几个或一系列镜头组接在一起时，产生一个超过画面本身提供的造型含义的新的意义，这一组镜头叫蒙太奇句子。构成蒙太奇句子的镜头主要有三种，即主镜头、插入镜头、切出镜头。

主镜头，是建立事物或动作的完整面貌或体现一个段落核心内容的镜头。插入镜头，是在主镜头中插入的用于细致表现主镜头内容的镜头。切出镜头，是在主镜头中接上的与主镜头有逻辑联系的镜头。

蒙太奇作为影视节目创作的特殊表现手段和方法，最主要的意义在于通过画面以一定顺序的排列去表现事物，塑造人物，揭示事物的内在联系，表现作品的主题思想。

蒙太奇的叙述方法有两大类：

（1）叙述蒙太奇。它一般用于以下两种情况：一是说明一个动作过程或事件概貌。二是表现复杂事件发展过程和全貌。叙述蒙太奇的表现方法有顺叙、倒叙、插叙、分叙，它表达了事件发展的连贯性，给人流畅、清楚、明白的感觉。

（2）表现蒙太奇。相连的两个或两个以上的镜头表现不同主体的动作，这种镜头组接形式被称作对列构成，也叫对列蒙太奇、表现蒙太奇。

（二）镜头组接的基本规则

录像画面组接是一种创作行为，尽管同样的素材可以有多种多样的组接方式，但在通常情况下，应该遵循镜头语言的一些基本规则。

录像画面组接的总原则是：突出强化被摄主体的本质特征，引导人们加深对画面内容的理解或引起观众的思考。镜头组接的原则有以下几点：

1. 镜头组接要合乎电视规律和逻辑要求

任何镜头间的组接都要符合事物运动的本来面貌和事物发展的规律，这个规律是镜头组接最基本的依据。例如，要清晰地表现一个完整的动作或一个事件的过程，就要以这个动作或过程本来面貌为依据，通过镜头的取舍和组合，创造一种能被人们接受的屏幕所特有的时空连贯，如果表现某一个空间中展开的活动或发生的事情（如犯罪现场），镜头的组接要给人们以空间的统一感。

2. 景别变化要“循序渐进”

在拍摄一个场面时，“景”的发展不宜过分剧烈，否则就不容易连接起来。相反，“景”不变，同时拍摄角度变化也不大时，拍出来的镜头也不容易连接。所以，“景”的变化要循序渐进，这样可以形成流畅的连接，按镜头前后不同关系形成各种蒙太奇句型。

景别有远景—全景—近景—特写，这种结构称为前进式蒙太奇句子。它在电影和电视片中常用来表现由整体到局部、由全貌到细节。

由近到远地表现被摄对象的，被称作后退式蒙太奇句子。在电影和电视片中，常用来表现由细部扩展到全部。

将前进式与后退式蒙太奇句型结合在一起使用的称为环型句子，主要用于表现人物情绪的起伏变化。

3. 镜头组接中要注意录像方向、轴线规则

实践中人们认识到，被摄对象的运动方向、视线方向或被摄对象之间的关系，都会形成一条假定的、无形的线。在镜头转换中，这条线是制约着视角变换范围的界限，被称为“轴线”。“轴线规律”就是拍摄角度在轴线一侧180°范围

内，不同视角的镜头连接起来后，都可以保证画面上运动方向一致和人物之间位置关系始终清楚、明确。违反轴线规律，即在镜头转换改变视角时超过了轴线一侧180°的范围界限，被称为跳轴，也叫越轴或离轴。跳轴会造成画面上运动方向、视线方向或人物之间位置关系的混乱。由此可见，遵守轴线规律，是保证镜头顺畅衔接的条件。

4. 动接动、静接静规则

对于主体运动的镜头衔接，必须掌握这个规则。例如，一群孩子在草地上玩耍，有一男孩儿奔跑中被另一男孩儿绊倒，二人在草地上嬉笑打闹，此镜头与在凉椅上的看书女孩儿（静态主体）相接，两组画面转接自然、流畅连贯。

5. 景别与镜头长短相适宜原则

景别不同，所包含的内容也不同，要看清一个画面所需的时间就不一样。对固定镜头来讲，看清一个全景镜头至少需6秒，中景3秒，近景特写1.5~1.8秒。一般来说，亮画面可短些，暗画面要长些，运动的画面可短些，静止的画面可长些。

6. 表现主题与画面节奏和谐规则

形成影视节目的总体节奏，可分为内部节奏和外部节奏。内部节奏也称叙事节奏，是指事件展开、情节发展过程中，画面内部本身所形成的节奏。故事情节发展、事件展开有高涨、有低落、有发展、有停顿，都构成了内部节奏。外部节奏，即蒙太奇节奏，是指镜头转换、画面组接所形成的节奏。这是由画面编辑所产生的节奏。

不同的题材、内容，其节奏有明显不同。风光片、叙事片、人物传记片节奏平缓，体育、娱乐等题材节奏相应快些。

对于刑事案件现场录像片这样的主题，整个片子的节奏都应较平缓，要让观众看清每个与案件有关的镜头，而不能快速跳跃。

（三）镜头组接的基本方法

镜头间连接方法可分为两大类：无技巧组接和有技巧组接。

1. 镜头的无技巧组接

镜头的无技巧组接，又叫直接切换，是指镜头与镜头之间直接相连，不加任何技巧，简称“切”。这是镜头组接最基本和常用的方法，其实质是一个图像瞬间转为另一个图像的方法，是画面间迅速地以整幅画面交换组接形式，常用来表示时间、地点、场景的改变，也被用来作提示、叙述、对比、并列的画面。这种无技巧组接比利用特技的组接更复杂，技术性更强。

这种镜头无技巧组接常用的方法有：利用主体物相关动作组接，利用同一主体物的特写组接，借助不同主体物的相似组接，利用因果关系组接，利用音响效果组接，等等。

2. 镜头的有技巧组接

镜头的有技巧组接，也称特技，是指利用电子特技手段来完成场面间镜头的转换。这种转换容易造成强烈的视觉效果，进行明显的画面转换、段落分割。常用的画面特技有：淡出淡入、叠化、划出划入、放像特技（超慢放、静等）、扫换（平移、旋转等）、数字特技（冻结、裂像、卷曲、翻页等）、屏幕分割等。

无论哪一种镜头组接方法，都是影视画面表现技巧的一部分，任何表现技巧都是为内容服务的。技巧的运用要从画面的需要出发，只有运用得当，才能使电视画面更富有表现力和艺术性。

四、录像片的声音

录像是声画一体的综合艺术，具有视觉艺术和听觉艺术的双重性，它们相辅相成，在具有良好质量画面的同时，声音是不可或缺的“伴侣”，电视画面可以依靠声音而变得更具有吸引力。

录像片声音的含义：电视声音由语言、音乐、音响三个要素组成。在电视片中，语言表意、音响表真、音乐表情，它们各自独立，又密切关联，构成完整的统一体。

录像片的声音有客观声音与主观声音。客观声音是指有声源的声音，包括环境音响、背景人声、同期声对白及客观音乐。画面上声源与声音同时出现后，声音可延续到下一组画面。合理又真实是客观声音的显著特点。主观声音在画面上看不到声源，主要是指解说词和主观音乐，是编剧、导演根据画面主题的需要加上去的。

声与画在录像节目中有同步、并行和对立三种关系。声画同步是指二者之间建立的一一对应关系。例如，摔碎的玻璃杯子与相应的玻璃破碎声音，扣动的扳机与枪声。声画并行是指二者既联系又游离的关系。例如，在红军开荒、纺线、挖窑洞、做军鞋的画面中，配以歌曲《南泥湾》的音乐，虽然人物动作、画面节奏各自独立，但二者表现的内容达到了一致性。声画对立是声与画表现的情绪或内容间形成相反关系。例如，大红的新婚洞房配以凄婉的音乐，紧张的恐怖画面配以低缓音乐，都说明了在此时，画面表现的是表象，音乐揭示的才是真正的内涵。

从声音录制的角度看，可分为前期录音（音配像）、同期录音和后期录音（后期配音）三种类型。节目制作中，可根据实际需要选择录音形式和种类。

（一）解说

影视是视听合一的形象化宣传形式，在听觉诸多因素中，文字解说又占有重要的地位。尤其是在影视纪录片中，解说成为表达主题思想的重要手段。它能给画面以烘托、渲染，对观众更深入和正确地理解画面内容有非常重要的作用。

1. 解说词的创作

影视传播是以画面来创造栩栩如生的形象。生动、形象的画面，是影视传播的主要语言，是影视的优势手段。解说词的创作编写，一定要以画面为基础，离开了画面，解说词便难以独立。

解说词的写作不同于一般的文章写作，它的长短受画面内容和片子长度的制约，内容也不是完整独立的，文字结构也不一定连贯。从语言表达上看也要形象、具体，解说词还可以把难以理解的数量和数字形象化，使观众能够充分理解。

另外，解说词写作还应该注意字的音色、音调，尽量选择读起来声音响亮的字眼，避免使用同音不同义的词，例如，选用“期末”，不用“期终（中）”；选用“全都”，不用“全部（不）”；等等。另外，语言要口语化，句式不要过繁，尽量不用或少用长句、倒装句，这都是在解说词写作中应注意的。

2. 解说词与画面衔接的方式

（1）解说词与画面同步发展。观众在看画面的同时听解说，可以起到阐释、强调画面内容，渲染画面情绪或深化画面含义的作用。二者配合要密切，如果有字幕、图表及示意图，解说词与画面形象更要严格对应。

（2）超前提示。解说词在前，画面在后，解说词作为引导，画面由观众理解。在提示中，可以提示画面的关键，引起观众注意，也可以先提出问题，让观众带着问题看画面。

（3）滞后总结。解说词放在一组镜头之后，对画面进行概括和总结，可以起到“画龙点睛”的作用。

3. 解说员工作的内容与程序

担任解说的播音员在接到解说任务后，首先，要熟悉解说词，了解解说词的格式（或熟悉电视片分镜头文稿），把握解说词的风格，对不明白的专用术语，必要时要请教专家。其次，对完整的录像片，要反复核对解说词在片中的具体位置，确定解说词的声音和节奏。最后，检查有无拗口或表达不当的句子，也是解说员必不可少的工作内容。

（二）音乐、音响与字幕

音乐是影视综合艺术的一个要素，在与其他要素结合使用时，将产生不同的影响。它可以调动观众情绪，表达作品或人物的内心情感，还有渲染画面气氛、说明时代背景或历史阶段、概括和揭示主题、刻画人物形象、描述景物等作用。

音响是一种特殊的语言，它是语言和音乐之外视听艺术中所有声音的统称。

音响具有使人产生身临其境的真实感、渲染现场气氛和写意的功能。

字幕作为视觉语言中的另一要素，不仅是呈现片名和摄制人员的工具，在画面构成和节奏的形成方面也显示出特殊的魅力。在解说词难以表述清楚或出现许多组统计数据时，字幕能确切地表情达意，使观众看在眼里，记在心里。在表达抽象概念和思想时，字幕可以弥补画面的不足，清楚明白地表达理念。有时，它还可以强化重点内容和成为画面构图的重要元素。

总而言之，录像的主体是画面，它自始至终地处在“主角”位置上，解说词、字幕、音乐则是一个个不可或缺的“配角”，为烘托、突出“主角”的形象和特色，各自发挥着自己不同的作用，传达它们共同的主题。

实验安排

实验一：录像机的使用

一、实验目的

通过学习一款录像机的正确操作方法，了解录像机的基本结构、主要功能、保养与维护常识。

二、实验内容

1. 对照一款录像机及其使用说明书，熟悉该机型的基本功能按钮，并了解主要部件的功用。

2. 使用一款录像机，学习录像的基本操作方法。

三、实验器材

数字录像机、三脚架。

四、实验方式

学生每4人一组，在教室或实验室进行实验。

五、实验方法（略）

六、实验作业

写出实验报告，要求说明实验目的、实验内容、实验方法和步骤。

实验二：运动镜头应用技巧

一、实验目的

了解运动镜头的特点及基本用途，学习运动镜头应用的一般性技巧。

二、实验内容

选择一些场景或人物活动场面，采用运动镜头进行拍摄：

1. 推镜头技巧；
2. 拉镜头技巧；
3. 摇镜头技巧；
4. 移镜头技巧；
5. 跟镜头技巧。

三、实验器材

数字录像机、三脚架。

四、实验方式

学生每 4 人一组，轮换操作与记录。

五、实验方法（略）

六、实验作业

写出实验报告，要求说明实验目的、实验内容、实验方法和步骤。

第二编　现　场

第四章

现场照相[①]

第一节　现场照相概述

一、现场照相的概念和特点

（一）现场照相的概念

现场照相是将案件、事件发生的场所和与案件、事件有关的痕迹、物品，用照相的方法客观、准确、全面、系统地固定、记录的专门手段。用照相的方式所记录的影像，直观、具体、生动、形象，为分析判断案情、开展侦查以及物证的鉴定提供客观依据。

现场在重现整个发案过程中的重要地位，使人们竭力寻找保全现场的各种方法，现场记录是保存现场的一种行之有效的方式。完整现场记录包含三个方面的内容：现场笔录、现场绘图和现场照相。

现场笔录是用文字的方式，描述发案前、发案中与发案后现场上的所见甚至所闻等情况；现场绘图是用比例或非比例（示意）图的方式，描绘出现场环境及现场内部各物体的空间位置。在对整个现场状况的表述中，现场笔录和绘图各

① 本章依据标准：
1. 中华人民共和国国家标准：现场照相、录像要求 GB/T 29349—2012。
2. 中华人民共和国国家标准：物证检验照相录像规则 GB/T 29352—2012。
3. 中华人民共和国公共安全行业标准：刑事照相设备技术条件 GA/T 591—2006。
4. 中华人民共和国国家标准：法庭科学照相制卷质量要求 GB/T 29351—2012。

有所长。如文字的描绘连续、细腻，绘图的方式不受时空环境的限制等，但是它们存在一个共同的弱点：缺少形象性，人们对它们的接受，需要在一定的生活经验的基础上辅以形象思维。

现场照相的最大优势是直观地直接记录事件，它用生动、具体的形象、快速的记录方式以及图像处理，弥补现场笔录和现场绘图的不足。不仅如此，作为对现场的一种图像保存技术，更重要的是它对现场环境、现场物证没有任何的损坏，特别是对现场痕迹的拍摄、提取，照相的方式优于任何一种物理的、化学的提取方式。这种无损的提取方式成为对现场的所有痕迹、与案件有关的各种物品进行位置的固定、提取和检验的第一步。

但是，现场照相技术也有其自身的弱点。例如，静态照片之间易出现断层，即因照片与照片间的跳跃而缺少连续性；受拍摄器材的限制，使其易出现近大远小的几何变形形象，近距离拍摄时这种变形尤为明显。若表现一个大的室内场景，照相机的高度会受到房顶的限制；若遇到狭窄、没有退路的现场，难以不变形地表现一个大的空间范围。

因此，现场照相还需与现场笔录、现场绘图结合起来，形成完整的现场记录，才能最大限度地表现出现场的客观状况。在现场重建的过程中，三者需相互印证、相互补充及相互说明，才能保证还原的真实性及可信度。

（二）现场照相的特点

现场照相保留了照相记录的形象性、及时性、客观性及可保存性的特点。同时，照相技术在特定场合的记录和使用，其特殊的证据价值赋予了现场照相过程以下特殊性。

1. 拍摄步骤的特定性

照相是现场勘查的一个组成部分，必须听从现场勘查组织者的指挥，并严格按照现场勘查的程序进行。照相过程的灵活性应限定在规定的程序中，照相的步骤受到现场勘查的制约。

2. 照相器材的特殊性

现场的条件千差万别，其拍摄的范围可能是大到方圆几十甚至上百公里（如空难现场），可能小到几毫米（微量痕迹、物证）；光照条件可能相当复杂。所拍摄照片供分析判断案情，物证鉴定及作为法庭证据使用，要求拍摄者无论拍摄的环境及条件多么恶劣都应将其客观、真实地拍摄下来，因此必须借助一些特殊的器材，适应各种复杂环境及对象的拍摄需要，保证拍摄质量，充分发挥现场照相的作用。

3. 照相方法的独特性

现场照片特殊的使用价值，对现场照相的方法提出了特殊的规范性要求。用这些方法，能有效地避免照相本身的缺陷，使所拍摄的对象具备检验、鉴定的价值。回转连续拍摄，保证了大范围景物中主体物尽可能成像较大且不变形；从两个或多个方向表现主体物不同面及与不同背景间的联系，以弥补照片单方面表现的局限性；为了避免照相表现的近大远小的变形现象，近距离拍摄痕迹时相机镜头光轴与痕迹特征所在的画面垂直等。因此，会照相的人不一定能胜任现场照相。

4. 记录影像的完整性

现场照片是以发案点为中心横向展开的方式，再现现场由于发案而产生变动的客观状况，并能反映出这种客观状况所表露或掩盖的事实。因此，需要从不同距离、不同方向、不同角度进行全面、详尽的拍摄。拍摄中不应带有先入为主的印象，既要拍摄现场中所反映出来的证实发案的各种现状，也要注意反映出与之相矛盾的一些证据内容，供案件侦查时参考。因此，现场图像记录必须是由多张照片组成的成套的完整的现场图片册。

二、现场照相的作用和要求

（一）现场照相的作用

按照中华人民共和国国家标准《现场照相、录像要求》（GB/T 29349—2012）和现场勘查的规定，现场照相要拍摄、固定发案现场的一切有关事物、犯罪遗留的痕迹和物证。现场照相所得照片能够再现现场内外的状况，对于刑事案件的侦查和诉讼具有如下重要作用：

1. 为案件的侦查提供重要的影像信息资料

犯罪分子在作案过程中，总是要触及地面（地板）或其他物品，侵害某些客体，在现场上遗留下某些痕迹、物证。有的犯罪分子为了逃避打击，千方百计地破坏现场和伪造现场。因此，现场上的一切现象都反映现场的实际，通过这些现象能辨别案件的真伪，证实犯罪事实、犯罪动机、犯罪心理、犯罪过程和犯罪手段。

一套系统完整的现场照片可以使人一目了然地了解到什么时间、什么地点发生了什么性质的刑事案件。即使没有到过现场的人，看了现场照片就犹如身临其境。从现场照片上可以了解到犯罪侵害的主要对象、与犯罪有关的各种痕迹物证及它们的特征、现场上痕迹物证之间的相互联系等影像信息，根据这些信息可以分析研究犯罪分子的作案目的、作案手段和作案过程，从而制定侦破方案和措施。必要时，还可以根据现场照片上的影像信息，进行现场模拟实验。

2. 为技术检验和鉴定工作提供条件

对在现场显现和提取的各种痕迹物证，特别是那些肉眼观察不清或观察不到的痕迹物证，用现场照相的专门拍摄方法记录和固定下来，为技术检验和鉴定工作提供条件。

3. 为起诉和审判提供证据

犯罪现场及现场上的犯罪痕迹、物证，因为种种原因不能直接用于法庭作证。按法律规定，现场照片将作为证据之一收入案卷，在起诉和审判中作为具有说服力的证据使用。

4. 现场照片可弥补现场勘查时被忽略的问题

一套完整系统的现场照片能全面记录现场状况，在勘查时被忽略的某些重要的细节也会清楚地记录在现场照片上。依靠现场照片能查明这些问题，可以弥补勘查的不足。

综上所述，现场照相是在刑事侦查和刑事诉讼中揭露犯罪和证实犯罪活动不可缺少的重要技术手段。

（二）现场照相的要求

1. 迅速及时

一旦发生案件，必须以最快速度赶赴现场，在较短时间内完成现场照相，不影响下阶段的勘查工作。

2. 认真细致

从现场的实际情况出发，紧紧围绕揭露和证实犯罪的目的，进行现场照相。每个犯罪现场拍摄些什么内容，以什么形式来表达，都必须依据揭露和证实犯罪的需要来确定。拍摄位置的选择、画面的构图、光线的运用等都必须认真细致。在编排上要注意照片之间的承接关系，编排要按照现场的内容和不同的特点逐一展开，标划要规范，文字说明要精练、准确、重点突出。

3. 客观形象

要真实、形象地反映现场的原始情况。现场照相的目的十分明确，并有其特定的要求，拍摄时不能加以任何修饰和摆布，现场上的任何物体不能任意移动，真实反映出现场的原始状况，有力地揭示犯罪现场的实质。

4. 准确清晰

照片画面上的影像应准确、清晰。现场照片对影像清晰度有较高的要求，画面里表达的主要事物应准确、清晰，影像不能变形或模糊不清。

5. 系统完整

整套照片应系统、完整。现场照片是由多幅画面组成的系统的、互相关联的照片集，用以正确表达某一案件的现场情况。拍摄的每一幅照片不仅要体现这一案件的特点，而且还要体现所表达的主题和各画面之间的内在联系，使之有机地联系起来。现场照相应完整反映现场的面貌，提示案件的特点。

三、现场照相的受理权限

（一）现场照相的受理部门

案件发生后，有管辖权的司法机关的刑事技术部门负责案件现场的拍摄，其他任何机关、团体、部门或个人都无权拍摄。

公安部2001年5月召开的部办公室会议明确规定：刑事科学技术不但要为刑事案件服务，还要为保卫、治安、禁毒、经侦、交通、消防等工作服务，扩大了刑事科学技术工作服务的领域和服务范围。需要时，这些领域的现场照相也可由刑事技术部门承担。

按照公安部道路交通事故处理程序规定，县（市辖区）公安交通管理部门负责处理本县（区）内发生的交通事故，也可以经本级公安机关负责人批准，指定下属公安交通管理部门处理本管辖区内发生的轻微事故和一般事故。直辖市、地区（市）公安交通管理部门负责处理本辖区发生的案情复杂和涉外的交通事故。交通事故现场照相是处理交通事故现场中的一个程序，应由有管辖权的公安机关交通管理部门的刑事技术人员承担事故现场的照相。

突发性自然灾害发生后，由有管辖权的政府委托有关部门（如司法机关的刑事技术部门或民政部门）或者相关机构（如保险公司）承担现场的照相任务。

（二）现场照相的受理人员

案件现场的拍摄必须由具有现场照相、录像技术的刑事技术人员承担。

1. 现场照相人员的资格要求

现场照相中，刑事案件现场和交通事故现场对照相人员的资格要求较严格。照相人员应是具有现场照相的专业技术，且与案件无利害关系的刑事技术人员、侦查人员、被指派或聘请的具有专门知识的人员。事件现场的照相可由有管辖权的部门指派或聘请具有专门知识的人员承担照相任务。

1999年，公安部刑侦工作“宜昌会议”提出了“县市区级刑事科学技术工作要以现场勘验为主，刑事案件现场勘查要以刑事科学技术人员勘验为主”的方针，规定了刑事案件现场应以刑事科学技术人员为主进行勘查。作为刑事案件现场勘查的组成部分的现场照相也不例外，应以刑事技术人员为主，承担现场照相的任务。

交通警察需有3年以上交通管理实践，经过专业培训，考试合格，由省、自治区、直辖市公安交通管理部门颁发证书，方准处理一般事故以上的交通事故。虽然对现场照相人员没有明文规定必须具有的工作实践年限，但作为事故处理的人员之一，应符合相关条件。

与案件或涉案人有利害关系的现场照相人员，承担案件现场拍摄任务时应自行回避。我国《刑事诉讼法》第29条规定了应予回避的情形：“（一）是本案的当事人或者是当事人的近亲属的；（二）本人或者他的近亲属和本案有利害关系的；（三）担任过本案的证人、鉴定人、辩护人、诉讼代理人的；（四）与本案当事人有其他关系，可能影响公正处理案件的。”另外，《民事诉讼法》也有关于回避的规定，应参照执行。

2. 现场照相人员的技术要求

承担现场照相的人员必须具有现场照相的基础知识和专业技能。现场照相人员必须经过专门的培训，具有深厚的照相基础知识和技能，能利用各种特殊的器材和方法，对现场及现场上的痕迹、物证进行符合检验要求的照相。

四、现场照相的设备器材

（一）照相机

现场照相一定要选择性能良好、质量可靠、坚固耐用的单镜头反光式照相机。通常使用具有自动测光、自动曝光性能的135单镜头反光式照相机，备有标准照相镜头及28～85mm的微距变焦镜头。也可以使用120单镜头反光式照相机。有条件的可配备一台旋转式照相机，这种照相机在拍照时机身不动，镜头从一端向另一端匀速旋转，通过缝隙在弧形底片上均匀曝光，拍摄的视角比较大，基本上没有变形现象。非常适合现场方位照相和室内概貌照相。

（二）近摄装置

现场照相常用的近摄装置有：近摄皮腔、近摄接圈、旋转式双向无级可变摄影接环、近拍镜、微距镜头、增距镜、反向接圈反装镜头。近摄用镜头应使用有微距功能的定焦或变焦镜头；近摄接圈和近摄皮腔或近摄调焦导轨应能与相机匹配，拍照的倍率为1∶10～1∶1；近摄镜应选择与相机镜头匹配、成像清晰、像差小的近摄镜。镜头反装必须有反向接圈，其一端与照相机机身连接，另一端与反装的镜头连接。反向接圈装上后，镜头的调焦机构不再起作用，应将镜头上的距离标尺调至最近物距上。

（三）滤光镜

现场照相中常用的滤光镜有：黑白照相用滤光镜、彩色照相用色温镜、UV滤光镜、红外线照相滤光镜、偏振镜。现场照相人员应备有密度不同的红、黄、蓝、绿系列滤光镜。还可配备红外、紫外、偏振、色温转换滤光镜。

（四）光源

现场照相选用的光源主要是电子闪光灯。应选用体积小、重量轻、便携式、闪光指数高并具有自动控制曝光和输出功率控制的小型闪光灯。要配有备用电池。现场照相应备有两只以上的电子闪光灯，闪光灯的闪光指数应在28以上。

并应配备2～5m长的同步线或同步感应器。有条件时，还应备有碘钨灯、小型聚光灯、现场勘查灯。

（五）附属设备

现场照相应优选坚固的金属制三脚架，三脚架的云台能够在三维方向上转动。

现场照相应备有黑底白刻度、白底黑刻度比例尺，彩色比例尺和透明比例尺。比例尺应以毫米为最小单位，刻度误差不应超过1%。还应备有钢卷尺、皮尺。

现场照相应备有快门线、暗房袋、痕迹物证编号签、简易背景幕，以及柔光、反光、遮光器具。偏远地区还应备有简易黑白冲洗器具。

现场照相应备有全色片、盲色片、彩色负片等感光材料。有条件时，还应备有红外、紫外片等专用感光材料。

以上现场照相设备器材应有序安放在专用的包、箱中，并应经常检查这些设备器材的可靠性、完备性和有效性，以备接到任务时随时使用。

第二节　现场照相的内容

现场照相的目的是反映现场所在的位置、环境，以及现场内的具体状态、犯罪行为所触及的空间、犯罪分子所侵害的主要目标和犯罪分子在实施其犯罪行为时遗留的痕迹、物证等。现场照相有四项内容：现场方位照相、现场概貌照相、现场重点部位照相、现场细目照相。

一、现场方位照相

现场方位照相是以整个现场和现场周围环境为拍摄对象，反映犯罪现场所处的位置及其与周围事物关系的专门照相。方位照相在说明现场位置、环境的同时，还应反映出发案现场的季节、气候、气氛等。

（一）构图要求

现场方位照相的范围大，拍摄的主体是位于远处的现场，陪衬体是现场周围的环境物；拍摄景别为远景，需表现出现场周围的环境情况。拍摄点需要选择在较远较高的地方；为了准确快速定位，在构图时需选择一个带有永久性或半永久性的标志物用以反映现场的环境及相对位置关系；应把现场安排在画面视觉中心，以远景反映为宜。

（二）用光要求

拍摄现场方位照片主要使用自然光，以保证光照的均匀性。在光照方向上，多使用前侧光、正面光或侧光。除必需外，现场方位照相可在白天补拍。如需夜间拍照，可将相机固定后打开快门，用闪光灯进行游动曝光或使用闪光灯同步配光。

（三）拍摄方法

现场方位应尽量用单幅画面反映为宜。受拍照距离和镜头视场限制时，可采用回转连续拍照法或直线连续拍照法拍照。拍照连接片时，画面衔接处应避开现场重点部位，衔接处重叠部位应占整个画面的 1/5 ~ 1/4，各画面的调焦距离应相等，用光、曝光应一致，各画面的拍照间隔时间不应过长。

二、现场概貌照相

以整个发案现场或现场有关地段作为照相内容，使现场内部的整体情况得到反映的照相称现场概貌照相。现场概貌照相应能反映出现场内各物体相互间的关系，并能够说明案件的性质。

（一）构图要求

照相取景构图时，应把现场中心或重点部位置于画面的显要位置。尽量避免重要场景、物证互相遮挡、重叠。拍摄的主体是发案的中心部位，陪衬物体是与中心部位有关联的各种痕迹、物体；照相景别为全景，要求完整地反映出现场内部各物体的位置及相互之间的联系，因此构图应该完整，选择稍高、稍远的拍摄位置；另外，拍摄时不能移动现场内任何物体，在主体物不至于发生太明显变形的前提下，可使用广角镜头进行拍摄。

（二）用光要求

现场概貌照相光照应均匀，尽量使用白昼光照明；可用隐蔽式配光法改善现场不均匀的光照效果；光照方向，应使用前侧光或正面光照明；相机镜头应避开光源的直射。现场概貌照相用光应遵循：室外现场概貌照相的用光与拍摄方位的用光相同；在逆光条件下拍摄时镜头前应加遮光罩，并给主要部位补光；室内现场光照不匀或亮度不足时，应使用闪光灯或灯光照明。需要闪光灯或其他灯光照明时应尽量用反射光照明，直射光照明时应注意配光角度。

（三）拍照方法

现场概貌照相一般应采用相向拍照法、多向拍照法进行，也可拍照连接片。运用相向拍照法、多向拍照法拍照时，应注意拍照距离。镜头俯仰角度、用光要保持一致。

现场概貌所拍摄的范围较方位照相狭窄，但具体内容要多一些。它应能使由于发案而造成的现场内部各物体的变动状态，在观者的头脑中形成一个完整的印象。

三、现场重点部位照相

用于反映发案现场局部，与案件有关的主要客体特征、状况及相互关系的照相，称现场重点部位照相。现场重点部位照相应能反映出现场各个局部的变动和联系。对重点部位的确定，要根据各案的具体情况而定。现场重点部位，如凶杀案的尸体姿势及所在位置、搏斗痕迹的分布情况、血迹的喷溅情况、作案工具的遗留位置、作案人进出现场的痕迹分布等；盗窃案的被盗点及与此点有关的痕迹分布情况、现场遗留物的分布情况、现场的可疑入口等；爆炸案的起爆点、炸药包装碎片、被炸点的抛撒物分布的位置及范围等；交通事故案件的肇事车辆、伤亡人员的衣着及其他有关物体的事故接触部位、痕迹位置、有关的散落物质等。

（一）构图要求

拍摄的主体是发案的中心部位，以及能反映作案人手段、手法的关联部位；拍摄景别为中、近景，要求反映出与案件有关的痕迹与物体间、相近物体间及相近痕迹间的局部联系。拍摄时不能移动现场内的任何物体。

（二）用光要求

光照均匀、柔和；光照方向多为前侧光或正面光。

四、现场细目照相

记录现场上所发现的与案件、事件有关的细小局部状况和各种痕迹、物品，以反映其形状、大小、特征等为目的的专门照相，称现场细目照相。细目照相的内容尽量在现场直接完成拍摄。若无拍摄条件，可在固定其原始遗留位置之后，进行移动后拍摄。作为现场重要物证的细目照相，需填写现场勘验检查《提取痕迹、物品登记表》，对其照相的物证逐一登记，注明其照相方法，照相人等内容，并需请见证人过目、签字。

（一）构图要求

拍摄现场细目要认真取景构图，合理利用画面。拍照时，被摄主体应占画面的2/3以上，如物体太小时可使用近摄装置进行拍摄。拍摄主体是各种单个的痕迹、物品等物证；拍摄景别为特写，应反映出痕迹等物证的特征并保证其不变形的反映效果。具体要求：

1. 拍摄用于检验鉴定的细目照片应做到物面与焦平面平行，或光轴与物面垂直。如不能垂直，应加方框比例尺以便后期处理制作。

2. 拍摄痕迹、损伤时，要反映出痕迹、损伤的形态、特征与所在位置。取景范围太小时，可用扩大拍照范围的补充画面对痕迹、损伤进行定位。

3. 现场上同类型痕迹、物证较多时应当编号，并将编号摄入画面。

（二）用光要求

现场细目照相的用光，应根据被摄对象的形体、表面形态、颜色和所要反映的主题内容等，合理选择光源种类、光强度和光照角度。根据不同的对象，使用单向（高反差）配光法、双向明暗配光法（立体痕迹等）、均匀式配光法（有色痕迹或物品）；光照方向多为侧光、前侧光、正面光。

（三）拍照方法

凡是反映痕迹、物证形态与特征的照片，必须进行测量照相。拍照时应遵循：

1. 比例尺一般应放置于画面或特征下方或居中部位。

2. 比例尺应与被拍物的主要特征在同一平面上。

3. 比例尺应与相机焦平面平行。比例尺上不应有反光。

4. 要根据被拍物体颜色和使用的感光片种类选择适当的比例尺。深色物体选用黑底白刻度的比例尺，浅色物体选用白底黑刻度的比例尺，全色、盲色负片应选用黑白比例尺，彩色负片和数码照片应选用彩色比例尺，使用透射光拍摄透明客体应使用透明比例尺。

5. 应根据被拍物体长度来选择比例尺长度（见表4－1）。

表4－1　比例尺长度选择

单位：mm

被拍物体长度	比例尺长度
<50	≥30
50～150	≥50
150～500	≥100
>500	≥物体长度50%

6. 需照相提取具有检验鉴定价值的重要痕迹时，应加放直角比例尺。拍照步幅时，应在步幅两侧平行放置贯通画面的皮尺。

以上四项内容的拍摄，在表现现场的客观状况时，各有其优势：方位照相反映了现场的外部联系；概貌照相反映了现场内部各物体间的整体联系；重点部位照相反映了现场各个局部的联系；细目照相反映了单个痕迹、物品的特征。但是它们只可能部分完整地表现现场。因此，一套完整的现场照片必须具有以上四个方面的内容，缺一不可。

第三节　现场照相的步骤和方法

一、现场照相的要求

《现场照相、录像要求》中明确了现场照相的要求：

1．现场拍摄应当及时、全面、客观、准确。

2．现场拍摄所需器材设备应完备有效，能随时投入现场使用。

3．现场拍摄应遵守勘验规范程序，服从统一指挥，与其他技术勘检工作协调配合进行。

4．现场拍摄前拍摄人员应根据具体情况，对各画面的构成与衔接组合进行筹划构思。拍摄时应依照一定步骤和顺序，系统、连贯、有条不紊地进行。

5．现场拍摄人员应对现场所有场景、细目进行全面、细致地拍摄。对一时难以判定是否与案件、事件有关的痕迹、物品也应按要求拍摄。

6．现场拍摄的画面应主题明确、主体突出。对其他勘验人员要求拍摄的画面，如不明白其拍摄意图和所要表现的主题内容时，应主动问明。

7．现场照相，尤其对现场概貌、现场重点部位照相，应尽量避免将勘验人员和勘查器材、车辆等摄入画面。

8．现场照相应清晰、准确地反映出所拍摄的主题内容，合理、准确地选择光源和光照角度。要防止反光和不良阴影破坏画面主题内容。

9．现场拍摄前应对被拍摄主体进行测光，重要场景、物证应采用系列曝光拍摄，以避免曝光失误。曝光误差倍数不得超过表4－2规定的范围。

表4－2　曝光误差倍数

胶卷类型	曝光过度（+）	曝光不足（－）
全色片	2	1
彩色负片	2	0.5
彩色反转片	0.5	1
盲色片	2	1

10．当相机速度低于1/30秒时应固定相机，并使用快门线或使用自拍延时装置释放快门。

11．拍摄重要物证时应请见证人过目。受条件限制需提取后拍摄的物证、物品时，应先拍摄其所在位置和原始状况，提取时应办理手续。所提取的物品均应妥善包装、保管，避免损坏、丢失。

12. 当现场物证、物品所在环境不利于拍摄其轮廓、形态特征时，可先拍摄其原始状况，经痕迹物证显现处理后可放置在适当的背景、光线条件下拍摄。

13. 现场勘验中，应在现场随时查看数码照片和现场拍摄的效果，现场拍摄的胶卷应及时冲洗，如有失误应及时补拍。

二、现场照相的步骤

（一）现场照相前的准备

现场性质各不相同、拍摄条件也千差万别，为了适应各种条件下的准确拍摄记录，拍摄前充分的物质准备和技术准备必不可少。

1. 物质准备

（1）照相机。其功能及选择的要求，见照相机部分。通常带镜头或28～85mm带微距功能的变焦镜头，方便各种范围的现场取景拍摄。

（2）胶卷。带上一卷盲色片，方便于痕迹等物证的拍摄。应注意胶卷的有效使用期限，从冰箱取出的胶卷应注意清晰度均衡后才能使用。

（3）灯具及其他附件。闪光灯，指数大些为好；碘钨灯；其他附件见“基础”部分。

以上器材需保证其完好的性能，平时将其归类于固定的位置或照相包中，出现场前用很短的时间快速检查整理后，即可赶赴现场。

2. 技术准备

（1）了解案情。拍摄人员到达现场后，应与其他勘验人员一起，通过现场发现或保护人员了解案件发生、发现的时间、地点和经过，现场原始状况、变动情况及保护措施，财产的损失情况、人员的伤亡情况，现场抢救伤者给现场原貌造成的影响等情况。这是现场的第一步，也是必不可少的一个重要环节。

（2）熟悉现场。在了解了现场发案的大致情况后，需对现场进行初步的观察，使照相者心中有数。观察和熟悉的内容包括现场周围的环境情况、现场所涉及的范围、现场有无抛撒物及抛撒物所涉及的地段等。对于刑事现场而言，还需注意观察其有无存在明显特征的现场出入口，由于作案而造成的现场上物的变动情况等。了解案情和熟悉现场情况是顺利拍摄现场的前提，也为现场照片的编排打下基础。需注意的是，在观察和熟悉现场的过程中，应按照现场勘查的规定，戴上手套、脚套，不能移动现场内的任何物体，不能在现场上留下任何无关的痕迹。

（3）周密构思。根据现场所见的情况，拟定一个大致的拍摄方案，使拍摄有条不紊。拍摄方案的内容应包括以下几项：拍摄内容及内容之间的衔接，为现场照片的编排打下基础；每张拍摄内容的表现形式，即拍摄点的选择及用光的方法等；拍摄的顺序及进度等。二人以上共同承担复杂现场的拍摄时，应共同研究制定拍摄方案，统筹安排拍摄内容的先后顺序，并明确分工具体任务和责任范围。随着现场勘查的深入进行，可能会发现一些新情况，照相人员需根据现场勘查的需要不断进行修正，以保证拍摄的照片更加符合客观实际，更加系统完善。

（二）现场照相的顺序

现场照相是现场勘查的一个组成部分，并贯穿于现场勘查的始终。因此，现场照片的拍摄顺序应与现场勘查的勘查步骤一致。但是，现场照相的特点及对现场勘查结果的要求，赋予了现场照相在现场勘查中“超前”和“断后”的使命。超前即是在勘查至某一范围之前，首先用照相的方法固定下原始状况，然后才予动态勘查。断后即是在勘查过程中发现的与案件有关痕迹、物品，需用照相的方式进行固定后，此范围的勘查才暂告一段落。为了避免痕迹及各种物证的人为损坏，拍摄中应遵循一定的拍摄原则，并按照现场勘查所反映的轻重缓急顺序进行，确保拍摄的顺利完成。

现场照相应遵循的顺序为：先拍概貌，后拍中心、细目；先拍原始状况，后拍移动和显现后情况；先拍地表面，后拍其他部分；先拍容易拍摄的内容，后拍较难拍摄的内容；先拍易破坏消失的，后拍不易破坏消失的；现场方位的拍摄可根据情况灵活安排。

1. 先拍原始的，后拍移动的

在现场照相的四点内容中，方位照相、概貌照相和重点部位照相都分别不同程度地表现现场的联系状况，对这种联系的拍摄反映应是原始的，不能变动现场内的任何物品。只有现场细目照相不强调这种联系，因此它可在前三点内容表现了其原始遗留位置的基础上，进行移动后的拍摄。方位照相的拍摄范围较大，现场的勘查移动状况一般不会对此产生明显的影响。因此，根据现场的具体情况，可将现场方位放到现场勘查结束后再拍摄。

2. 先拍地上的，后拍高处的

地面上所遗留的痕迹、各种散落的物品、物质等，易招致人们的踩踏而损坏或因踢蹭而位移，故需先行拍摄。若地面上的物、痕迹拍摄较困难，可先将其保护起来，如用某种物体将其扣圈起来，待拍完其他对象后，再行拍摄。

3. 先拍容易的，后拍困难的

对于现场所遗留的特征较清晰的痕迹、物证，在较短的时间内可完成拍摄的应先行拍摄，对于反差较弱，甚至肉眼难以观察的微弱痕迹、物证，需花较长的时间配光、调整及曝光的，应放在现场勘查之后，用比较充裕的时间仔细地拍摄。

4. 先拍容易被破坏或易消失的，后拍不易被破坏或不易消失的

对易挥发的痕迹，如水渍脚印、雪地上遗留的立体足迹等，因其在短时间内易消失，因此必须及时地先行拍摄固定。

三、现场照相的方法

（一）单向拍照法

单向拍照法，即镜头从一个方向对着场景或物体的正面或其主要特征的侧面拍摄（见图4－1），简称“单向法”。拍摄点的选择应与拍摄对象的特点、拍摄目的和反映的内容与范围相适应。调焦时，除使主体成像清晰外，在不同距离上的景物也要成像清晰，即整个画面中的景物都应是清晰的。该方法简单、快捷。应用范围：现场方位照相、现场概貌照相、现场重点部位照相和现场细目照相。

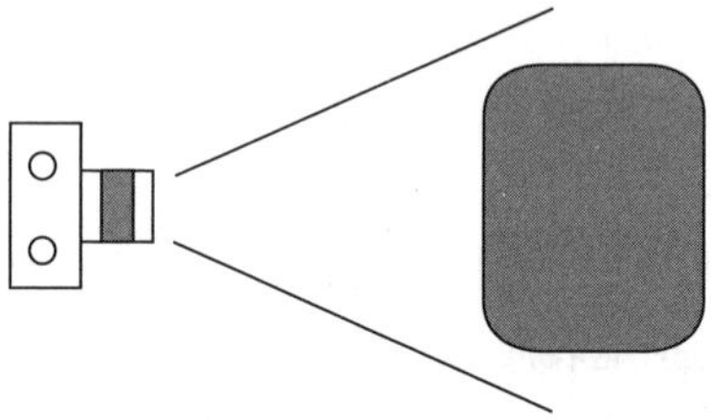

图4－1　单向拍照法

（二）相向拍照法

以相对的两个方向，相等的距离对被拍物进行拍照的方法，称相向拍照法（见图4－2）。这种方法能够反映被拍主体的两个不同面以及与不同背景的关系，弥补拍照单方面观察的不足，这是现场照相中用得最多的方法之一。应用范围：现场方位照相、现场概貌照相和现场重点部位照相。使用此方法照相时，需注意以下问题：

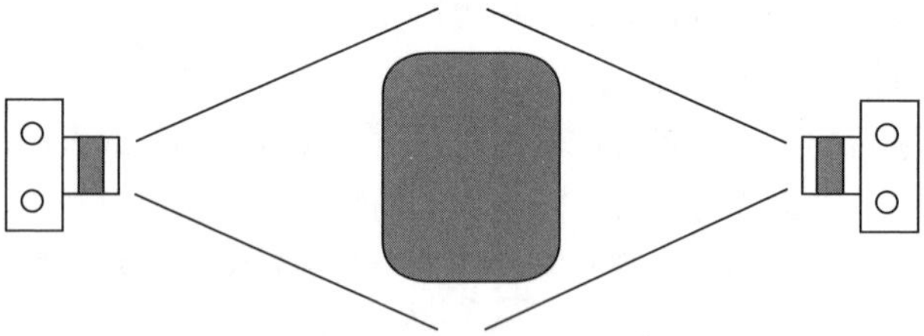

图4－2　相向拍照法

1. 尽量避免物体出现明显的变形现象

特别是有尸体的现场，不宜从尸体的头或脚的方向取景，尽量从尸体两侧相对的方向取景，并将相机镜头的光轴垂直于尸体的腰部，保证尸体拍摄不会产生明显的变形。

2. 注意光照方向，尽量避免相对光源进行拍摄

这里所称的“光源”，不仅指太阳、电灯等，在室内拍摄中正对天空的门、窗，甚至使用闪光灯照相正对的反光较强的玻璃、镜面等都会在镜头中形成光晕而造成拍摄的失误。若受环境的限制，镜头必须正对光源方向取景时，应使用遮挡光的方法（相对室内现场的门、窗而言），或升高相机，用俯视取景的方法，有效地避免光晕现象。

3. 两个拍摄点的拍摄条件应一致

两个拍摄点至场景中心或物体的距离、高度应保持一致，两次拍摄曝光要保证所拍摄的画面影调一致。编排时应以上下或左右形式编排在一起，并配以恰当的文字说明。

（三）多向拍照法

从几个不同的方向，以相等的距离对被拍物进行拍照的方法，称多向拍照法（见图4－3）。这种方法能够反映出被拍主体三个以上不同侧面以及与不同背景的关系，常用来对比较复杂的地理条件或较复杂的现场环境进行拍摄。应用范围：现场方位照相、现场概貌照相和现场重点部位照相。多向拍照法要满足如下要求：

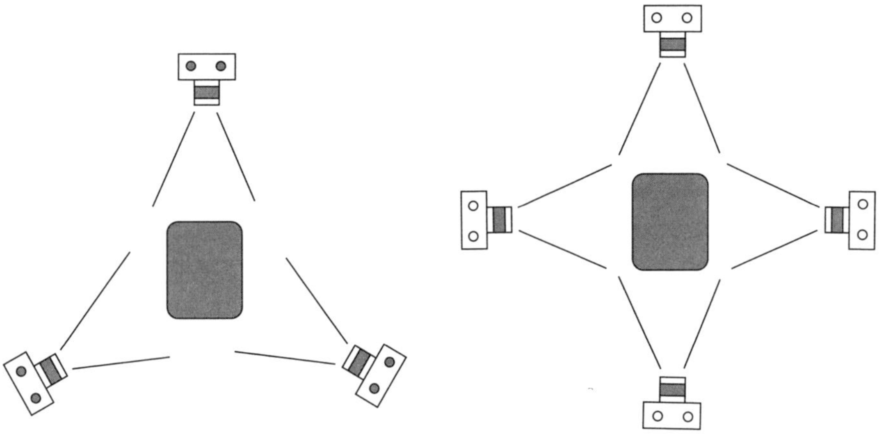

图4－3 多向拍照法

1. 根据被拍对象和现场环境的特点，确定要拍摄点的数量和位置，可做三

向交叉、十字交叉等多向拍照。

2. 每个拍摄点与被拍物中心点距离应基本一致。

3. 每个画面的取景构图均应处理好重点和全部（或局部和整体）的关系。

4. 对于同一个现场，所拍摄的画面控制条件应基本一致，邻近编排在一起，并配以恰当的文字说明。

（四）回转连续拍照法

将相机固定在一个选定的位置上，转动相机以改变它的取景方向或俯仰角度，将景物分段拍摄，再将照片制成一张完整画面的照相方法，称回转连续拍照法（见图4－4）。这种拍照法主要用于场面较大、拍摄时无退路且照相机镜头涵盖力不足，或为了防止物体出现因广角镜头而造成影像比例失调的明显变形现象而使用的拍照法。应用范围：现场方位照相和现场概貌照相。拍摄时的注意事项：

1. 照相机镜头的视场角不能大于55度；应采用具有旋转功能的三脚架固定相机拍照。

2. 拍摄点应选在能够看到现场全貌并正对现场中心的位置，取景构图应把主要被拍对象安排在画面的结构中心或前景醒目的位置上。

3. 确定所拍摄画面的拼接线时，应避开现场重点物品；相邻画面要重叠，重叠区应占每个画面的1/5～1/4。

4. 回转连续拍摄法所拍摄的画面应做一次性调焦和收缩光圈；利用调焦技术，以便获得最大的景深。

5. 对于同一个现场，所拍摄的画面控制条件应基本一致。

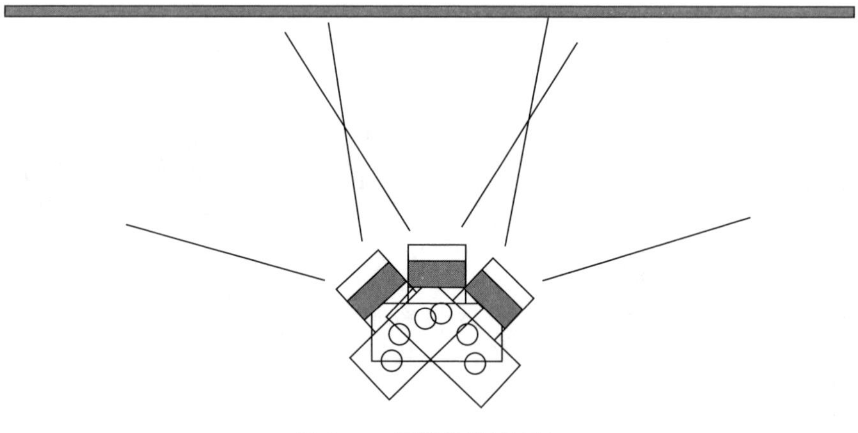

图4－4　回转连续拍照法

（五）直线连续拍照法

相机焦平面和被拍物平面平行、等距，沿着被拍物直线移动并将其分段连续拍照成若干画面的拍照方法（见图4－5），称直线连续拍照法。应用范围：现场方位照相、现场概貌照相、现场重点部位照相和现场细目照相。具体讲，可用于拍摄狭窄的现场地段、成趟的足迹或血迹、成趟的车轮胎痕迹、横向或纵向的标语字迹等。拍照时的注意事项：

1. 照相机镜头的视场角不能大于55度；应当采用三脚架固定相机拍照。

2. 拍照时所有镜头物距必须相等，同时要求照相机镜头光轴垂直于被拍物面。

3. 用于比对检验用的客体，必须进行比例拍照。

4. 确定所拍摄画面拼接线时，应避开现场重点物品和痕迹物证的主要特征；相邻画面要重叠，重叠区应占每个画面的1/5～1/4。

5. 对于同一个现场所拍摄的画面控制条件应基本一致。

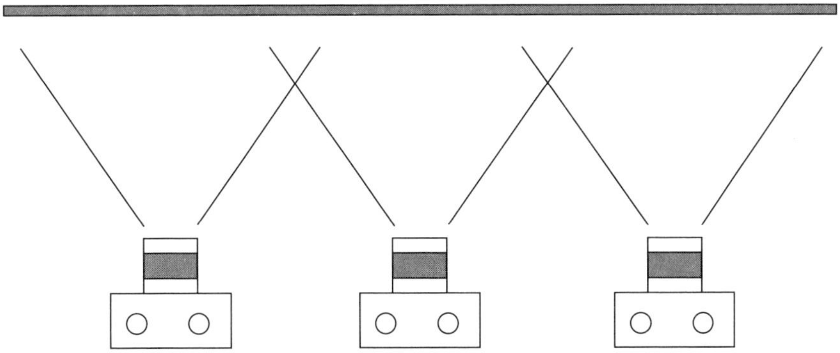

图4－5 直线连续拍照法

第四节 现场照片卷的制作

现场照片卷的制作，是现场照相工作最后一道工序，它包括照片裁切、编排、粘贴、标注和文字说明等，是一项专业性很强而且很细致的工作。要完成好这项工作，刑事照相人员除了具有照相技术外，还应有一定的侦查、现场勘查、刑事技术及办案程序等有关知识，否则，难以制作出符合办案要求的现场照片来。现场照片应说明在什么地点发生了什么性质的案件；犯罪分子采取了什么手段，侵犯的对象是什么，造成了什么样的后果；在现场什么部位留下了哪些痕迹物证，它们相互之间有何联系，在揭露和证实犯罪中各具有什么意义。使人们对整个现场状况、案件性质有一个概括而形象的了解与认识。

一、检选现场照片

将所拍的影像放大后逐片检查照片的质量，然后把需要放大的照片选出来。把选出的照片放入需印放的文件夹中，等待放大。要避免边放边选，造成浪费或遗漏。

二、制作现场照片

（一）现场照片的内容

现场照片包括三部分：在现场拍摄的，与案件有关的一切场景和细目照片；从现场上提取痕迹、物证，经过技术处理后拍摄的照片；从电视屏幕拍摄的现场录像画面的照片。

（二）现场照片的质量要求

照片上反映主题内容的景物与特征要清晰逼真，并有较大的景深范围；痕迹物证照片比例尺不应变形，按倍率制作的照片比例要准确；除检验鉴定需要增强或降低照片的反差外，黑白照片应反差适中，层次丰富；除检验鉴定需要调整照片的色差外，彩色照片的色彩校正应接近实际颜色，不应有明显的偏色；连接照片衔接部位的放大倍率、密度、反差、影调、色彩应一致。对接线应避开画面重要部位和尸体；照片应用光面相纸制作。照片应平展、清洁，不应有较明显的划痕、白点、斑渍；照片应不留白边，不应裁切花边。

（三）现场照片的规格尺寸

照片的几何形状应以横幅矩形为主，竖幅矩形不应过多，也可配少量的方形或圆形，但不宜有棱形、三角形等其他几何形状，更不应只剪留主体而不要背景；照片的长宽比例应在8∶5左右。必要时，可根据画面主体形状和版面组合要求进行剪裁；照片的尺寸应根据画面内容和组合的编排需要决定。

1. 直接反映现场的方位、概貌、重点部位的主要照片和重要细目照片，尺寸应为90mm×130mm、100mm×150mm、130mm×180mm、120mm×200mm，边长误差控制在±3 mm；

2. 辅助反映现场局部场景、特写的照片，尺寸为60mm×90mm、90mm×130mm、100mm×15mm；

3. 直接反映痕迹物证的照片，比例原物大或放大；指纹印原物大或放大3倍，掌纹印原物大或略放大，足迹原物大或放大0.5倍，弹底痕迹放大4倍，弹头痕迹放大10倍；其他痕迹物证以清晰反映形象和特征为前提，一般应在60mm×90mm、90mm×130mm、100mm×150mm；

4. 连接后的照片宽度为60~90mm，长度为150~300mm。

(四) 现场照片的印放

印放现场照片必须使用光面相纸，要求反差适中、层次丰富、色调鲜明悦目。如遇有局部反差过大的底片时，不宜采用底片局部减薄处理，可在放大照片时进行局部遮挡或影像局部显影，适当控制，否则会造成不真实的感觉。现场底片和照片要归档，长期保存，所以定影和水洗时间都要按规定的标准操作。

三、编排现场照片

编排现场照片是指在卡纸上把不同内容的现场照片组合、排列、划分层次和编辑，使现场照片有机连贯在一起，系统、完整地再现犯罪现场的真实状况。

(一) 编排现场照片的原则

编排现场照片要求以系统连贯、简明直观地表述案件现场整体情况为原则，以清楚地反映案件发生的地点、案件性质、作案过程、犯罪手段、侵害对象、造成的后果、痕迹物证所在的部位与特征为主旨，有条理、分层次地不断展开。

(二) 编排前对照片的筛选审查

与案件无关或虽与案件有关，但画面内容不能反映所要表现的主题的照片应剔除；主题内容相同或相近的数张照片，应选其一；照片质量与规格尺寸不符合要求的（如发黄、灰雾大、有白边、过大等），应重新制作；画面内容有主从关系需就近粘贴标引的照片应核对无误。

(三) 现场照片的编排方法

现场照片的编排方法应根据现场情况和照片数量决定。

1. 现场简单，照片数量少，可按现场方位、概貌、重点部位的顺序，穿插细目照片的方法编排。

2. 现场复杂，拍摄内容较多，可按照片的内容类别分层次编排。如无名尸体案件现场照片，可分为以下层次：现场情况（现场方位，现场概貌）；尸体（衣着、损伤、特征）；遗留物、附着物。

3. 现场的范围大、涉及场所多、细目内容多的案件，可按案发地或按实施犯罪的先后顺序，划分段落进行编排。例如，划分为第一现场、第二现场……每一段落再按照片的内容分类，划分层次。用相向法或多向法拍摄的一组照片，应编排在同一版面上。

(四) 现场照片的编排重点

应把反映案件性质的重点部位照片和能够起到揭露证实犯罪的痕迹、物证照片作为编排重点。需要标引定位的细目照片，应与所在重点部位、环境的主画面照片相呼应，不能在案卷中孤立存在。

照片编排可由传统洗印照片按标准粘贴而成，也可以由数码相机拍照通过电脑编排按标准打印而成。

四、现场照片的符号标示

符号标示的目的，是突出照片上不明显的或需要重点显示的有关物体的位置、物体与痕迹、物证的关系等，或者使几张相互关联的照片有机地联系起来，给人以系统、整体的印象。通常使用标引线或符号代号进行标示。所划标引线或符号代号的颜色应为红色或黑色，符号代号还可根据情况使用白色标画，符号及标引线应清晰醒目并且位置或指向准确。

（一）标引线

凡主画面与若干附属画面组合在同一或相邻版面时，非经标引不能表达主题内容与位置关系的，则应标引。标引线在现场照片的影像说明中起着一种重要的衔接作用：在表现照片幅与幅之间的联系时，用标引线进行衔接，使其有机地结合起来。现场照片从一个层次、内容转换到另一个层次、内容时也需要标引线的衔接。当需要用多幅画面组合表现现场某一层次内容时，幅与幅之间也需要标引线的衔接。有多处关联现场时，为了说明多个关联处相互间的具体情况，需要标引线的衔接。

标引线为连续的单线条，线条宽度不应超过0.8mm；标引线颜色应使用红色或黑色；标引线应平行于卡片纸的一边，必要时可以用折线，折角应为直角，一条标引线的折角不应超过两处。标引线的线端指向应准确，不应离被标引位置太远。不应把线端画在较小的被标引对象上；当标引线需要通过线条颜色相同或相近的照片影像部位时，应改为易于辨别的颜色通过该部位；标引线不应互相交叉。

（二）符号、代号

为直接明了地在画面上标示现场、重点部位、细目或痕迹物证特征的具体位置，以及现场方位、概貌照片的坐标方向，可使用符号、代号。符号、代号应用红色、黑色或白色标画。线条宽度不应大于0.5mm，长度不应大于5mm。符号、代号要清晰醒目，种类不宜繁杂。符号、代号标画的位置应准确。画面需要标注的符号、代号较多或不宜在画面上标注符号、代号时，应用标引线引至画面以外的图文区标注。常用符号、代号及应用范围：“⊗”标示现场或现场中心所在部位；“△▲”标示痕迹、物证所在部位；“⇧↑”标示方向或痕迹、物证特征；“①②③”标示物体、物证、痕迹；“○○○○”标示类型相同的多处痕迹、物证。代号标画的位置要准确。实际使用中，应尽量减少照片中的符号标示，若已拍有该部位的细目照片时，应将细目照片粘贴在附近并用标引线连接，而不需要再在照片中进行符号标示。

五、现场照片的文字说明

用文字说明所拍摄的内容，符号、代号所表示的内容，以及拍摄时所使用的技术手段和特殊方法，使照片更清楚、准确地反映拍摄者的意图。

照片内容必须用文字表述的，应附注文字说明。经标引或附注图解后仍不能清楚准确说明照片内容时，应附注文字说明。凡在画面上标注符号、代号的照片，一般应对符号、代号所指内容附注文字说明。用相向、多向等方法拍照的多张方位、概貌照片和通过技术手段显现拍照的痕迹物证照片，要对拍照方法、技术手段附注简略的文字说明。划分段落层次的照片卷，应在段落层次前附以概括内容的文字标题。

文字说明内容应通俗简练，严密准确。术语应与相关专业的规范术语一致，专业性较强的文字说明内容，要经参与现场勘验的专业人员审定；文字说明不应使用“同上”或“同左”等词语；文字说明应打印，字体应使用宋体或楷体，字号根据内容有所区别。段落标题用初号或1号字；层次标题用2号字；画面说明，图解，符号、代号说明用3号字或4号字；文字说明中带有符号、代号时，应在符号、代号位置留2~3字的空位；文字说明中计量单位应采用阿拉伯数字。数字应写成小数，不写分数。不带计量单位的10以内的数字，可按汉字“一、二、三……”书写。文字说明中应采用法定计量单位，并书写该计量单位的符号或代号，如毫米应写作mm。文字说明应印刷或贴附在照片下方或右侧，距照片边缘5~10mm居中部位。同一版面的两张照片可用同一文字说明时，文字说明应印贴在两张照片中间。涉外案件现场照片的文字说明，应用中、英两种文字书写。

六、制卷形式

（一）案卷构成顺序

一个完整的刑事照片卷由封面、封二、案情简介、目次、正文（照片部分）五部分组成。

1. 封面

封面由下列内容构成（见图4-6）：照片卷编号；份号；密级；案卷题名，包括案件发生的地域、案件名称和案卷内容；制作机关；制成时间。应注意案件名称应与现场勘查笔录、现场图的案件名称一致，一般应包括被侵害对象及侵害结果。可使用案件代号、案件性质作为案件的名称。

（××）公刑现照字第××号
份号：××

××省××市××区
××案
现场照片

××省××市××区公安局
××××年××月××日

图4－6　封面

2. 封二

封二的内容有（见图4－7）：现场地点，需使用当地的正式名称，应精确到门牌号，如××市××区××街（路）××号等；案件名称；案件性质；发案时间；拍照时间，以发生案件的时间作为第一时间顺序，若发生的时间难以确定的，可使用发现的时间；拍照人，若有几人同时参与拍摄的，应按主次列出；制卷单位；制卷人；审签人，一般为现场勘查的指挥人；生效标识域；案卷页数，卷内照片张数，案卷份数。

现场地点：
案件名称：
案件性质：
发案时间：

拍照时间：
拍照人：
制卷单位：
制卷人：
审签人：
年　月　日

本卷共　页　照片　张
本卷共　份

图4－7　封二

3. 案情简介

案情简介包括：报案时间，案件发生或发现时间、地点，经过情况及被害人的姓名、职业、住址。案情简介的内容应通俗易懂，文字要简练准确。

4. 目次

段落层次较多的照片卷应编写目次。如一个案件有多个发案点，或案件涉及的范围过广、内容过多，均需编写目次，利于查找。目次的内容为各段落层次的标题和所在页码。标题与页码之间用“……”连接。

5. 正文（照片部分）

照片：标引线；符号、代号及文字说明。

（二）案卷规格

1. 纸张规格

贴附照片的纸张应使用200g/m^2～250g/m^{2}卡片纸或白板纸，对于电脑打印卷应用90g/m^2～150g/m^{2}的白色纸张进行打印。可以使用照片级打印纸或彩色相纸，幅面尺寸为A4型210mm×297mm，当正页粘贴不下一个段落层次的多张照片时，可在翻口接续折页，上下两边不得接续折页。折页为扇形折，折页幅面长度应与正页一致，宽度为182mm，折页连续数量应不超过7页。

2. 粘贴规格

粘贴时，照片间距不得小于5mm；画幅尺寸相同或近似的两张或两张以上的照片在同一页面上横向并列时，应当注意张贴整齐，即照片上下两边应平齐；竖向并列时，左右两边应平齐。

照片的粘贴应在图文区内。图文区为156mm×225mm，即上白边（天头）为37mm±1mm，下白边（地脚）为35mm±1mm，左白边（订口）为28mm±1mm，右白边（翻口）为26mm±1mm，除连接片与横幅长照片可占用左右白边或横跨两个版面外，其他照片均应在图文区内粘贴。

粘贴时应注意照片的方向，现场指纹照片应指尖向上；足迹照片则足尖向上；其他细目照片均应与所属主画面上反映的方向一致，且应靠近所提取的位置粘贴。

照片的粘合剂，应使用不会与照片乳剂、成色剂产生化学反应而致照片变色的粘合剂。不应使用糨糊粘贴照片。粘合剂应点涂于照片背面的四角或周围，用量不宜过多，点涂位置不宜过分靠边，不应全面涂抹。粘贴后的照片应及时紧压固定，紧压前应在折页之间衬纸，以防照片乳剂受潮后相互粘合。

3. 装订规格

照片的装订格式为左装式平订平装本；照片卷厚度不宜超过20mm，超过时应按内容分类为卷一、卷二等分别装订；装订前要填写页码；装订时要根据图文区的厚度，在订口一侧夹加适当厚度的衬条。装订好的照片卷应牢固、整齐、清洁、平展；装订后应粘封卷脊，案卷厚度超过6mm时，应在卷脊上竖行印贴与封面内容相同的卷名。

（三）版面要求

版面要求严肃、统一、灵活、多样，不宜过分对称、呆板。照片的几何形状以横向矩形为主，保证整个版面严肃、统一的要求。在装订中也可根据被摄对象的形状及拍摄表现的要求，配少量的竖幅、方形或圆形的幅面，使版面具有灵活多样性。照片排列疏密适当。在照片装订的图文区内，合理地配置画面，并留出25%~40%的空间位置，使版面不显得拥挤，也不至于显得松散。

照片卷制成后，要经参与现场勘验的有关专业人员审查。照片卷发出前，要由现场勘查指挥员或本级公安机关刑侦部门负责人签发，并在封二的生效标识域加盖公章。

第五节　典型刑事案件的现场拍摄

各种不同性质的案件，因其不同的特点决定了它们有着不同的勘查重点。如凶杀案件应以尸体为重点，爆炸案件应以爆炸点为重点，盗窃案件则以罪犯进出口、被破坏或丢失物品的地方为重点等。现场照片需要准确地反映案情、反映所提取痕迹、物证的遗留位置及其特征等。因此，在共通性的方位照相基础上，应针对不同性质的发案现场，围绕其勘查的重点进行重点部位特征的照相表现。

一、命案现场的拍摄

有尸体存在的现场习惯称为命案现场。尽管命案现场的性质各异，如凶杀、爆炸、投毒、交通事故等，在现场勘查及现场照相中它们却有共通的性质。命案现场的勘查重点是以尸体为中心，围绕发现尸体的地点、血迹的分布、遗留的痕迹等物证的特征以及周围环境而进行的。因此，命案现场的拍摄应包括现场的客观状况以及尸体的检验情况两个方面的内容。

（一）现场客观状况的拍摄

发现尸体的地点状况，尸体的位置和姿势；现场上遗留的痕迹、血迹分布情况及其特点；搏斗痕迹状况；现场上遗留物的分布状况，如凶器、作案人留在现场上的物品、衣物及其他用具或遗留物等的状况和位置；等等。

（二）现场尸体检验情况的拍摄

命案中尸检照片的拍摄原则：先拍尸体的原始位置和姿势，后拍尸体移动的情况；先拍尸体与周围环境的联系，后拍尸体自身的情况；先拍尸体的尸表情况，后拍尸体的解剖所见征象。即由静到动、由表及里，逐步深入、连贯有序地层层开展尸体的拍摄。

尸体检验包括尸表检验和尸体解剖检验两个部分。尸表检验需要拍摄的内容：尸体的全身照，以表现其衣着情况、需要时还需拍摄裸体情况，以表现其伤痕的分布情况等；半身辨认照，以表现其相貌特征，这时相机镜头应垂直于尸体面部所在的平面，以保证拍摄不变形；尸体上各个局部的拍摄，如尸体上附着物的位置及其特征、尸体上各伤痕、伤口、尸斑状况等，这些局部的拍摄均应按照比例照相的规则进行。若为碎尸现场，先行拍摄所发现各尸块的部位后，在可能的情况下尽量将其拼合起来进行拍摄。尸体解剖检验需要拍摄的内容：尸体解剖时的步骤照，特别需表现致命部位的解剖特征等。

二、爆炸现场的拍摄

炸点，是指接触或邻近炸药的介质和物体，被高温、高压的爆炸气体产物压缩、粉碎、抛出所形成的集中的破坏痕迹。爆炸现场一般都有炸点，炸点是爆炸现场的勘查和拍摄重点。爆炸现场勘查以炸点为中心，围绕发现炸点的位置、爆炸物抛出的位置及环境进行。

（一）现场客观状况的拍摄

根据国际反恐形势的需要，公安部制定了《公安机关处置爆炸现场工作规范》，按此规范的要求，爆炸现场的拍摄重点应有以下几个方面：

1. 对发生在公共交通工具上的爆炸，重点车厢的旅客必须逐一照相。

2. 应反映出炸点的原始状况，有炸坑的要反映其形状、口径及深度等。

3. 应反映出炸点周围的痕迹特征，主要包括高温、高压作用所产生的痕迹、烟痕等。

4. 应对炸点周围破碎严重、分布广泛的残片及时拍摄并做好位置记录；对抛出较远且有高温、高压作用的痕迹，有可能是爆炸装置残片的物证要拍摄并做好位置记录。

5. 应对受伤人员在现场的位置，以及死亡人员尸体的位置和原始姿势进行拍摄。

（二）现场尸体检验情况的拍摄

对伤亡人员的检验拍摄包括以下几个方面：尸体的全身拍摄、尸体或活体的面部辨认拍摄。另外，其损伤情况、创口形状、创口走向、创内提取物等，均应逐一地进行比例照相。

三、投毒现场的拍摄

投毒现场一般有相应的毒害迹象，如现场上有毒物气味、呕吐物、排泄物、装盛食物和毒物的容器、包装物、吃剩的食物以及尸体等。

（一）现场客观状况的拍摄

概貌照相囊括受害者倒卧姿势及其所在位置，以及与投毒有关的所有痕迹等物证遗留部位所涉及的范围。重点部位照相和细目照相需反映现场上能够说明中毒特征的物体的位置及特点。如毒源、呕吐物、腹泻物以及其他排泄物、吃剩下的有毒食物、药品以及盛装食物、毒物的器皿和用具的位置及其特点，有无遗书及遗书的位置、内容等特点。

（二）现场尸体检验情况的拍摄

拍摄中需表现出说明中毒的明显特征，如尸体口唇腐蚀斑等。通过尸表检验和尸体解剖可以发现中毒情况和残留毒物等。

四、火灾现场的拍摄

火灾现场的起火点、引火物及其他有关痕迹物证，能为查明起火原因、分析判断案情提供依据。但是由于众人的扑救活动，火灾现场的原始状态往往遭到破坏。因此，更需认真仔细地勘查和拍摄。

（一）现场客观状况的拍摄

概貌照相需反映出燃烧所涉及的范围等状况。重点部位照相和细目照相需反映出起火点及其烧毁程度（如熏烧、碳化等）的特点，现场遗留的引火物、痕迹等物证的位置及特点，尸体的位置及其被烧状况等。

（二）现场尸体检验情况的拍摄

对起火点中心部位的尸体拍摄，需重点表现出被烧尸体有无其他外伤情况，以及尸体解剖过程中所反映的生活反应特征，解决是由于火灾而造成的死亡，还是死后被焚尸的问题。

五、抢劫现场的拍摄

根据抢劫具体实施地点的不同，将抢劫分为拦路抢劫（路劫）和入室抢劫两大类。

（一）路劫现场的拍摄

路劫现场的概貌照相应将抢劫地点及所有遗留有痕迹、物品的地段都囊括进去，反映出路劫地点、守候地点及其周围环境等之间的联系。重点部位照相和细目照相应反映出：作案人守候的地点状况、所遗留的物品及痕迹，作案人来去路线及所留下的痕迹，抢劫点的搏斗痕迹，现场遗留的痕迹等物证，如大便、衣物、纽扣、手套、口罩、帽子、烟头、棍棒等的位置及其特点，被害人受伤的部位及受伤的程度，被害人被捆绑的情况以及绳扣的系结方式等以上各个部位的联系及具体特征。

（二）入室行抢现场的拍摄

入室行抢现场方位照相除表现现场的环境外，还应用补充照片的形式将现场所反映的作案人进出口情况反映出来，概貌照相应将室内情况作完整的反映，以表现出作案人的整个活动过程。现场重点部位照相和细目照相应反映出进出口被破坏的部位及其所遗留的痕迹状况，现场内被翻动的箱柜等部位及所遗留的撬压、打击等痕迹状况，现场搏斗或作案人施暴所留下的痕迹位置及特点，捆绑物及其特点，现场遗留物如体液、血迹、毛衣、堵塞物、工具，以及其他如手印、足迹等痕迹、物证的遗留位置和特点等，表现出它们各个部位的联系及具体特征。

六、盗窃现场的拍摄

用不合法的手段秘密地取得他人、单位、国家的财物即盗窃。对于盗窃现场应拍摄：被盗窃、被破坏的部位及其状况；作案人进出现场的路线，以及进入现场的方式；被盗物的具体位置以及被破坏和翻动的情况；现场上遗留的痕迹、物证、作案工具等的位置及它们各自的特征等。

七、交通事故现场的拍摄

由于车辆、人畜或其他物体之间发生强力擦刮或碰撞，以致造成人畜伤亡，车辆或物体损坏即为交通事故。交通事故发生后，现场路面、肇事车辆、伤亡人员、物体表面遗留的能证明事故情况的印迹及其附着物、散落物等可作为办案人员认定事故责任、判断肇事车辆种类和驶离方向、认定肇事车辆等的根据，应用照相的方法记录下来。

（一）事故现场状况的拍摄

对发生事故的地点、事故现场的肇事车辆和被撞车辆、伤亡人员与肇事车辆间的相对位置、伤亡人员的伤痕部位及其特征、刹车痕迹的位置及特征、血迹的位置及其分布情况、现场抛撒物的范围等均应进行全面、详细的拍摄表现。

具体的拍摄重点应包括事故散落物、事故痕迹和事故附着物这三部分内容，并表现出它们的遗留位置及其特征。

1. 对事故散落物的拍摄

散落在交通事故现场能证明事故情况的物品或物质称为事故散落物。如损坏、脱落的车辆零部件、玻璃碎片及车辆装载物等。需反映出这些散落物的散落地段、范围等状况。

2. 对事故痕迹的拍摄

由于交通事故的发生，在肇事车辆、被撞车辆、伤亡人体、现场路面及其他物体表面形成的印迹，称为事故痕迹，如撞击痕迹、擦刮痕迹、碾轧痕迹等。需反映出这些痕迹的遗留部位、形状特征以及伤亡人体的位置、姿势等，对于印迹的拍摄应按照比例照相的规则进行。

3. 对事故附着物的拍摄

粘附在肇事主体车辆、被撞客体车辆、人体及其他物体表面能证明事故情况的物质，称为事故附着物。如油漆、油脂、塑料、橡胶、毛发、纤维、血迹、人体组织、泥土、木屑及植物枝叶等。需反映出这些附着物的具体附着部位及形状大小、颜色等特征。

（二）对伤亡人员伤势检验的拍摄

需进行尸体的全身照，尸体或活体的半身辨认照，致命伤或伤的部位及程度等内容的拍摄（见本节命案现场的拍摄）。

八、自然灾害现场的拍摄

自然灾害，是人类依赖的自然界中所发生的旱、涝、虫、雹等造成的祸害。自然灾害有突发性灾害，也有在较长时间中才能逐渐显现的渐变性灾害，还有由于人类活动导致的环境灾害。对自然灾害现场的拍摄，主要是针对突发性灾害现场而言。

由于不可抗力而形成的洪灾、地震、冰雹、山体滑坡、泥石流、海啸、台风等突发性自然灾害，使人类猝不及防，而造成巨大的经济损失和人员伤亡。对此类图像反映应借助刑事现场照相的内容和方法，客观地表现出由于灾害而造成的财物损失及人员伤亡的现场状况，以帮助人们对灾害的损失进行测算，作为事件调查，制定防灾、抗灾、救灾及灾后重建方案的重要依据。

（一）现场客观状况的拍摄

自然灾害所涉及范围的拍摄，若范围太大，照片中无法表现时，可对现场绘图或地形图等进行拍摄反映；由于灾害所致的房屋坍塌状况、田地及设施毁坏的状况、伤亡人员所在的位置等。

（二）现场尸体检验情况的拍摄

自然灾害现场的尸体拍摄应以辨认为目的，着重于尸体的全身照及半身辨认照。若有多具尸体，应将各具尸体进行编号，逐一拍摄。

实验安排

实验一：现场照相内容和方法训练

一、实验目的

1. 掌握现场照相的基本内容。

2. 了解现场照片卷的形成过程。

二、实验内容

1. 设计一个刑事现场，根据现场情况制定现场内容的拍摄计划。

2. 从现场照相内容的4个部分出发，选用恰当的方法进行拍摄。

3. 观察照片卷的后期制作。

三、实验器材

数码相机、三脚架、电子闪光灯、比例尺。

四、实验方式

同学们每两个人为一个小组，每小组完成一个现场内容及选定方法的拍摄，并认真观察照片卷的后期制作。

五、实验方法（略）

六、实验作业

每小组写一份实验报告，要求说明实验目的、实验内容、实验方法、实验步骤及实验过程中的得失。

实验二：室内盗窃现场照相

一、实验目的

1. 掌握盗窃案件现场照相的基本方法和步骤。

2. 学会现场照片卷的制作标准和方法。

二、实验内容

1. 设计一个盗窃案件现场，根据现场情况制定现场的拍摄计划。

2. 根据拍摄计划进行拍摄。

3. 盗窃案件现场照片卷的后期制作。

三、实验器材

数码相机、三脚架、电子闪光灯、比例尺。

四、实验方式

同学们每6个人为一个小组，每小组完成一个盗窃案件现场的拍摄，并按标准要求完成现场照片卷的制作。

五、实验方法（略）

六、实验作业

每小组制作一个完整的盗窃案件现场照片卷，每个同学要求写出实验报告。

实验三：室内命案现场照相

一、实验目的

1. 掌握室内命案现场照相的基本方法和步骤。

2. 巩固对现场照片卷的制作标准和学习方法。

二、实验内容

1. 设计一个室内命案现场，根据现场情况制定现场的拍摄计划。

2. 根据拍摄计划进行拍摄。

3. 盗窃案件现场照片卷的后期制作。

三、实验器材

数码相机、三脚架、电子闪光灯、比例尺。

四、实验方式

同学们每6个人为一个小组，每小组完成一个室内命案现场的拍摄，并按标准要求完成现场照片卷的制作。

五、实验方法（略）

六、实验作业

每小组制作一个完整的室内命案现场照片卷，每个同学要求写出实验报告。

第五章

现场录像[①]

第一节 现场录像概述

一、现场录像的概念和作用

（一）现场录像的概念

现场录像是指以案件现场为拍摄对象，按照现场勘验的有关规定，拍摄出的反映现场所处的位置、现场中客体间的空间位置关系及自身状况的专门录像。

（二）现场录像在现场勘查中的作用

1. 记录和固定整个犯罪现场

在现场勘查前，先用录像将原始现场完整、全面、系统、客观地固定记录下来，为下一步的现场勘查打下基础。

现场勘查中，由于主观认识的局限性和客观因素的影响，很难做到面面俱到，难免会忽略一些与案件有关的情况，等过后再认识到它的重要性时，已失去了现场的原貌。录像系统可以利用摇移镜头从左到右，从上到下全面系统、无一遗漏地记录下来。这样可以利用录像系统随时随地显现原始现场，及时查验到勘查时忽略掉的细节，以弥补某些现场勘查的纰漏和不足。

---

① 本章依据标准：

1. 中华人民共和国国家标准：现场照相、录像要求 GB/T 29349—2012。
2. 中华人民共和国公共安全行业标准：讯问同步录音录像系统技术要求 GA/T 882—2014。

2. 记录提取痕迹物证

现场录像，能将难以提取的痕迹物证，不受任何损坏地记录下来，如运输工具痕迹，墙上涂写、刻画字迹，还有些大型痕迹、物证等，都不能提取，但录像可以将原物记录下来，使原物保持本来的面目，既反映了其形态特征，又不破坏原物。因而为技术检验、鉴定提供了有利条件，为起诉、审判提供了证据。

3. 记录现场勘查的全过程或重要环节

现场录像能够连续不断地记录有关信息，所以利用录像可以记录现场勘查的全过程以及现场物品的变动情况。工作实践证明，有许多对破案起着重要作用的情节，是通过观看现场勘查录像得以发现和证实的，因此，现场录像在确定案件性质，分析作案人作案手段和过程，制定侦破方案，划定侦查范围等方面提供了有效的依据。

（三）现场录像在分析案情中的作用

1. 可以了解到现场与周围环境的联系，从而发现犯罪分子进出现场的路线与遗留的痕迹物证，为现场分析，确定侦破或调查方案提供依据。

2. 可以了解到案件的性质、特点、犯罪手段和犯罪过程，为案件分析，制定侦查方向提供具有重要参考价值的信息。

3. 现场录像拍摄出的痕迹物证，对案件侦破具有直接的重要意义。

（四）现场录像在技术检验、鉴定中的作用

用普通录像机和红外、紫外鉴别仪拍摄技术检验的各种对象，以及科学实验的过程和结果，在监视器上予以显示，并记录在磁带上，供多人研究讨论，或作为证据使用。

（五）现场录像在起诉、审判中的作用

对现场内外的物证进行摄录，其中包括了犯罪分子对现场的物品、建筑设施的破坏状况；被害者死亡的地点、姿势和致命伤或受害者伤残的程度；还有犯罪分子遗留在现场的作案工具和其他痕迹物证，这些既可为迅速破案提供线索，又可为起诉提供确凿的证据。

在案件的预审过程中，拍摄犯罪嫌疑人交代罪行、供认作案手段等的关键情节，可作为刑事诉讼视听证据，案件侦破以后，在对犯罪嫌疑人进行审判过程中，以防其翻供。因此，现场录像的有关形象内容是揭露和证实犯罪令人难以辩驳的确凿证据。

二、现场录像的相关规定

刑事录像片的制作与发行，要严格遵守我国《宪法》和法律的有关规定要求，刑事录像工作必须按照法定程序和手续进行。在任何情况下，都不能以情况特殊为借口损害国家公共利益，非法侵害公民人身权利和民主权利，更不能伤害无辜。

刑事录像片在制作中可能会涉及国家方针政策、经济形势、政治活动、人事调整、司法审判、重大科研成果、重大天灾人祸等。这些数字、内容可能涉及国家机密，还会涉及企业和科研单位的经营方向、技术成果、科研项目等商业秘密。在摄录时，要注意采取措施，以防泄密。常用的方法有：对极其机密的产品、仪器和仪表，只摄录一部分或次要部位；数据、图纸和图表等采用模糊镜头或远景处理；对于重大天灾人祸摄录时，要避开血肉横飞、尸骨遍野的场面；要拍外景，拍局部或等尸体掩盖后再摄录；解说词要避免具体数字，必须反映发展速度或经济效益的，可用百分数来表示。

在刑事录像制作中，为保护案件知情人，如从事外线侦查破案工作的侦查员、举报人及与案件有关系但有主动悔过表现的从犯等的人身安全，要对这些人的形象加以掩盖，或在拍摄时将他们以关闭式的形体位置背向或侧向观众的姿态出现在画面上，也可将他们处理在阴影处或远景中，等等。

在刑事录像制作中，还要注意保护公民的肖像权、名誉权、知识产权中的著作权。如肖像权，《民法通则》中规定："公民享有肖像权，未经本人同意，不得以营利为目的使用公民的肖像。"在刑事录像片制作中，如果没有条件征得本人同意或估计本人完全不可能同意，而为了打击犯罪和服务于其他执法活动又必须涉及肖像时，应进行技术处理，除去眼、嘴等最能体现人物个体特征的部分，保证除权利人、制作人以外第三者无法看出画面中的形象是哪位公民。

刑事录像资料作为证据运用于刑事诉讼，可以发挥其他证据无法发挥的作用。在诉讼实践中，为了维护法律的严肃性，避免掺杂任何主观的东西，刑事录像证据必须按照法律的要求制作，方才具有合法性，才能作为刑事诉讼中的有效证据。

在刑事录像的制作过程中，要严格履行必要的批准手续，在拍摄时尽量用不间断长镜头来反映证据的原貌以及证据与现场的关系，并将制作的时间、地点和制作人员的姓名、职务等情况，随时详细记录下来。在刑事现场摄完后，应当着现场见证人的面将磁带盒外的防抹消垫片撬去，并由见证人、录像人员在带盒上签名和注释有关内容。对已制作好的刑事录像资料，应妥善保管，不得随意剪接、拼对或作其他"技术处理"，以对制作过程的合法性和内容的真实性负责，准备在诉讼时用作证据。

有的录像人员工作不够认真仔细，在刑事录像过程中遗漏了重要的事项，例如，对现场的周围环境和某些部位没有摄录，过了若干时间以后，又重新回到现场做一番布置，补拍几个"现场镜头"，这种做法是违法的，补拍的镜头不具有证据效力。

三、现场录像的内容和要求

（一）现场方位录像

1. 现场方位录像的内容

现场方位录像是以整个现场和现场周围环境为拍摄对象，反映犯罪现场所处位置及其与周围事物关系的专门录像。

犯罪活动都是在一定的环境条件下，在具体的时间和地点进行的。现场方位录像就是要把这些大的轮廓客观、真实、连续地摄录下来。内容包括：案发时间、案发地点、地形、地貌、具体的发案地址；案件发生在山区还是平原；是在城市还是在农村。例如，案发在城市，要反映城市的繁华与喧闹，拍摄出道路、车辆、人群、楼宇等；现场所在的街区、门牌号、楼号、单元号、楼层、房间号；现场东临、西靠、北邻、南挨分别是什么以及案发的具体时间、案件性质等。

2. 现场方位录像的要求

在选择摄录现场录像内容时，最好包括现场附近具有明显特征的或永久性的标志，如大型建筑、河流、街道等。在时间方面，从画面上要能够反映出大概是什么季节、什么时间、白天还是黑夜、上午还是下午，时间要准确。气候的变化要加以说明。

3. 现场方位录像的拍摄方法和技巧

（1）拍摄位置的选择。现场方位录像由于需要反映的信息多，概括的面积广，所以要把摄像机机位选得远一些，尽量高一些，以俯视远景摄录，有些情况下还需用空中摄像方式摄录。

（2）景别的运用。景别的选择以远景和全景为宜，有些情况下还需用空中录像方式拍摄。但当要反映现场具体地址时要把明显标志或门牌号等用近景、特写镜头或安排在前景位置拍摄下来，以引起人们的注意。

（3）拍摄的方法。拍摄现场周围环境用摇镜头较合适，在进行摇摄时，摇的速度要适当、均匀，摇到重点部位要给一定的停留时间，以示重点。然后用推拉镜头将现场具体地址与周围环境的位置关系表现出来。用大远景拍摄现场周围的环境时，拍摄的时间要持续的长一些，以保证观看清楚。画面构图要把现场的中心安排在视觉中心，对于一些地理位置较复杂、建筑设施较密集或面积较大的现场，应该多角度、多侧面去拍摄。为明确现场的方位，在后期制作中可以在画面中加上指示现场具体地点的闪烁箭头或加上绘制的现场方位图。

（二）现场概貌录像

现场概貌录像也叫现场概览录像。它是以整个案件现场或现场中心地段作为拍摄内容，反映现场全貌以及现场内容各部分关系的专门录像。

1. 现场概貌录像的内容

现场概貌录像要把整个现场状况拍摄下来，包括现场的范围，现场的全貌状况，现场内的所有与案件有关的痕迹、物品、设置，被翻动、被破坏的状态程度等，都要客观、真实、全面地拍摄下来。有的现场是好几处，要一处不漏地详尽拍摄，并要表现出各处之间的联系，各处之间的相互位置关系和相连的通道。

2. 现场概貌录像的要求

现场概貌录像是现场录像的重点和难点，要求完整、系统、全面地拍摄，因此，拍摄时要坚持“宁多勿少”的原则，尽可能一处不漏地详尽拍摄。一般情况下，现场概貌录像要用几个甚至几十个镜头才能拍摄下来。具体拍摄的要求：一是要反映罪犯的出入路线，在现场内的活动情况；二是要完整地显示出野外现场或现场房间所处的具体位置，房间与房间的相互关系，现场房间的门窗开闭或被损坏情况，现场内部景物、门窗的分布及相互位置关系，中心现场与周围的环境关系。

3. 现场概貌录像的拍摄方法和技巧

（1）拍摄位置的选择。现场概貌录像需在现场近前和现场内进行拍摄。在室内摄录时，机位宜选择在房间的两个相对角上。在录像时，为了使观看者较方便地进行空间联想，明了室内结构和各物体的相互关系，可以选择某一物体为连接各组镜头的位置参照物，这个位置参照物可以是现场重点部位的尸体、被撬坏的衣柜、某一显眼的家具、门、窗等。

（2）拍摄方法。现场概貌录像要用摇镜头或移镜头把整个现场范围和现场全貌概况拍摄下来，再用推拉镜头反映物品与环境，痕迹物证与周围物品的位置关系。当现场是多处时，从这一处到另一处可以用跟镜头拍车辆的运动或现场勘查人员的走动，把几种现场连接起来。在摄录时，尽量采用连续画面，不用或少用蜻蜓点水式。应使观者看完录像片后，有一个亲临现场的感觉，而不应给人留下支离破碎、似知非知的印象。

例如，在对三居室的居民住宅进行现场概貌录像时，如在过厅和在 3 个房间内各自进行拍摄，给人的印象就是零散而不完整的。如在户门口先摇摄过厅，然后不停机移摄至某个房间，并摇摄一周停机。在摄录另两个房间时，都先在过厅摄录门口，然后移摄到室内，摇摄一周。这样的一组镜头，在现场内部的相互关系方面，会给人以明确而完整的概念。

在室内现场概貌录像中，应交代清楚房间的内部结构，反映出房间进出口、窗户、主要家具、现场重点部位和可疑部位之间的关系。主要使用摇镜头摄录，一般固定在广角状态（以无明显变形为适度），镜头做横向或纵向的来回扫描摇摄，在一来一往的摇摄图像之间，应有约1/3的重叠。摇摄速度与人眼观察的速度一致，还与所摄画面上包含案件信息量的多少有关。比如作案人接触最多的位置是在本人手高左右的地方，桌面、凳面、柜面、抽屉面、门拉手等处。摇摄到这些地方时，速度应适当放慢。为了和人们的观察习惯一致，最好能摄录一个走进门时见到现场情况的主观镜头，在编辑时，将其放在室内现场镜头的首位。

（三）现场重点部位录像

现场重点部位录像也叫现场中心录像，它是记录现场上的重要部位或地段的状况、特点以及痕迹、物品与所在部位关系的专门录像。

1. 现场重点部位录像的内容

案件的性质不同所拍摄的现场重点部位就不同，因此现场重点部位录像的内容要反映出案件的性质，也就是反映出案件的特殊性。例如，凶杀现场的重点部位是尸体的位置和姿势，围绕尸体来拍摄，盗窃现场的重点部位是被破坏和被偷盗的部位，围绕这一部位来拍摄。

即使是同类性质的案件，其现场重点部位也不尽相同。例如，同样是凶杀现场，由于作案动机、作案手段的不同，造成的现场状况就不同，那么现场重点部位也就有所不同。可能在这个案件中是一处，而在别一个案件中可能是多处。因此，在拍摄现场重点部位录像时，要与现场勘查人员密切配合，在现场勘查指挥员的指挥下进行。要根据案件的具体情况，来确定现场重点部位后再录像，这样才能达到预期效果。

2. 现场重点部位录像的要求

现场重点部位录像需要交代清楚现场重点部位的位置及与其他重点部门的关系，真实、清楚地反映出重点部位中的某些细节特征。为了避免在同一角度对同一内容反复摄录，在摄录每组镜头前都应有一个设想，或先启动摄像机而不按录像开关预演一遍，在摄像机寻像器中观察一下效果。这能给后期编辑工作带来便利。

3. 现场重点部位录像的拍摄方法和技巧

现场重点部位录像不仅反映现场重点部位，还要反映出它与周围事物的联系，所以拍摄要先用全景，用摇镜头反映重点地段、重点部位的状况，再用推拉镜头反映重点物体、主要痕迹物证与周围的联系，拍摄用摇、推、拉镜头，为使被摄物不变形，要灵活选择机位拍摄。

现场重点部位拍摄的时机：一是在静态勘查阶段进行，如命案中的尸体、爆炸案中的起爆点，盗窃案中被翻动被盗的保险柜、家具等。二是有些重要物品或与犯罪有关的痕迹物证的位置以及要通过动态勘查才能确定为重点部位的，就要在动态勘查阶段或动态勘查之后再进行拍摄。

为保证现场重点部位录像的质量，要认真、系统、全面地拍摄好现场的每个重点部位或重点部位中的一切重要物品。

（四）现场细目录像

现场细目录像是记录现场上发现的与犯罪有关的细小局部状况和各种痕迹、物品，以反映其形状、大小、特征等的专门录像。

1. 现场细目录像的内容

现场细目录像的内容很多，如命案中尸体的伤痕、血迹的喷溅方向和滴落状况，杀人凶器或犯罪工具的形状、号码尺寸及破损情况；盗窃案中的各种撬压工具和撬压痕迹、翻动破坏痕迹、运输工具痕迹；枪案中的弹道射击痕迹；等等。总之，应包括现场上的具有检验鉴定和证据作用的各种痕迹物证。

2. 现场细目录像的拍摄方法及技巧

（1）现场细目录像一般都是在深入勘查中进行。录像时，首先把痕迹物证的原始状况及与周围其他物体的相互联系拍摄下来，用全景镜头固定痕迹物证所在位置，再用推拉镜头拍摄与周围的联系，之后再移动拍摄，这样可以改变光照条件和拍摄位置、角度，保证被摄对象不变形，使之质感或特征都能清晰地反映出来。

（2）为满足后期鉴定、比对的需要，拍摄时要加比例尺，比例尺色调要与被拍物保持一致，放置要平、正，并与被摄物处于同一平面上，保证精确度。

（3）细目录像应使用固定画面以特写景别记录，画面的时间应在 10 秒以上。被摄主体应占画面的 2/3 以上，故多采用录像机的微距挡或加接筒和显微镜，具体工作时要注意镜头拆卸装配的安全。

四、现场录像的原则和步骤

（一）现场录像的原则

为了保证现场勘查的迅速进行，不使现场受到人为或客观因素的影响以及尽量多地收集信息，提高现场录像的质量，应该遵循以下原则：

（1）先录原始的，后录变动的；（2）先录地面的，后录高处的；（3）先录容易消失和破坏的，后录不易消失和破坏的；（4）先录急需移动恢复原状的，后录固定不变的；（5）先录容易的、明显的，后录疑难的、隐蔽的；（6）先录光照条件好的，后录光照条件差的。

（二）现场录像的步骤

现场录像一般要按现场勘查的程序进行，大体分为 3 个步骤：

1. 了解案情，进行构思

在赶赴现场中和到达现场后，应首先了解案件发生、发现的时间、地点和经过，现场原始状况、变动情况及保护措施，出入现场的人员及原因，并实地简单勘查一下，对现场进行巡视，了解现场周围环境等情况，同时根据现场环境、状况、拍摄内容、拍摄重点，构思拍摄的先后顺序、镜头的组接及表述方法，构思一个拍摄计划，即在心中打下腹稿。

2. 安排顺序，做好准备

根据现场情况和现场录像原则，按照构思，定出一个拍摄顺序，按顺序接好照明电源，接好照明灯具。为了照明要查找搞清供电电源的电压和线路的电流容量。在厂矿企事业单位发生案件时，要找当事单位电工人员协助接好电源。在家庭发生案件时，一般家庭照明线路用一般的碘钨灯或镝灯即可。如果在交流电源不能用或没有电的情况下，那么要用电池灯，其电池要多准备几块，否则现场勘查时间一长，将影响工作。照明布光搞好后，调整好摄录像机，然后试录一下，用监视器收看一下效果如何，一切准备就绪，就应开机工作，进行实地拍摄。

3. 密切配合，认真摄录

在进行实拍中，录像人员要和录像、灯光人员密切配合好，在现场勘查人员配合协助下，在现场勘查指挥员的指挥下认真工作。在一般正常情况下，先拍摄方位录像再拍摄概貌和重点部位，最后拍摄细目录像，由表及里，步步深入。也可以先拍概览—重点部位—细目，方位录像可放在后面也可在中间抽空拍摄。有些细目也可以提取后回单位再拍摄。拍摄中要录点同期声，以同期声说明勘查程序、现场状况，或用笔录方式对拍摄内容作场记，作为后期制作编辑加工的依据，同时要注意随时用监视器观看一下拍摄效果。

第二节　现场录像的应用

一、典型案件的现场录像

（一）凶杀案件现场的录像

1. 录像要反映出凶杀现场的特点

凶杀现场大多留有被害人的尸体、尸块、尸骨，遗留痕迹物证较多；杀人动机不同，现场上反映的杀人方法和现场状况也不同；现场上遗留的血迹是重要物证。上述特点，在现场录像中要充分反映出来。

2. 录像要反映出现场勘查的重点

现场勘查的重点往往是现场录像的重点部位和细目内容，在录像时要抓住案件的勘查重点。

（1）杀人现场。对于杀人现场要围绕被害尸体进行录像，主要表现尸体所在位置与周围的关系、伤痕，可判断是被什么凶器所害，尸体倒卧的方向、姿势，衣着情况有无破损，能反映出与凶犯有无搏斗，尸体有无移动拖拽的痕迹。录像要反映出血迹滴落喷溅情况；反映现场遗留的物证情况，有无凶犯的足迹、手印、凶器或丢失的物品；反映出被害人受伤部位、致命伤等，对于女尸还要反映出是否被奸污，是否怀孕等；要反映通过胃内容物推断出的死亡时间。如是无名尸体要反映出尸体衣着及携带物品，以便查找身源。如是腐败尸体要反映尸体腐败程度和尸体上的蛆虫等情况。

（2）碎尸现场。录像要反映出尸块现场情况，反映出全力寻找其他尸块的情况；要反映出抛尸现场可能遗留的运输工具痕迹和其他遗留物；要反映尸块的包装物的种类、质地、特征，为尽快认定身源打下基础。有时一些不容易被发现的小特征，也可能成为认定身源的重要依据，如一具无头无四肢的女性躯干，除会阴有一溃疡创口外，再无其他任何特征。后来，经死者丈夫辨认此特征后而得以认定。

（3）白骨现场。现场找到的死者衣物及其他物品，法医对尸骨的检验结果，为认定身源提供了依据。白骨案如通过颅象重合技术认定身源的，在录像中要有所体现。

（4）枪杀现场。录像要反映出被害尸体枪创弹孔及弹头情况，如果是近距离枪杀，录像要反映出射入口的烧伤、枪油、烟垢等特征。录像要拍摄现场的枪支、弹头、弹壳、弹道及射击残留物。对需要做枪弹痕迹检验，认定射击枪种、作案枪支，判断其射击方向、角度、距离的实验的情况和检验过程，也要拍摄下来。

（5）投毒现场。投毒杀人也是凶杀案中的一种，现场录像要反映出：被害人吃剩的食物和呕吐、排泄物，装有毒物的器皿；犯罪分子遗留的足迹、烟头、纸张、塑料袋等遗留物。如果是气体中毒，要反映出有毒气体的来源，室内通风情况，被害者中毒的症状等。尸检时，要反映出尸表中毒症状，皮肤上有无针眼，女尸阴道中有无毒物，从内脏血液中提取检材进行化验的情况等。

（6）抢劫、强奸杀人现场。抢劫、强奸杀人是数罪同犯的案件，一般作案迅速，手段简单，现场遗留物少而且容易受到破坏，这类案件的现场录像除反映尸体等情况外，拦路抢劫、强奸杀人，还要反映出犯罪现场的特征，是城郊、田野、山林还是偏僻的街道小巷；要反映出犯罪分子遗留的足迹或车轮痕迹及躺卧坐压痕迹；要反映出犯罪分子在作案前的隐蔽地点和在这里的遗留物；要反映现场搏斗的痕迹及遗落的纽扣、布片、毛发、血迹等物证。入室抢劫、强奸杀人，还要反映进出口的破坏痕迹；要反映犯罪分子的遗留物；要反映犯罪分子在触摸翻动的物体上所留的指纹；要反映尸检时发现的尸体上的血手印和指纹等。

（二）盗窃案件现场的录像

这里以入室盗窃现场录像为例，进行介绍。

1. 要充分反映出盗窃案的特点

具体有：（1）要反映出盗窃现场进出口处留有的挖、撬、开锁、攀登的痕迹的特点；（2）要显示出作案工具、手段以反映犯罪习性等特点；（3）要反映赃物的特征。

2. 要摄录的重点

盗窃案的现场录像要充分反映盗窃现场勘查的重点部位。例如：（1）要反映出犯罪分子的进出口及犯罪路线，要反映出是翻墙进入，还是破锁进入，还是砸破门窗进入的，这样的入室有明显的破坏痕迹，录像要特写这些痕迹特征；（2）要反映出进出口处的足迹、手印、指纹等；（3）要反映出盗窃现场中物品、家具被翻动的情况，要反映出金库或柜橱被撬压砸开的情况，特别是破坏工具痕迹；（4）要反映现场犯罪分子的可能遗留物；（5）要反映现场外围可能遗留的犯罪分子的足迹，运输工具痕迹等。

（三）爆炸案件现场的录像

1. 要拍摄出爆炸案现场的特点

具体有：（1）爆炸案多发生在公共场所、私人住宅和火车、汽车上，现场遭到严重破坏；（2）现场上有起爆点以及爆炸残留物和抛出物；（3）现场及其周围留有爆炸破坏痕迹；（4）现场留有烟痕和燃烧痕迹。

2. 拍摄的重点内容

其包括：（1）爆炸中心点也就是起爆点，是放置炸药的具体位置，在录像中反映爆炸中心点时要反映出它的特征，即破坏最严重的地方，往往形成炸坑、缺口、孔洞等；（2）爆炸残留物及其他痕迹物证；（3）经过对提取到的爆炸中心泥土、炸药颗粒的化验来推断出炸药的种类；（4）通过现场实验来推断炸药的用量等；（5）对死伤人员的检验，特别是爆炸中心点的死者的残肢、衣服碎片进行整复，为查明死者身份，查明犯罪分子的作案动机打下基础。例如，一起汽车爆炸案，现场录像记录了现场勘查情况，特别是引爆的罪犯被炸得只剩下多半个脸部的肉皮，法医对罪犯的头部用泥土填充，使罪犯头部整容复原，从而认定了罪犯的身份。

（四）纵火案件现场的录像

1. 要反映出纵火现场的特点

具体有：（1）现场上可见到烟雾或烟熏的痕迹；（2）现场上可见到物质燃

烧的火焰或燃烧痕迹；（3）现场上都有起火点。

2. 火灾现场录像要拍摄的重点部位

其包括：（1）起火点的位置所在，从起火点灰烬中发现纵火痕迹和引火物；（2）火场破坏情况；（3）火场内的尸体状态；（4）尸检中的伤痕特征及呼吸道内有无烟灰痕迹，从而判定是先放火后死人，还是先杀人后放火；（5）进入室内的路线，破坏门窗时留下的工具痕迹；（6）排除电器线路起火或自燃起火的因素；（7）有关起火原因和时间的现场实验等。

二、重要环节的现场录像

（一）现场访问录像

现场访问录像内容包括侦查人员对案件发现人、报案人、事主、被害人和家属、知情人进行的与案件有关的情况调查。拍摄时要反映出访问的地点、场所、时间、环境，解说中要交代清楚访问人和被访问人的姓名、职业等，以及被访问人与案件中被害人或犯罪嫌疑人的关系等。对被访问人的表情、举止、动作及出示的物品要拍摄下来，对其语言特点、主要的话要录制下来。

（二）审讯过程录像

审讯过程录像是拍摄对犯罪嫌疑人进行审讯时全过程实况的专门录像（以下简称审讯录像）。

1. 器材设备

审讯犯罪嫌疑人应选用清晰度高、色彩还原好、声音还原质量高、照度要求低的摄录一体机；摄录像机的水平清晰度不低于350电视线，信噪比优于50分贝，最低照度应满足51勒克斯；审讯录像可存储在录像带或数字硬盘等存储介质上。应使用清晰度高、色彩还原好、质量可靠的录像带。使用数字硬盘存储图像和声音时，硬盘须有足够的存储空间；应使用摄像机交流适配器；应使用与摄像机匹配、牢固可靠、旋转方便、升降灵活的三角架，并配有照明设备。

2. 技术要求

侦查机关对犯罪嫌疑人的讯问地点是审讯录像的拍摄地点。拍摄现场尽可能利用现场光。如现场光线不能满足摄像机的照度要求，应加用人工光源；审讯录像必须客观、真实，图像、声音清晰可辨。利用监所部门审讯室里的监控设备进行审讯录像时，所用设备应满足上述技术要求。否则，应单独使用摄录像设备，以保证录像质量。

3. 拍摄方法

担任审讯录像拍摄任务的专业技术人员应提前到达审讯场所，选择拍摄位置，安装设备，调整摄像机内置时间与实时时间一致。拍摄位置以不影响审讯为原则。审讯录像应与审讯人员的审讯活动同时开始，并由审讯人员告知犯罪嫌疑人使用了审讯录像。审讯录像拍摄时应将摄像机的内置时间同时记录下来。审讯录像应前后连贯。录像所记载的时间能够与提审手续、笔录记载的时间相一致。在录制过程中，无论审讯的情况如何，中途不得停机，以保证录像的连续与完整。如有条件，可以采取双机拍摄。拍摄审讯录像时，应以拍摄犯罪嫌疑人的正侧面半身画面为主。犯罪嫌疑人描述有关重要情节时，应始终拍摄其描述过程，不得移动摄像机拍摄其他场景，保证声画一致。审讯录像应拍摄至犯罪嫌疑人看完讯问笔录并签字后为止。审讯录像必须是受讯人供述犯罪的真实记录，能生动形象地再现其受审时的情景，不能补拍或加工，不能插入其他画面，不得编辑。不能进行任意删改。

4. 资料记录

审讯录像结束后，担任审讯录像的技术人员应制作审讯过程录像文字记录一式三份。数字硬盘存储时应刻录成光盘或转录成录像带。审讯过程录像文字记录包括：拍摄地点、起止时间、拍摄人、所拍录像带的总时间及盘数、审讯人以及犯罪嫌疑人的基本情况等。对于与案件有关的供述应在记录中记明所处的位置，便于查找。

（三）侦查监控录像

侦查监控录像又称密录，是指利用电视录像技术秘密观察、摄录被侦查对象的活动，掌握被侦查对象行动的一种技术侦查手段。该手段规定了严格的审批程序，严禁扩大范围使用。

1. 侦查监控录像的方式

（1）固定式。进行固定式摄录像首先要选好被侦查监控对象进行有效影视记录的楼房。在远距离摄录时，可选用有望远镜头的摄录机；在较近距离摄录时，操作人员和操作器材必须进行严密伪装或采用小型摄录机或微型摄录机进行工作。固定式摄录要将摄像机固定在三角架或固定架上，便于及时摄录、保证影像质量。

（2）移动式。移动式录像的关键是对器材伪装操作的技术处理。为了便于工作和操作，生产厂家将摄录机安装在手提包箱、食品、民用品的包装箱盒里，便于器材的伪装。为便于近距离摄录，多采用微型广角的针孔摄像镜头、微光或红紫外摄像管组成的摄录机。

（3）固定移动结合式。其是指将普通或特种小型的摄录装备，安装和携带于汽车、摩托车上，在“车对车”“车对人”进行跟踪盯梢时使用，但要注意镜头容易被他物遮挡。

2. 侦查监控录像的技巧

（1）连续摄录。在跟踪中发现被侦查对象接头、销售物品、支付现款、更换着装、携带作案工具等情况时，应连续摄录这些不同情节的场面，采取“动对动”或“动对静”的方法摄录。

（2）超前摄录。按被侦查对象行走方向，采取同路或异路超越对象，在前面选好有利地形，掩护好自己，做好摄录准备，以“静对动”的方式进行摄录。如环境不容许停留，可采用“动对动”迎面摄录的方法。

（3）借故摄录。当侦控对象在商店、市场购买物品、销售赃物或到饭店谈话吃饭时，需边摄录边用购物、吃饭等活动来掩护自己。

（4）预伏摄录。事先预知或判断被侦控对象要到达的现场，在附近选好阵地，做好伪装，等到目标出现时，就以“静对动”或“静对静”的方法进行摄录。

（5）阵地摄录。利用侦控据点进行“静对动”或“静对静”的摄录。

（6）微光或特种光摄录。在黑夜无灯光照明的环境和场所，需专门利用微光、红外等特种摄录装备进行摄录。

（四）现场搜查录像

现场搜查录像内容要包括被搜查场所的方位地点，被藏匿的作案工具，留有犯罪痕迹物证的血衣、鞋、赃物及与案件有关的物品等。画面中不仅要反映出物证隐藏的位置，还要对物证特写，要反映出案件工作人员搜查工作的镜头，还要反映出被搜查人或家属以及见证人的镜头。

（五）现场勘查过程录像

在现场录像中，还需进行一些因具体现场的不同要求而进行的相关录像，它往往是在勘查过程中或勘查后进行的，称现场录像。比如有些重点部位，在未勘查时不易发现，勘查中需补充摄录；有些情况需摄录下勘查的动态过程才能反映清楚。例如，反映子弹穿透被害者躯体后，又穿过椅背落到墙上，就可以将尸体移开露出椅背上的弹洞，又移开椅子露出墙上弹洞的过程连贯地拍摄下来。按照规定，某些物证的勘查提取过程也需摄录下来。

（六）现场实验录像

为了证实某种判断，或为了取得某一数据资料而作的现场实验，可摄录其全过程，称为现场实验录像。拍摄时，要交代清楚实验的时间、地点、条件和方法，有时具有危险性的实验，可将录像机安置在近区用遥控方法拍摄。此种录像在火灾案、爆炸案、中毒案中用的较多。

上述现场录像的有关内容和要求，虽然各有区别，但它们不是截然分开的；相反，它们是相互联系、互为补充的。同时由于案件性质的不同，即使是同类案件，每个案件的现场也都有所不同，所以在录像时要根据具体案件、具体现场而具体对待，根据现场勘查指挥员的指挥，根据现场勘查的规定和办案的要求，因地制宜地开展工作。

实验安排

刑事现场录像

一、实验目的

1. 掌握现场录像的基本方法和步骤。

2. 了解现场录像带制作的全过程。

二、实验内容

1. 设计一个刑事现场，根据现场情况制定现场的摄录计划。

2. 现场摄录。

3. 录像带的后期制作。

三、实验器材

录像机、三脚架、电子闪光灯、录像带等。

四、实验方式

同学们每6个人为一个小组，每小组完成一个现场的摄录，并完成录像带的后期制作。

五、实验方法（略）

六、实验作业

每小组制作一套完整的现场录像，要求写出实验报告。

第三编　人　像

第六章

辨认照相[①]

第一节　犯罪嫌疑人或罪犯辨认照相

一、犯罪嫌疑人或罪犯辨认照相的概念和内容

（一）犯罪嫌疑人或罪犯辨认照相的概念

犯罪嫌疑人或罪犯辨认照相（suspect identification photography）是对在押犯罪嫌疑人或罪犯的面貌、体态进行拍摄，以通缉、存档和辨认人身为目的的一种照相方法。它是辨认照相的重要形式之一。

犯罪嫌疑人或罪犯辨认照相产生于1841年，法国警察部门首次用银版照相法给两名罪犯照了相。1856年，一名瑞士法官下令对一名不知姓名的盗贼进行拍摄，并把照片送交附近所有的警察局辨认，后来在巴登大公国被识别出来。1859年，美国也用犯罪嫌疑人的照片破获了一起案件。早在我国古代就有“画影图形”缉捕逃犯的做法。1905年，清朝正式废除画像，改用照片管理囚犯，通缉逃犯。中华人民共和国成立以后，对犯罪嫌疑人或罪犯辨认照相有了较普遍的应用。

---

① 本章依据标准：
1. 中华人民共和国公共安全行业标准：犯罪嫌疑人和罪犯司法登记照相规则 GA/T 328—2001。
2. 中华人民共和国公共安全行业标准：辨认照相、录像要求 GA/T 325—2001。
3. 中华人民共和国公共安全行业标准：尸体辨认照相、录像方法规则 GA/T 223—1999。
4. 中华人民共和国公共安全行业标准：犯罪嫌疑人模拟像制作规则 GA/T 601—2006。

（二）犯罪嫌疑人或罪犯辨认照相的内容

犯罪嫌疑人或罪犯辨认照相的内容有两个方面：

1. 拍摄正、侧面免冠半身照片

拍摄正、侧面免冠半身照片是为了记录犯罪嫌疑人或罪犯的体貌特征。人的身体特征包括生理、病理或人为特征。人的相貌特征具有“特定”和“稳定”两大特点。“特定”，是指人的相貌是由无数特征组成，这些特征又千差万别；“稳定”，是指人的面貌形态，不随年龄的变化而发生质的变化，总保持基本形态。这些为同一认定和人身辨认提供了条件。

2. 拍摄特写照片

拍摄特写照片是为了记录犯罪嫌疑人或罪犯的特殊特征。包括斑、病、瘤、文身、永久性伤痕等。

二、犯罪嫌疑人或罪犯辨认照相的作用和要求

（一）犯罪嫌疑人或罪犯辨认照相的作用

1. 对拘留的犯罪嫌疑人或罪犯进行拍摄，是刑事犯罪人登记的一项重要内容。

2. 由现案中的犯罪嫌疑人面貌特征查对有前科犯罪嫌疑人或罪犯照片。

3. 根据被害人或证人口述的犯罪嫌疑人面貌特征，提供有相似特征的犯罪嫌疑人或罪犯照片。

4. 为技术鉴定提供符合检验要求的相貌辨认照片。

（二）犯罪嫌疑人或罪犯辨认照相的要求

犯罪嫌疑人或罪犯辨认照相的目的是为侦查破案、技术鉴定和诉讼判决提供合格的照片，用以识别和认定犯罪嫌疑人和进行罪犯登记。所以犯罪嫌疑人或罪犯辨认照相的基本要求是清晰逼真地反映犯罪嫌疑人或罪犯的面貌特征，不允许作任何修饰。具体来讲，每一名犯罪嫌疑人或罪犯均需拍摄正面和左侧面半身免冠照片各一张。照片要求下面齐胸第二纽扣（中山装）以上，左右肩臂取全，上部包含完整的发型，还要把脸型、颅骨正侧形状、发际、前额、眉弓、眼、鼻、嘴、胡须、疣、瘤、痣、雀斑、伤疤、麻子、颈、肩、胸、右耳等特征，准确逼真地反映出来，有戴帽子和戴眼镜习惯者，去掉眼镜拍摄后，再戴上帽子、戴上眼镜拍摄一张参考像，一并保存。擅长化装的犯罪嫌疑人或罪犯，还应拍摄化装后的参考像。对犯罪嫌疑人或罪犯身上的特殊特征，如刺的花纹、字迹等，还要拍摄局部特写照片。

1. 拍摄正面免冠半身像的要求和规格

（1）拍照时，照相机镜头的中心、胶片的中心点、被摄人的下唇三者应成为一条水平线；

（2）被拍摄人的姿势要端正，头部不能上仰或下俯，不能戴墨镜，面部表情应取正常放松姿态；

（3）被摄人的两耳应外露一致，两眼平视镜头，两肩平衡，两手自然下垂；

（4）被摄人的前额中心、下颌中心、胸牌中心及背景中线应成一条垂直线。

2. 拍摄左侧面免冠半身像的要求和规格

（1）犯罪嫌疑人或罪犯的双肩、躯干的姿势与拍摄正面照片时相同；

（2）使头颈向右扭转 80 度，照相机镜头的中心轴线对准被摄人的左耳部，注意耳部不要被头发遮掩；

（3）画面要充分表现被摄人的前额、眼、鼻、嘴轮廓和耳部；

（4）一般要求拍摄左侧面相，必要时也可以拍摄右侧面相。

三、犯罪嫌疑人或罪犯辨认照相的器材

（一）照相机

选用牢固、带有活动云台的三脚架作为拍摄依托设备；要求选用焦距为标准镜头焦距 2 倍以上的长焦镜头进行拍照，使照相机镜头与被摄人保持一定距离，以防止拍出的人相照片变形。

（二）背幕

选择中灰色平面无光物体为背景，要求被拍摄人身后附加能表示人身高、体态和比例的米尺；制作时要求选用一张 60cm × 109cm 中灰色、无反光的平整背景板，用粗线绘图笔画出 50cm × 100cm 的粗线边框，并以 1cm 为间距绘成纵横细线；在全宽 50cm 的正中，即 25cm 处制作一条有标志的中线，右边框 5cm 以内留出空白，并标明表示身高的比例厘米尺，上端线为 200cm，要求其悬挂高度与实际高度完全一致；拍摄时要求被拍摄人以立姿站立在背景前，双胛骨紧靠背景，以客观地表现被摄人被摄各部的比例并尽量减小阴影。

（三）胸牌

胸牌固定在犯罪嫌疑人或罪犯的胸前，标示犯罪嫌疑人或罪犯编号、拍照单位。

在被摄人胸前要求挂胸牌；制作时选用一块 20cm × 30cm 的木板，均匀涂上无光黑漆，上下两个横边标明 1cm 宽度的黑白比例尺；拍照时把胸牌悬挂在被摄人前胸适当位置上，并用白色笔在胸牌上注明被摄人的姓名和编号等。

四、犯罪嫌疑人或罪犯辨认照相的配光和照片的印放

（一）犯罪嫌疑人或罪犯辨认照相的配光

犯罪嫌疑人或罪犯辨认照相配光时要做到光照均匀、柔和，相貌轮廓清晰，

富有层次和立体感。实践中有三种配光形式：

1. 室内打灯光

在室内用照相回光灯配光，光线便于调配掌握，不受自然条件的影响。灯光配置为：主灯为犯罪嫌疑人或罪犯辨认照相的主要光源，用来照明所要拍摄的犯罪嫌疑人或罪犯的体貌部位。它位于犯罪嫌疑人或罪犯的一侧，与犯罪嫌疑人或罪犯呈30°～60°角。辅光作为主光照明的补充，消除主光造成的阴影，以表现犯罪嫌疑人或罪犯面部暗处细节特征。背景灯用于消除主辅灯在背幕上产生的阴影，并照亮背幕身高、体宽标志线，在画面影调上把犯罪嫌疑人或罪犯与背景区分开来。该灯位于犯罪嫌疑人或罪犯后侧，光照的距离强弱视具体情况而定。

2. 电子闪光灯

电子闪光灯往往是单灯照明，影像显得比较生硬，应用时应注意灯位的选择。它包括机位顺光拍摄和侧光拍摄两种。机位顺光拍摄是把闪光灯放在照相机位置，加柔光片把直射光改为散射光，可使光线柔和，质感真实，富有层次。侧光拍摄是灯和相机分离，灯置于犯罪嫌疑人或罪犯头侧上方，斜照犯罪嫌疑人或罪犯面部。视犯罪嫌疑人或罪犯的脸型，可对光照角度作适当调整，必要时可在灯的一侧加一反光板，作为辅光以获得层次，增加反差。

3. 自然光

宜采用散射柔和的光线，避免强烈的直射光。可利用阴天或室外阴影处，因地制宜地进行拍摄。利用自然光，照片的质感、立体感较差。

（二）犯罪嫌疑人或罪犯辨认照片的印放

犯罪嫌疑人或罪犯辨认照片的制作应按标准工艺进行，正片尺寸大小要求45mm×60mm，要保证照片长期保存而不褪色、不变质。

五、犯罪嫌疑人或罪犯辨认照片档案资料的分类

拍照完的犯罪嫌疑人或罪犯辨认照片，应分类建档，便于查找辨认。

（一）单一分类法

1. 按违法犯罪的案件性质分

A类：包括抢劫、抢夺、伤害他人。B类：包括强奸、猥亵。C类：包括诈骗、盗窃各种公私财物。D类：包括扒窃、拎包。E类：包括其他违法犯罪。

2. 按违法犯罪人员的年龄分

A类：16岁以下。B类：16～25岁。C类：25～35岁。D类：35岁以上。

3. 按违法犯罪人员的身高分

A类：1.66米以下。B类：1.66～1.75米。C类：1.75米以上。

(二) 综合分类法

该方法是在单一分类法的基础上，以其中的一大类为基本规范，配合其他分类方法进行分类。如以年龄分类法为基础，每个年龄组中按案件性质进行第二次分类，再在每个案件性质组进行更进一步利用身高再次分类。

第二节 尸体辨认照相

尸体辨认照相（the face of corpse identification photography）是对现场上发现的无名尸体的面貌进行拍摄记录，查找身源，为侦查提供线索的一种照相方法。尸体辨认照相是辨认照相的一种重要形式，在查找无名尸体身源方面具有重要的应用价值。

在命案现场，对于面貌损伤程度较小的尸体，运用专门的照相方法，对其面貌特征进行拍摄记录，并对正负片进行适当的修整，在客观、真实、自然的前提下，最大限度地恢复死者的生前面貌特征，为查找死者身源、迅速破案提供直观的辨认照片，这就是尸体辨认照相的最终目的。因此，尸体辨认照相的主要拍摄对象是现场发现的面部损伤较少或没有损伤，经初步修整便具有直观的辨认条件的尸体面貌。

一、尸体辨认照相的要求

尸体辨认照相，应当按照公安部颁布的公共安全行业标准《尸体辨认照相、录像方法规则 GA/T 223—1999》进行。

(一) 对拍照的要求

尸体面貌照相，实际上包括两个方面：一是为固定犯罪现场状态，记录死者的原始状况而进行的现场照相，即一般尸体面貌照相；二是为恢复死者生前的面貌特征，使其具有直观的辨认条件而进行的尸体辨认照相。二者尽管要求、内容等有所不同，但都是为侦破案件提供形象资料，为诉讼提供证据。为此，在拍摄顺序上应先拍摄一般尸体面貌，后拍摄尸体辨认照片。

1. 对一般尸体面貌照相的拍摄要求

对尸体面貌的拍照，要按照现场勘查的规定，对现场上的尸体面貌及尸体上的损伤进行拍摄，记录其原始的现场状态。对尸体的拍摄，从程序上讲，应先拍摄尸体的原始状态，后拍摄尸体的变动情况；先拍摄尸体与周围环境的联系，后拍摄尸体本身的状况；最后拍摄现场上遗留物品及死者随身携带物品。从尸体面貌照相的拍摄对象上讲，主要有尸体原始所在现场中的地点、位置和环境状况；尸体的姿态、衣着情况、尸体现象；尸体面貌和尸体损伤所在的部位；现场上有关的物证等。对尸体损伤的拍摄程序是：先拍摄尸体损伤的原始状态，后拍摄经过处理的损伤；先拍摄伤痕所在的部位，后拍摄伤痕的形态特征；先拍摄伤痕的外部情况，后拍摄伤痕的内部情况。必要时应对部分损伤进行局部解剖。尸体损伤的拍摄要求是：

第一，要准确反映伤痕所在部位、伤次和走向；

第二，要完整地反映伤痕形态、大小，凶器致伤部位的造型特点，创口内部组织损伤和异物，这对推断和认定凶器的种类很重要；

第三，要真实地反映伤痕的固有颜色特征；

第四，调焦清晰，为防止变形应使相机镜头光轴垂直于被拍物面；

第五，拍摄要迅速及时，防止尸体及损伤受到人为或自然因素的破坏。

2. 对尸体辨认照相的拍摄要求

尸体辨认照相是在进行完一般尸体面貌拍摄后进行的。因此，原则上讲，两者的拍摄对象是一样的，有所不同的是尸体辨认照相中又增加了整容和正负片修整两个内容。其拍摄程序是：先拍尸体及损伤的原始状态；后拍摄经过整容后的尸体面貌特征；最后对负片或照片进行适当的整修处理。

（二）对照片制作的要求

一般尸体面貌照片的制作，应严格按照犯罪现场的照片制作规范进行，不应留白边或剪成花边，一律使用光面相纸，不允许进行艺术加工和处理，所有照片必须客观真实地反映犯罪现场的状况。而尸体辨认照片的制作，在不影响所反映内容客观、真实的基础上可以把照片剪成花边或留有白边，在相纸的选择上，也可以选择任何种类的照相纸，在印放方法上，也可以使用暗房特技方法，并且对照片和底片作适当的修整等，最大限度地恢复死者生前原貌，更好地用于辨认。因此尸体辨认照片在制作方面，自由度比较大，可以充分发挥制作者的技艺。但这并不是说，尸体辨认照片的制作可以任意而为之，它的自由度也是有限度的，它必须以客观、真实反映死者生前面貌特征为标准，也只有在严格遵循这一原则下制作的尸体辨认照片才具有真正的辨认价值。

（三）拍照的时机

尸体辨认照相，一般是在现场照相、现场勘查之后，对无名尸体所采用的一种特殊的照相方法。对面部损伤不需要进行解剖的尸体，可以在现场勘查和拍摄之后进行尸体辨认照相；对面部损伤需要进行解剖的尸体，应根据损伤的情况综合考虑。如果面部损伤的创口很小，如弹丸射入口，应在拍摄完其原始状态后，对创口外缘周围的组织上粘附的有价值的微量物证进行必要的拍摄和提取后，才能进行尸体辨认照相；如果面部损伤的创口较大，组织缺损严重，则应在现场勘查和拍摄之后，先对尸体面部正面、左侧面、右侧面分别拍摄，为恢复死者容貌提供详细的资料和依据，然后进行解剖，最后再进行尸体辨认照相。

二、尸体辨认照相的步骤和方法

尸体辨认照相的步骤一般分为原始拍摄、整容、整容后拍摄和尸体面貌照片的修整四个部分。

（一）原始拍摄

原始拍摄具有以下几个方面的作用：为判断案件性质、分析犯罪情况、采取侦查措施提供形象资料；为技术检验鉴定提供条件及直观的辨认依据；为诉讼提供证据；利用原始照片还可判断现场真伪，现场是否变动等。正因为原始照片如此重要，不可缺少，所以尸体辨认照相的第一步便是对命案现场的尸体和面貌进行客观、真实、全面、系统的拍摄，既固定了犯罪现场尸体状态，又可为后面的尸体辨认照相，提供客观、真实和准确地恢复死者生前面部特征的依据。

1. 拍摄的内容

根据现场勘查的规定和侦查工作的要求，记录尸体的位置、姿势、状态；面貌的损伤及破损程度；面貌的正面和侧面。拍照时应以尸体和损伤为中心，全面、客观、及时、准确地拍摄。

2. 拍摄的方法与步骤

可参照现场照相的方法与步骤进行。常用的拍摄方法有：单向拍摄法、相向拍摄法、特写拍摄法、多向拍摄法、层层展开拍摄法、反射投影拍摄法等。拍摄步骤是首先拍正、侧面照片的尸体面貌；其次拍摄尸体面部的损伤；最后拍摄尸体的状态。

（二）整容

整容的目的在于提供一张较好的尸体辨认照片。整容必须在不改变和损坏死者原有的稳定的相貌特征的前提下，对死者的面部损伤及组织缺损，进行修补，以利于辨认。整容的步骤一般有清洗面部、修补面部损伤及组织缺损、装饰尸体、对尸体眼睛的处理四个部分。

1. 清洗面部

主要目的是洗去死者面部粘附的灰尘、血渍等杂物。具体方法是：准备一盆肥皂温水，用竹夹子（或手）夹取（或拿）适量的脱脂棉，蘸取少量准备好的肥皂温水，轻轻擦拭面部损伤部位，清洗掉面部的血迹、灰尘等脏物。为加快清洗部位的干燥速度，可用脱脂棉蘸取少量酒精或乙醚等涂于洗过的部位，从而加速其干燥。清洗时要注意不要弄湿死者的头发，防止其发型改变。

2. 修补面部损伤及组织缺损

尸体面部的损伤无论其裂口大小，都要缝合。对已经游离的皮瓣组织要耐心细致地逐一拼接缝合，针码应细一些，同时线不要拉得太紧，这样才能恢复原来的面型而不至于变化过大。对面部因受到连续砍、刺或被动物毁坏，造成部分组织残缺不全的，应以填充物加以修整后缝合。如皮肤残缺组织仍有较大的空隙时，可剪切尸体其他部位的皮肤进行移补缝合。对缝合线和拼接的缝隙，可用填补剂来修整。

常用的填补剂有：

配方一：黄蜂蜡及石蜡各 10 克，加入凡士林 80 克混合而成。

配方二：肥皂 60 克切成小块，加水 150 克调和而成。

如果尸体头部损伤较小，不影响面部特征和拍摄，可不予修补，一般只需用头发设法将伤痕部分遮盖即可。如果尸体颅骨破损严重，已造成脸部变形的，则应将头皮剖开，把碎骨进行整理——按解剖部位复原，残缺部分可用填补剂等物品填充结实，使其恢复正常形态后再缝合头皮。

对尸体面部的伤痕，也可采用照相的方法来消除或减弱。一般采用的方法是：对较大较重的伤痕，可采用曝光过度的方法来降低伤痕；对较小较浅的伤痕，可采用曝光不足来降低伤痕。

对尸体的面色也要进行适当的处理。尸体的面色有的呈现苍白色，有的呈现紫红色。开始腐败的尸体面色则呈现蓝绿色，口唇呈灰白色。对面色的修整，主要是使死者的形象尽量自然些，不至于和生前相差太大。一般的处理方法是：对面色苍白者抹以肉色化妆品，对面色紫红者可抹白色化妆品。也可在拍摄时加用相应的滤光镜来减弱肤色的影响。加用滤光镜的原则是：同色减弱，补色加强。

3. 装饰尸体

装饰尸体主要是恢复死者生前的衣着特征。对头发较乱者要梳理整齐自然，穿好衣服，佩戴好饰物如项链、耳环、眼镜、帽子、围巾等物品。装饰尸体时要认真分析鉴别现场上的物品，哪些是死者的，不要随意添枝加叶，要符合死者的性别、年龄、当地的风俗习惯等。

4. 对尸体眼睛的处理

尸体的眼睛形态主要有两种：一种是眼睛睁得很大，这种较少；另一种是双目紧闭，此种居多。这两种一般都不是死者生前的正常状态。为此，紧闭的要使其睁开，睁得太大的要使其变小些。

拍摄时使尸体眼睛睁开的方法有：

第一，将死者眼睁开后，轻压眼珠，成半开半闭合状。如欲使其睁得稍大，还需在眼角滴几滴福尔马林。

第二，用少许脱脂棉垫在死者上下眼角，亦可较好地将死者的眼睛固定。

第三，为使眼睛有光泽，可在眼球上滴几滴甘油，拍摄下来的照片便无生硬的恐怖感。

（三）整容后拍摄

1. 拍摄的内容

整容后的拍摄应包括两个方面：一方面是拍摄尸体的面貌，既要拍摄尸体面貌的正面照片，又要拍摄尸体面貌的侧面照片；另一方面还要对尸体的衣着、随身携带物品、身上的文身、瘤、痣、雀斑、伤疤、麻子等特征进行拍摄。

2. 拍摄的方法

（1）拍摄正面半身像。拍摄时的具体要求有四点：第一，尸体平卧，将头部垫平，杂乱背景、血迹等应遮盖。第二，拍摄人应从头部方向摄去，不要骑身，以便消除紧张心理。第三，拍摄者两脚应自然分开，取景时注意躲开自己的脚，避免将自己的脚一同拍入镜头。第四，照相机应端平，使镜头光轴与尸体脸部垂直。影像大小与取景范围参照犯罪嫌疑人或罪犯辨认照相，灵活处理。对于尸体面貌伤痕，可以采用曝光过度或曝光不足的方法，对于较浅的伤痕采用曝光不足的方法，对于较深的伤痕采用曝光过度的方法。尸体面貌如果呈红紫色，可以加用红色滤光镜，使面部恢复正常颜色，便于辨认。

（2）拍摄侧面半身像。将尸体的背部和头部适当垫高一些，从侧面去拍摄，或者直接将尸体扶成侧位进行垂直拍摄。拍摄时应选用无伤口或变形少的一面。拍摄右面还是左面可灵活掌握。

（3）其他特征的拍摄。其他特征包括尸体上的生理、病理特征，死者生前穿着衣物及携带的物品和胃内容物等。对生理、病理、文身等特征，在拍照时要用特写的方式将其特点及在尸体的部位完整地反映出来，为了更有利于辨认，必要时，可以在照片中加以文字说明和标志。拍照死者随身穿着的衣服，佩戴的饰物，携带的物品及有关证件、信件或照片等，要着重反映能够提供辨认的特征。这就要求在拍摄时要按物证照相的有关规则，清晰逼真地显示被拍摄对象的特征。拍照胃内容物，要充分反映胃内没有完全消化并能用于提供辨认的那些残渣，以了解死者生前进食情况，为侦查提供线索；同时也要对死者身上、衣服上、携带物品上留有的金属屑、土壤、动物毛及植物种子等微量物证进行拍照，借以为查明无名尸体提供范围。在拍摄这类物品时，要采用物证记录照相或物证检验照相的方法进行，力求将这些物质的特征反映清晰，提供符合辨认条件的照片。

尸体辨认照片不作档案用途，只为群众辨认提供条件，故拍摄可不必十分规范。拍摄后还可对整容中的缺点在底片或照片上进行修整，这一点与犯罪嫌疑人或罪犯辨认照片的要求大不一样。

（四）尸体面貌照片的修整

尸体的整容带有一定的主观性，并且在整容的同时，还会存在一些变化，这些变化对辨认会产生很多不良的影响，虽然在拍摄过程中采用了各种方式加以弥补，但是仍然存在缺陷。在保证影像形态不失真的前提下，可以对尸体面貌照片进行适当修整。修整的方式主要有正负片修整、拼接修整、绘画修整和复印修整。

1. 正负片修整

正负片修整是根据尸体辨认照相的要求，对在正、负片中存在的损伤痕迹、整容痕迹等，利用着色、刮膜等方法，消除其残留痕迹，使正、负片上的影像更加清晰、自然、逼真。

2. 拼接修整

拼接修整是利用拍到的尸体辨认照片同另一张与尸体身材接近的人穿着尸体衣服的全身照片，采用剪接式虚接套放的方法，制作尸体全身辨认照片，这样可以较真实地反映死者的体态和衣着姿势，有利于对尸体的辨认。

3. 绘画修整

绘画修整是运用绘画技术，对尸体面貌损坏较为严重、无法进行面貌辨认的无名尸体，将其毁缺的面貌拍成照片，然后利用面部的对称性，将缺损部分用绘画的方法进行补充，以恢复生前面貌特征的一种修整方法。

4. 复印修整

复印修整是利用复印技术，将尸体辨认照片上的伤痕用白纸覆盖，然后再复印，借此消除尸体辨认照片上的伤痕，使照片更易辨认的一种措施。

第三节　物证辨认照相

物证辨认照相是以辨认为目的，为刑事侦查提供方向和线索，运用照相技术记录、固定能证明案件真实情况的一切物品和痕迹的一种专门照相方法。物证辨认照相的主要对象是物证和书证。物证辨认照相对查找无名尸体的身源、无主物品的主人等具有重要的作用。

一、物证辨认照相的要求

（一）要准确反映物证的原始位置

在拍摄物证辨认照片时，需要将物证的原始位置准确反映出来。如尸体上的伤疤、痣、瘤、文身等生理、病理及特殊特征，首先记录它们在尸体上的准确位置，然后再拍摄具体的物证特征。可以采用特写法配合层层展开法拍摄。

（二）要准确反映物证的大小

在拍摄物证辨认照片时，需加放合适的比例尺，以显示物证的大小。如死者的衣服、鞋子、家用电器等如不按照一定比例拍摄，就很难判断其具体尺寸，为辨认增加了难度。必要时应加以文字说明。

（三）要保证物证不变形

拍照的位置和角度应准确选择。对平面的物证一般应按垂直拍照的方法进行，即镜头的光学主轴垂直于被拍物面；对有一定体积的物证，取景要符合人眼正常观察的习惯，采用标准镜头拍照。

（四）要选择适当的衬底，增大反差

物证的色彩是多样的，选择适当的衬底，有利于引导辨认者的视线，突出物证的辨认特征，达到准确辨认。常见的衬底有四种：原色衬底、补色衬底、消色衬底、间色衬底。

为保证辨认的准确性，在拍照物证时，应从不同角度、不同位置拍摄 2 张至 3 张照片，以全面、多侧面地记录物证的基本特征。

二、物证辨认照相的步骤与方法

物证辨认照相是一门综合的照相技术。现场照相中的单向拍照法、相向拍照法、多向拍照法、层层展开拍照法、特写拍照法等，以及检验照相中的许多方法都可以进行物证辨认照相。

（一）拍照前的准备工作

在物证照相前，首先要认真分析、研究该物证的辨认特征、本质特征及细节特征；其次要明确拍照目的和范围；最后要确定拍照方法，准备拍照所需器材。

（二）配光

光线可以表现物证的形态，描绘物证的细节特征，区别物证的位置，增强画面的空间感，丰富影调层次，表达物证的质感。配光在物证辨认照相中显得特别重要。

在物证辨认照相中，可以用自然光、人工光和混合光。具体使用中，光源有主光和辅光两种。主光的光位决定了被摄体的画面效果，一般位于被摄体的前侧，与照相机和被摄体之间的连线呈 45°角并略高于照相机和被拍物体的顶部；辅光一般位于主光的对侧，亮度低于主光。

多灯照明时，要注意：只留主光对侧的投影，其余的全要消除，可用背景光，避免画面杂乱；如果是自然光和人工光合用，则以自然光为主光，人工光为辅光；在彩色照相中，要考虑光源的色温。

（三）取景构图

物证辨认照相既要清晰地反映被拍物的细节特征，又要使物证照片的画面赏心悦目，便于辨认。构图时必须调动一切因素如线条、影调、色彩等突出主题和主体形象，表现被拍对象的特征。既统一又有变化，有对比又有协调，要均衡又稳定，有韵律与节奏、动与静、大与小、虚与实、曲与直、点与面、黑与白、冷与暖等形式美。

1. 表现立体

黑白对比可以充分表现形状的立体感，即用色调层次来表现立体。有利的拍摄位置和光线运用得当，就能取得明显的立体感。

2. 表现空间

景物的空间位置关系可以通过具体线条的透视、影调变化和远近浓淡的对比来表现。

3. 表现质感

物证的表面特征分为粗糙、光滑、镜面三种情况。在用光时，粗糙面用强光，光滑面用散射光，镜面用偏振光。除用光外，质感的表达还有许多因素，如镜头种类、拍摄方向、拍摄距离、色彩色调等。

（四）曝光

物证辨认照相可通过相机内测光确定曝光量。

1. 按重要的阴影（暗部）曝光法

采用这种曝光法，可以防止照片上的影像失去重要的阴影细部，使重要的阴影部分的层次表现适当。当画面中的阴影很重要时，应采取这种方法曝光。具体做法：用测光表直接对准被拍对象中重要的阴影部分进行测光，但不按读数曝光，而是比测光表指出的光圈缩小两级进行曝光。

2. 按最重要的部位亮度曝光法

采用这种曝光法，可以防止照片上的影像失去重要的明亮细部，使重要的明亮部分的层次表现适当。当画面中的某一部分明亮的影调很重要时，应采取这种方法曝光。具体做法：用测光表直接对准被拍对象中重要的明亮部分进行测光，按照比测光表指出的光圈增大两级进行曝光。

3. 按亮度范围曝光法

这实际上是一种平均曝光法。它能最大限度地把被拍对象明暗各部分的影调尽量控制在整个级谱所能容纳的范围之内，在照片上表现出丰富的影调层次。具体做法：分别测量被拍对象中那些重要的要表现细部层次和质感的高亮度值和低亮度值，然后平均这两个读数进行曝光。但对于同一影调的物证则不宜采用这种方法，对高亮度的物证则应适当增加曝光量，对低亮度的物证则应适当减少曝光量，从而更加真实地反映其层次和质感。

三、物证辨认照相的注意点

1. 所拍物证，必须具有很高的同一认定价值，否则拍摄失去意义。

2. 尸体身上发现的居民身份证可能是死者的，也可能是其他人的，特别是尸体已经高度腐败时，不要随便定论。

3. 在拍摄文身时，有些文身已经有人为破坏痕迹，使文身残缺不全，这时的文身具有更高的辨认价值，需将文身的破坏情况一并拍摄下来。如果文身是彩色的，最好使用彩色照相法。

第四节　犯罪嫌疑人模拟像制作

一、犯罪嫌疑人模拟像的基础

（一）犯罪嫌疑人模拟像的概念

犯罪嫌疑人模拟像是根据目击者提供的犯罪嫌疑人相貌特征，使用人像组合、口述描像（也称为摹拟画像）等方法，再现犯罪嫌疑人相貌的一种图像技术。

目击者是指受害人、当事人和见过案犯相貌的所有人。犯罪嫌疑人模拟像技术中的相貌特征是指头型、发型、脸型、眼、眉、鼻、耳、口（含牙齿）、胡须、皱纹以及颜面部痣、疤痕、斑痕等形态的统称。犯罪嫌疑人模拟像技术中的五官特征是指眉、眼、鼻、口、耳。

（二）犯罪嫌疑人模拟像的发展概况

1. 口述描像的发展概况

我国历史上有画像缉拿之法，古时候没有照相技术，有犯罪嫌疑人或罪犯逃跑，画师根据邻里乡亲口述其相貌特征绘画，将案犯画像贴于城门之上，查对来往行人。新中国成立后，个别省市公安机关在侦破大要案件中也聘请绘画专业人士或依靠自己的技术人员进行口述描像，侦破了一批大要案件。特别是上海铁路公安局，成功地开展了这一工作。目前，辽宁省、天津市、重庆市等刑事科学技术研究所仍在使用口述描像的方法。使用口述描像缉拿犯罪嫌疑人，虽然历史悠久，成效显著，但由于它对绘画技术要求较高，不利于推广普及。因此，另外一种简便的相貌合成技术——人像组合应运而生，并得到迅速发展。

2. 人像组合的发展概况

英国人 Jacques Penry 收集了大量的人像照片，于 1969 年 7 月制成了两个人像组合合成器，并在苏格兰场、布里斯托和伯明翰市警察局进行测试，取得圆满成功。20 世纪 60 年代初，日本警方发现 1950 年日本发明的一种整容外科手术使用的仪器——401 型图像组合仪可以用于人像组合。20 世纪 80 年代初，公安部组织研究人像组合技术，在全国各省收集人像照片资料，然后进行五官特征分类，制作成五官特征的素描透明片，研究开发了 PZY－II0 型人像组合仪（透明片重叠组合人像），为在我国推广人像组合技术奠定了基础，并在侦查破案中取得了一定的成绩。1994 年，河南省公安厅计算机室和刑事科学技术研究所联合开发计算机人像组合系统，并于 1995 年 10 月通过鉴定。1996 年 12 月，重庆刑事科学技术研究所和重庆创新 CAD 辅助设计有限公司向重庆市科委申请科研立项，共同开发“西南人计算机人像组合系统”，建立了中国第一个汉族地区性人群彩色相貌资料库。该系统在 1998 年，获重庆市科技进步三等奖。

（三）犯罪嫌疑人模拟像的分类

犯罪嫌疑人模拟像可以分为口述描像和人像组合两个大类。

1. 口述描像

口述描像又分为手工描绘和计算机绘图（画像）两种。

2. 人像组合

人像组合可以分为以下几种方法：

（1）透明片重叠组合法：此方法是将人的脸型、发型及五官特征，按正常的颜面比例关系及几何结构绘画好，制成相同尺寸的透明片，编码分类存放。使用时，目击者从组合特征图索引表上找到需要的特征，按编码代号找出透明片重叠组合，即可得到案犯的组合像。美国生产的 PW－100 和我国生产的 PZY－110 型人像组合仪都使用这种方法。透明片重叠法的优点是可以灵活调整五官位置和改变发型与脸型的重叠部位，以随意改变脸型的长短。透明片组合仪体积小，重量轻，便于携带，操作简便。缺点是人像资料是素描片，组合的人像立体感较差、颜面层次较少，修改不方便。

（2）照片拼图法：照片拼图法是用相同照相技术条件（配光、角度、反差）和相同尺寸的人像证件（身份证、登记照）照片，裁取五官特征和发型、脸型等资料，分类保存。使用时选出组合资料拼合成完整的相貌。用照片拼图法合成的人像层次、质感、立体感都比透明片重叠法效果好。照片拼图法又分为手工拼图和计算机拼图（组合）两种。

（3）投影式组合法：其是将素描人像五官特征或人像照片五官特征印制在投影胶片上，并编码分类管理，用投影仪组合人像。日本的 PS8－309 和德国的

PK－1680型投影组合仪都使用这种组合法。投影组合法的人像资料面积较小，投影后形成的图像较大，可供多人同时辨认。投影组合仪体积较大，不便携带，且操作复杂。

（四）犯罪嫌疑人模拟像的基本要求与规程

相貌合成有三个基本条件：一是目击者条件，这是相貌合成的先决条件和成功的关键；二是合成技术（方法）条件，这是相貌合成的基础；三是相貌合成专业技术人员的素质条件，这是相貌合成成功的保障。

1. 犯罪嫌疑人模拟像的制作要求

目击者目击到犯罪嫌疑人，并能回忆、描述其相貌或其他相貌信息；宜在案发后24小时内制作模拟像；工作环境应清净、无干扰。

2. 犯罪嫌疑人模拟像的制作规程

（1）案件受理。登记送检单位、送检人姓名和联系电话；询问案情、查阅询问笔录。

（2）询问目击者。与目击者建立友好的关系；使用开放式提问方式，让目击者自己叙述其所见；注意目击者最先或反复提及的内容；引导目击者考虑事件发生时的自然环境和个人感情；请目击者通过不同的时间顺序复述事件过程；鼓励目击者从不同的视角回忆犯罪嫌疑人的相貌；不宜打断目击者的陈述。如有疑问，先做记录，再提问；有多个目击者时，应分别询问、制作模拟像。

（3）制作完成模拟像。按照要求的方法和步骤制作犯罪嫌疑人模拟像，制作完成后，在模拟像下方标注模拟像、相似度、年龄、身高、体态等信息以及案件名称。

二、人像组合

（一）人像组合的方法

1. 顺序组合法

顺序组合法，即先选脸型、发型，确定人体相貌的大框架。后选眉、眼、鼻、口、耳、饰物。顺序组合法适用于条件好的目击者。

2. 重点突出法

目击者对某部分特征记忆深刻，其他部分较模糊，可先选取记忆深刻的特征。通过对记忆深刻的特征的再认以刺激、唤醒记忆不清的特征。对于记忆条件差的目击者可采用重点突出法。

3. 相似联想法

目击者认为犯罪嫌疑人与自己认识的某一人或影视明星相貌相似，可以用一名或几名相似人的照片为基本资料，进行个别特征的替换、修改。这种组合方法快速、相似度高，是常用的组合方法。

4. 现场回忆法

目击者在现场虽然看清了犯罪嫌疑人的相貌，但由于高度紧张、恐惧，或目击后经历的时间较长，回忆再认受到抑制。组像人员经分析、了解目击者的基本情况后，确认目击者现场看清了犯罪嫌疑人相貌，只是回忆再认暂受抑制，可将目击者带回目击现场，请目击者实地讲述目击过程和犯罪嫌疑人的相貌特征。重返现场，能加深目击者的心理刺激，唤起记忆。强奸、凶杀案件的受害人，由于身心受到严重伤害，事后高度紧张、心理状态极差，不宜使用现场回忆法，以免加深对受害人的精神刺激。现场回忆法适用于目击群众，因为他们未受到直接伤害，精神压力比受害人、当事人小。所以重返现场，勾起记忆的效果好。

5. 组合与绘画结合法

用人像组合的方法得到的组合像，若有个别特征，虽经多次修改，效果仍不理想，可用绘画的方法描画组合像，同时画像修改相似度差的相貌特征。

（二）人像组合的步骤

1. 受理案件，了解案件，询问目击者

人像组合不同于普通的人像绘画，它是一种侦查手段，是刑事图像技术重要的组成部分。人像组合技术的使用，必须按照刑事技术送检要求审批、受理案件。组像人员应向送检人员了解案情和目击者在目击现场时的各种条件。并仔细询问目击者，了解目击者的基本情况、心理状态，以确定工作方法，并通过组像员与目击者友好、关切的交谈，排除目击者紧张情绪，为目击者树立回忆再认的信心。

2. 选取相貌特征，组合人像

选取相貌特征，可按发、脸、眼、眉、鼻、口的顺序选，也可先选目击者记忆最深的特征。在选取特征时，不是选取越多越好，而是要求准确。如目击者认为犯罪嫌疑人是椭圆脸，可在人像资料椭圆脸库中选 1 ~5 名与犯罪嫌疑人较为相似的脸型资料，不要一次选太多的图谱，以免干扰目击者的回忆。

组合人像时，应先把发型与脸型结合在一起确定头像大框架，然后组合眼、鼻、口、眉、耳等特征。

在相貌识别中，耳部特征不是重要部分。目击者一般不很注意犯罪嫌疑人的耳朵形态，如果案犯耳朵是典型的外展耳（招风耳）、缺损耳等特殊形状，具有较高的相貌识别价值，应该组合耳朵。一般情况下，人像组合都没有把耳朵作为重点，组合像没有耳朵并不影响辨认。

3. 修改组合像，评判相似度

人像组合完成后，目击者应对组合像进行辨认，提出修改意见。对个别特征做适当修改，修改完成后，目击者再次对组合像的各个部分特征分别进行相似度评价，填写相似度评价表。

相似度在60%以上，即有使用价值。如有多个目击者，应选择目击条件最好的作人像组合，其他目击者不要在组合现场，以免记忆的相互干扰。组合像完成后分别交多个目击者辨认，提出修改意见。组像人员要综合修改意见，分析目击者的记忆再认条件，确定修改方案，再修改它。

（三）组合像辨认通报或人像库自动查询

侦查机关通过发辨认通报或通过电视、报纸等传媒，广泛发动群众辨认组合像，提供破案线索。人像自动识别系统，不仅用于组合像比对，而且对抓获的违法犯罪人员和其他需调查查明身份人员的图像可以进行自动查寻识别。通过网上远程识别，对于机场、海关、边防检查站、基层派出所审查可疑的人员进行人像自动系统查寻、比对犯罪嫌疑人有重要作用。

使用了人像组合的案件，均应填写人像组合信息回执表，了解组合像在破案中的作用。拍摄案犯人像与组合像进行比对、分析相似度，根据案件需要，可以出具人像检验（比对）报告。

（四）国内人像组合系统介绍

1. 重庆刑侦创新人像组合系统

重庆刑侦创新人像组合系统（原名为西南人像组合系统）是重庆市刑事科学技术研究所与重庆创新CAD辅助设计有限公司共同研制的我国第一个开放式图像库的地区性彩色人像组合系统。1997年12月，《西南人像组合系统》通过了心理学、人类学、照相学、人像组合技术、计算机技术等方面的专家教授组成的鉴定委员会的鉴定。1998年，《西南人像组合系统》获重庆市科技进步三等奖。重庆刑侦创新人像组合系统1.0版于1996年开发完成，经过多年的不断改进和完善，于1999年正式推出适合全国各地使用的99版。

创新人像组合系统有如下特点：（1）按人类学理论，根据中国不同地区人群相貌特征的差异，在国内首创地区性标准的彩色人像特征库，填补了国内该行业的空白。（2）储存资料规范，根据相貌学原理把所有数据按相貌特征分为九个大类，每个大类下又细分为若干小类，便于调用和管理。（3）把特征库刻为光盘，配合笔记本电脑使用，适合在各种场合进行现场处理。（4）采用彩色照片，能勾起目击者的回忆，能更真实、直观地反映嫌疑人的相貌特征。（5）图像处理功能强大，如拼图边缘自动融合、肤色调整、人像变形等。

2. 警星CCK－Ⅱ人像摹拟组合系统

警星CCK－Ⅱ人像摹拟组合系统是中国刑警学院与沈阳东大阿尔派软件有限公司共同开发研制的计算机人像组合系统。《警星CCK－Ⅱ人像摹拟组合系统》科研课题被批准为1998年度公安部部级科研项目。1998年年底通过了公安部组织的科研成果鉴定。1999年12月获公安部科技进步奖。

警星CCK－Ⅱ人像摹拟组合系统具有如下特点：(1) 系统为彩色人像组合系统。(2) 操作简单、灵活，易于掌握。(3) 部件库分类科学，名称大众化，目击者容易识别。(4) 强有力的编辑、修改功能，且组合与编辑功能能反复调用。(5) 配有人像部件提取软件，可将各种形式采集的BMP格式人像资料用于增加部件库。(6) 具有侧面人像组合功能。(7) 在不改变眼睛大小的前提下，可调节两眼之间的距离。(8) 在不改变整体图形的情况下，可对局部进行伸缩、变形。

三、模拟画像

模拟画像就是侦查人员在侦破案件过程中，对受害人或目击者陈述的罪犯或嫌疑人面貌特征进行描绘，制作成为供排摸、协查、通缉用的对象人像，为抓获罪犯，开展排摸工作提供一个直观的形象依据。

（一）模拟画像的特点

模拟画像的制作过程原理上与计算机照片组合有相似之处。基本上都需要参照一部分人像照片资料来完成，但照片组合法是较机械地用照片资料直接组合完成，而作为画像是在人工绘制的基础上，更加突出强调的是绘制者本身的综合素质，它以特有的灵活性与随意可变性来满足目击者提出的任何描述要求。模拟画像最突出的优势就是目击者与绘制者间的信息交流更加密切，使绘制人员可在更大的空间发挥本身的综合分析能力，而这种综合分析能力正是确保模拟画像准确程度的最关键的条件与前提。模拟画像的另一个特点就是：它是一张比较相似接近对象的画像，因此运用时能给予被访问者一个扩大想象的余地，而不需要像照片组合的那样必须向被访问者作一番解释工作，少了许多误会和麻烦。模拟画像最后一个特点就是工具简单，绘制速度快，一名熟练的绘制人员绘制一张人像的速度要比计算机组合快好几倍。当然它也有一定的缺陷，那就是不易普及，较难掌握。

（二）模拟画像的操作方法

模拟画像的制作原理，实际上与其他刑事技术方法类似，都必须经过一个比对、筛选、再比对，最终达到一个统一认定的结果。然而画像的这种比对与统一认定的操作过程，区别在它是通过目击者本人来完成的。因此在制作画像前，必须准备一定数量的各种类型的人像照片，以及各类人像的脸型、发型、五官资料等，以便目击者能有一个较大的选择范围。在让目击者选择比较这些资料时，必须要遵循由大到小的原则，也就是先选出所目击到的对象脸型、发型以及比较出脸型内部的胖瘦、体积形状等，确认之后再去选择五官类特征进行各自的比较选用。这样做比较符合一般情况下一个人对形象记忆的大致顺序，也较符合画像操作的规律。一个人的长相如何以及形象特征是建立在大的形态之上的，也就是说，什么样的脸型结构和凹凸位置决定了其五官的大致形状。这之中有一定的头脸部生长科学规律。因此，经过由大到小的绘制过程，一方面可以较为有序地完成五官的组合；另一方面还可能纠正目击者模糊以及错误的记忆，帮助目击者修正、调整其目击到的对象脸型轮廓。很多情况下目击者的记忆是按照他们受刺激的程度以及感兴趣的部位来进行的，所以当对象离开后，存储在大脑记忆中的形象是不完整的或是零碎的。办案过程中经常会遇到几名目击者反映出的同一对象，绘制出的形象是不太一致的，针对这种情况，在具体操作过程中除了单人目击画像外，遇到多人目击对象的情况，就必须逐个地按照他们各自的记忆进行画像，然后深入现场体会他们当时在现场时所处的位置，以及心态和注意力，并通过实验测试判断他们每个人的记忆能力，找出原因，从中选择较为可靠的目击人描述的对象画像，结合其他目击者描述对象的情况进行综合分析，补充完善对象的画像，以期达到最为接近对象的画像效果。

（三）模拟画像需要注意的几个方面

1. 熟悉现场情况

不同的案件现场，由于目击者所处的与目击对象的距离、位置、角度、光线等情况千变万化，所以具体操作绘制人像的过程中必须要熟悉现场，理解体会目击者描述的对象形象，以及他们注意力与记忆形成的各种情况。在实际操作绘制中要注意：一方面要完全忠实地按照目击者描述的对象形象进行绘制；另一方面也要根据现场目击者当时观察对象的光线、角度等情况，遵循科学的视觉透视原理以及光影因素，正确地还原对象的真实面目特征。

2. 判断目击者的记忆能力

案件中的每一位目击者，由于其不同的生活经历，以及所受到的教育和社会活动范围等因素不同，因此他们的形象记忆能力也是各不相同的。具体办案中吃透每一位目击者的形象记忆由来，以及他们的记忆能力、记忆方式、表达习惯等，这是具体操作人员必须事先要调查、了解和掌握的。操作人员可以通过各种可行的方法判断他们的记忆能力优劣，确定他们描述对象画像的可信程度和与实际对象的相似程度。

3. 掌握目击者的心理状态

不同案件的情况，给当时目击者的心理反应是不一致的，所以他们反映描述目击到对象形象时的心态也是不同的。有积极配合的，也有草率应付的；有过于自信的，也有顺竿子爬的；甚至有个别目击者是怀着个人的目的来描述对象的。

鉴于这些情况，在画像之前一定要彻底了解这些目击者，制定好谈话的方案，在思想上有一个充分的准备，不然的话在他们描述对象的过程中操作人员就很难进入这些目击者的角色中去，正确地体会他们所描述的对象形象。说到底整个画像过程就是一个双方配合、互相沟通理解体会的过程。

4. 画像与对象接近相似程度的预测

当一张犯罪嫌疑人的画像完成之后，作为侦查部门首先会提出一个画像的可靠程度问题。一般情况下这是一个比较难回答的问题，因为事实上画像的准确程度是要等到对象找到之后才能确定。侦查部门提出这个问题的心情是可以理解的。因此，操作人员就要依据整个画像过程中目击者对画像的反映强弱程度以及上述操作过程中的具体情况综合考虑，做一个倾向性的相似度百分比。在慎重考虑之后，要向侦查部门交代清楚目击人反映描述对象画像较有把握的几个部位，以及自己与目击者的看法等。

5. 绘制画像的形式

模拟画像是以手工绘制来完成的，所以基本上使用的是铅笔、炭笔和纸等简单工具，但是在表现手法上通常有以传统的线描和西画的素描形式来表达的。用传统的线描表现人像能在形与神态上更具优势，而用西画素描光影的表现手法，表现在形与体积特征上更为直观，当然用线描与素描结合在一起的兼顾画法表现的效果会更好些，这样形、神、体态特征在人像上都能表达出来，当然这是要根据具体操作绘制人员本身所熟悉掌握的技能来选择的。只要能使画像更接近对象的形象，无论采用什么方法表现都是可行的，没有一个统一的规定。

实验安排

犯罪嫌疑人或罪犯辨认照相

一、实验目的

1. 了解犯罪嫌疑人或罪犯辨认照相的内容。
2. 学会犯罪嫌疑人或罪犯照相的基本拍摄方法。

二、实验内容

1. 了解犯罪嫌疑人或罪犯辨认照相的专用器材和拍摄方法。
2. 拍摄一张正面免冠半身照片。
3. 拍摄一张侧面免冠半身照片。

三、实验器材

数码相机、中焦距镜头、三脚架、打光灯、胸牌、背景幕。

四、实验方式

学生每6个人一组，在人像照相室内进行实验。

五、实验方法（略）

六、实验作业

写出实验报告，每个人交一张正面照片、一张侧面照片。

第七章

辨认录像

第一节　犯罪嫌疑人或罪犯辨认录像

一、犯罪嫌疑人或罪犯辨认录像的概念

犯罪嫌疑人或罪犯辨认录像是以辨认犯罪嫌疑人、罪犯及建立违法犯罪人员资料为目的，记录其面貌、声音的专门录像。

犯罪嫌疑人或罪犯辨认录像的特点和犯罪嫌疑人或罪犯辨认照相相比较，不仅可获得更多、更全面的人身辨认特征信息，内容连贯，而且形象生动，灵活多样。犯罪嫌疑人或罪犯辨认录像大有开发利用价值。

二、犯罪嫌疑人或罪犯辨认录像的器材

（一）一般录像器材

犯罪嫌疑人或罪犯辨认录像使用的一般录像器材主要指摄录像机、三脚架、录像磁带、电池、光源等。

（二）特殊器材

1. 背幕布

背幕布的作用主要是为了反映人的身高和体宽特征。通常选用中灰色布，大小规格为50cm×100cm，在布上画满间隔1cm纵横线，纵线每5cm标一个数字，在横线正中25cm处，画一条有标志的中心竖线。

2. 胸牌

胸牌主要是标明被摄者的姓名、编号、拍摄单位和拍摄时间等信息。大小规

格为20cm×30cm，白底黑字，上下两横边均有1cm宽黑白相间的比例尺。胸牌的左半部标有犯罪嫌疑人或罪犯的姓名和编号；右半部标有承办单位、摄录日期。在其背后面左右两边扎上4条长为30cm，并带有挂钩的松紧带，用以固定在犯罪嫌疑人或罪犯胸前。

3. 犯罪嫌疑人或罪犯录像登记卡（表）

犯罪嫌疑人或罪犯录像登记卡内容包括：磁带编号，犯罪嫌疑人或罪犯录像顺序号，录像时间，犯罪嫌疑人或罪犯姓名、性别、年龄、身高、籍贯、家庭住址、案别、身份证号码、备注等（见表7-1）。

表7-1 罪犯录像登记卡

磁带编号	录像顺序号	录像时间	姓名	性别	年龄	身高	籍贯	家庭住址	案别	身份证号码	备注

三、犯罪嫌疑人或罪犯辨认录像的内容

根据实际办案和建档的需要，犯罪嫌疑人或罪犯辨认录像应包括以下内容：

（一）犯罪嫌疑人或罪犯的面貌特征

其主要反映犯罪嫌疑人或罪犯的正面、侧面脸型特征及面部五官形态特征，同时要反映面部特有的特征，如伤痕、痣、瘤、斑等。

（二）犯罪嫌疑人或罪犯的体态特征

其主要反映犯罪嫌疑人或罪犯全身正面、侧面的形态，如身高、胖瘦、驼背、鸡胸、O型腿、X型腿等。如果身上有特殊的伤痕、残疾缺陷和文身等，应用特写镜头来反映。

（三）犯罪嫌疑人或罪犯的言语特征

其充分利用摄录像的视听优势，反映犯罪嫌疑人或罪犯说话时的口型、吐字、语音、声调、某些特有的说话习惯动作、手势以及方言、口头语、口吃、语言障碍等，可供分析犯罪嫌疑人或罪犯的文化水平，口语表达能力，曾生活居住过的地理环境等。

（四）犯罪嫌疑人或罪犯的行为特征

其主要反映犯罪嫌疑人或罪犯的行为动作特点，如走路姿势、步法特征，是否左撇子、跛足、踮脚、下意识的习惯动作以及聋哑人的手势等。

（五）犯罪嫌疑人或罪犯的社会特征

其主要反映犯罪嫌疑人或罪犯的年龄、职业、生活所在地区以及服饰特点、民族特点、种族特点等。

四、犯罪嫌疑人或罪犯辨认录像的时机

犯罪嫌疑人或罪犯辨认录像的最好时机是在犯罪嫌疑人或罪犯收押时即刻进行，以保证犯罪嫌疑人或罪犯辨认固有特征的相对稳定。否则，隔一段时间再摄录，因犯罪嫌疑人或罪犯剃光头，身体相对消瘦，脸色苍白，情绪不佳，所有这些变化均会给辨认带来一定的难度。

五、犯罪嫌疑人或罪犯辨认录像的步骤和方法

（一）犯罪嫌疑人或罪犯辨认录像素材的摄取

1. 录像的登记

在开机录像前应根据犯罪嫌疑人或罪犯录像登记表的项目，认真进行填写。

2. 录像前的准备

（1）将背幕布挂在墙上，使其横平竖直。

（2）运用室外自然光摄录时，应准备反光板，使反射光照亮犯罪嫌疑人或罪犯脸部的阴影处。

（3）将录像机架在三脚架上，进行录像前的调整。

（4）给犯罪嫌疑人或罪犯戴好胸牌。胸牌应固定在胸前正中第一颗纽扣和第三颗纽扣之间，横平竖直。

（5）对犯罪嫌疑人或罪犯进行适当的导演、示范，讲明摄录内容、要求，以便在摄录时能得到犯罪嫌疑人或罪犯的配合。

3. 录像的方法与技巧

在录像时让犯罪嫌疑人或罪犯以立正姿势站立在背幕布前，两眼平视前方，双肩平衡，两手自然下垂，使背幕布的中线与犯罪嫌疑人或罪犯身体的中垂线相重合。

（1）面貌特征的摄录。先摄录犯罪嫌疑人或罪犯正面头像，然后再摄录左右侧面头像。录像机的镜头高度应与犯罪嫌疑人或罪犯脸部成同一水平线位置，面部的配光要柔和，对焦以犯罪嫌疑人或罪犯的面部、五官清晰为准。如果犯罪嫌疑人或罪犯面部有明显特征的，要用推镜头特写突出其特征。其生理、病理特征的特写镜头要放置比例尺标明特征的尺寸大小。记录的固定静态画面摄录时间不得少于15秒。

（2）体态特征的摄录。在拍摄时，录像机镜头高度和取景范围以能满足犯罪嫌疑人或罪犯全身为准。全景摄录犯罪嫌疑人或罪犯正面整体特征时，应去掉胸牌。再用摇镜头从头摇到脚，然后再摄录两个全身侧面，一般先摄录侧面全

貌，再用推镜头摄录局部。对有驼背、鸡胸，背、腿、手臂上有文身或伤疤、痣、瘤、短指、缺指节的，要逐一用特写镜头来反映。在摄录犯罪嫌疑人或罪犯体态特征时还应注意反映犯罪嫌疑人或罪犯的发型、衣着服饰、鞋袜和装饰物等以表现出犯罪嫌疑人或罪犯的社会特征，对辨认有一定的意义。

（3）言语特征的摄录。言语特征的摄录，应在犯罪嫌疑人或罪犯自述作案经过时进行。有些犯罪嫌疑人或罪犯在激动时或心情紧张、着急时有结巴语言障碍，口齿吐字不清、下意识地带口头语和方言等。因此，在录像前应对犯罪嫌疑人或罪犯进行适当的导演、示范，讲明要摄录的内容、要求（或者后期让犯罪嫌疑人或罪犯照着写好的稿子配音）。为避免录像时现场噪声的干扰，可采用方向性很强的单向防风话筒，以使犯罪嫌疑人或罪犯言语特征录制清晰。

（4）行为特征的摄录。让犯罪嫌疑人或罪犯在平坦的地面上，位于录像机前方从一侧自然地走到另一侧，再从相反方向走一遍。这两遍摄录犯罪嫌疑人或罪犯侧面步法特征，使用跟摇镜头来摄录。然后让犯罪嫌疑人或罪犯从远离录像机 20 米处迎向录像机走到离录像机 5m 处停下，再背向录像机走一遍。这样来回两趟，犯罪嫌疑人或罪犯走路的姿态，步态步法，生理缺陷，残疾、跛足、踮脚的特征，就能清楚地拍摄下来。为了反映犯罪嫌疑人或罪犯是否有左撇子特征，在摄录时可以让犯罪嫌疑人或罪犯做一些动作，如手拿锤子敲击等，使其暴露出来。

（二）犯罪嫌疑人或罪犯录像资料的编辑

犯罪嫌疑人或罪犯录像资料的编辑是指将已录制的犯罪嫌疑人或罪犯资料原始素材带进行重新剪辑整理的过程。目前用得较多的分类编辑方法是按照犯罪嫌疑人或罪犯的性别和违法性质进行分类：A. 女性犯罪嫌疑人或罪犯类；B. 抢劫、抢夺、扒窃类；C. 猥亵、强奸类；D. 盗窃类；E. 诈骗类；F. 其他。对于同一类别的犯罪嫌疑人或罪犯录像资料用同一盘录像带录制，并标明录像带的代号。

（三）犯罪嫌疑人或罪犯辨认录像的应用

1. 利用犯罪嫌疑人或罪犯辨认录像资料辨认犯罪嫌疑人

犯罪嫌疑人或罪犯录像资料通过登记、建卡、编辑的配套管理，能迅速准确地查找犯罪嫌疑人，为侦查破案提供线索。实践证明，在一些案件中，从现场上提取可供辨认犯罪嫌疑人的有价值物证是很有限的。但是利用受害者、目击者与犯罪嫌疑人的接触，了解犯罪嫌疑人相貌、体态、语言、行为等特征，让他们观看已有的犯罪嫌疑人或罪犯辨认录像资料进行辨认，辨认成功就可以为侦查破案提供有价值的线索。

2. 利用犯罪嫌疑人或罪犯辨认录像通缉逃犯

为了迅速拿获逃犯，可以利用电视播放犯罪嫌疑人或罪犯录像，不但可以起到威慑逃犯的作用，而且对广泛发动群众，协助抓捕逃犯很有效果。

3. 建立犯罪嫌疑人或罪犯录像档案

犯罪嫌疑人或罪犯辨认录像是刑事登记的一项重要内容。将它作为档案储存起来，不仅可为今后的侦破工作积累很有价值的声像资料，还可直接为揭露犯罪、打击犯罪、震慑违法人员起到重要作用。

第二节　尸体辨认录像

一、尸体辨认录像的概念

尸体辨认录像是以尸体辨认为目的，对无名尸体面貌进行的专门录像。主要记录尸体所在地方，尸体在现场所处的位置、姿势、尸体上伤痕的分布、损伤的程度、血迹的分布，以及尸体解剖过程中的各类异常及损伤情况，为辨认和确定死者身源（包括姓名、住址、职业等），分析案情和死亡原因提供依据。

二、尸体辨认录像的内容

（一）摄录尸体的原始状况

为了防止自然条件的影响和人为的破坏，对尸体应进行迅速及时的摄录，以防止尸体产生畸变影响辨认的准确度。摄录尸体的原始状况主要应反映现场的原始状态，从尸体在现场的位置、姿势，尸体的损伤部位和程度，伤痕的外表特征等，可以分析案犯的作案手段、过程和使用的凶器等。在摄录时，首先要摄录尸体在现场的原始面貌，如果是面部朝下的，应将其翻转过来，摄录面部相貌特征。摄录正面相貌可以运用近景或特写镜头。此外，还应从多个角度对尸体全身姿势进行摄录，但需注意防止从尸体的头和脚的方向摄录，以免产生影像变形。尸体上有伤痕或周围有血迹的，还要摄录伤痕或血迹的分布、形状等，并通过局部特写的方法反映其细微特征，便于同整容后的尸体状况进行对照，为法医鉴定提供可靠的检验材料。

（二）摄录尸体整容后的状况

对于面貌或肢体有损伤的尸体，应进行整容，整容后对其进行摄录。在整容后应对尸体的正面、侧面的容貌以及尸体的全身状况进行摄录，并注意反映死者的面部和身体稳定特殊特征和装饰，如疤痕、瘤、痣、文身等，以及死者随身携带的物品、证件等。

（三）尸体解剖录像

对于一些尸体需要解剖以查明死因的，可以摄录尸体解剖的过程，并注意摄录在解剖中发现的异常物、异常情况以及损伤的内部表现。

三、尸体辨认录像的方法

（一）变焦摄录法

录像机上的变焦镜头，大多具备长、中、短焦的互变功能。利用录像机镜头的变焦功能，在不改变物距的情况下，可以使被摄对象的景别由全景到特写，或由特写到全景。

（二）移机推拉摄录法

移机推拉摄录法是拍摄者通过移动录像机，以改变录像物距，使被摄画面发生变化的摄录方法。这种方法可以改变景别，使拍摄范围由大到小或由小到大，而且景别变化时其景深和景物的透视效果基本符合正常的透视效果和人眼的视觉习惯。因此，只要现场空间条件许可，最好采用移机推拉手法摄录，尽量少用变焦摄录法，以保证摄录的效果。

（三）环绕移动法

环绕移动法是围绕尸体从各个不同的角度对尸体进行摄录。这种方法可以反映尸体在各个方向的不同画面，以及尸体与现场各类物品的相对位置。

（四）比例摄录法

对尸体上各部位的伤口和伤痕进行摄录时，应先在伤口或伤痕的适当位置摆放比例尺，一并摄录下来。

实验安排

犯罪嫌疑人或罪犯辨认录像

一、实验目的

了解犯罪嫌疑人或罪犯辨认录像的基本方法和技巧。

二、实验场所

学院照相录像实验室。

三、实验步骤和方法

根据班级人数分组，以4～5人为一组，在老师指导下对背幕、胸牌制作，灯光布置，犯罪嫌疑人或罪犯模拟，录像机操作等进行合理分工、轮流操作，填写“犯罪嫌疑人或罪犯”录像登记表，并以小组为单位撰写实验报告。

四、实验要求

操作规范、影像清晰。

五、实验作业

每人交一份实验报告。

第八章

人像检验

第一节　人像检验概述

一、人像检验的概念

人像检验是通过与案件有关的人像照片和嫌疑人的人像照片所反映出来的相貌特征进行比较检验，确定两张照片的人像是否同一人的人像，为侦查破案提供线索和证据的一种刑事相貌技术。

二、人像检验的作用

人像检验主要有以下几个作用：

第一，认定嫌疑人是不是被通缉的犯罪嫌疑人；

第二，鉴别无名尸体是不是某失踪人；

第三，辨认证件照片上人像是不是持证人的人像；

第四，识别其他与案件有关的物证照片上的人像是不是某人的人像。

三、人像检验的依据

人像检验的依据是人的相貌具有的特殊性和稳定性。

（一）相貌的特殊性

相貌的特殊性或叫相貌的特定性，就是相貌的不可重复性，是指每个人的外貌特征不可能在任何其他人身上全部重复地出现。这是由于人在生长过程中生理解剖形态不同，发育状况不同，生活环境和受职业影响不同等，致使人的外貌特征有多种多样，各具特殊性。任何两个人，外貌特征完全相同的情况是没有的，即使是有血缘关系的人，甚至是孪生兄弟或孪生姐妹之间，虽然相貌极其相似，但是仔细分辨他们的全部特征，还是可以区别的。

（二）相貌的稳定性

事物的运动变化是绝对的，静止不变是相对的、有条件的。人的相貌特征和世界上任何事物一样，如果不具有相对稳定性，特定性就无法认识。所谓稳定性，就是指人的相貌特征具有相对不变的性质。人的相貌特征是以骨骼和软骨组织为基础的，骨骼和软骨组织是按比例发育的。当人体发育成熟之后，其相貌特征即具有稳定性。尽管稳定是相对的、暂时的，由于年龄、疾病、外伤、生活环境的变化或年龄的增长，过早衰老，面部出现皱纹、发胖或变瘦；由于疾病，面部或嘴巴发生歪斜；由于外伤、外科手术或者作案人的故意伪装，相貌特征可以发生局部的改变；等等。但是无论何种原因，都不可能完全改变人相貌的最基本特征。有时伪装、拼接的人像照片，还可能暴露出新的特点，为人身同一认定提供新的依据。

四、人像检验的步骤和方法

（一）检验前的准备工作

1. 了解案情及有关情况。

2. 明确检验的要求，做好受案工作。

3. 复制检验用的照片。

为便于人像的检验，在送检时必须提供两类照片：一类是已经掌握的被寻找客体的照片（如通缉令上的照片、无名尸体照片、失踪人照片、证人或诉讼人的照片等）；另一类是受审查客体的照片（如嫌疑人照片或持证人的照片等）。

提供的照片如果都是辨认照片，可在检验时直接使用。如果其中有一张普通照片，在检验前就必须按相同倍率放大或缩小，使两张照片比例相等。放大或缩小的办法是，正面照片要以照片上两瞳孔之间的距离为基准，侧面照片要以耳朵长度或鼻根至鼻底的长度为基准。如果提供的都是普通照片，可以将此照片制成不小于 6cm × 8cm 的照片，以便进行检验。

（二）人像检验的步骤

人像检验的步骤一般是将已掌握的两类照片，按照特征体系分别进行分析研究，寻找和确定被比较的两类照片中人像的面貌特征，然后将两类照片上的特征进行比较、对照，找出其相同点和差异点，作出综合分析评断结果，最后写出鉴定书。

（三）人像检验的方法

1. 特征标记法

这是人像检验最基本的方法，首先将同倍大的比对照片，分别用箭头标示出照片上的面貌特征，如前额、眉、眼睛、鼻子、口、下颌、耳朵等的形状、位置、大小和特点；其次从正侧两方面进行观察、分析，而后再将两张照片上相同部位的特征进行对比，找出符合点和差异点；最后对符合点和差异点进行综合研究，以便得出认定同一或否定同一的意见。

2. 底片重叠对比法

这是将两张拍摄条件和大小比例相同的照片，用翻拍的方法复制成同一比例的底片，可以把两张底片沿着面部轮廓叠放在一起进行观察比对。这种比对方法只能比对头面部及前额、眼睛、鼻子、口、耳朵等比较明显突出的部位是否重合，而细微特点只有结合其他比对方法才能确定。

3. 影像剪切接合法

将拍摄条件和大小比例相同的两张照片在同样的部位切开，将一张照片的一半与另一张照片按切割线接合；也可以从一张照片上剪切一小部分，然后把剪切的部分贴在另一张照片的相应部位上，进行观察比对。

4. 几何图形比对法

这里用画有格子或线条的透明塑料板、玻璃板，分别放在被检验的两张照片上，比对脸面各部位的特征是否在同一部位上。这种方法是特征标记法的补充。

（四）人像检验的综合评断

在人像检验综合分析评断检验结果时，符合点的数量固然是重要的，更重要的是它的质量。所谓质量，是指每个符合点的稳定性、特定性和所有特征的特定总和在认定同一中的价值。如果不注意符合点的质量而只看数量，就可能把一般的相貌相似当作人身的同一。

对于出现的差异点，应分析其形成的原因，不能轻易地作出否定的意见。因为即便是同一个人的两张照片，由于拍摄的年龄、健康状况、姿势、角度、光照度以及正负片的处理条件不同，都可能形成某些差异点。如青年时期脸型比较圆润、饱满；成年以后容易变长，额部、颅骨等比较突出；老年时则往往在脸面、额头等部位出现皱纹，具有眼窝下陷、口部收缩等特点。在拍摄时，表情的不同也易出现某些变化。如拍摄时微笑，口形容易向两侧拉长，口角上扬，易出现眼角纹；在忧愁不高兴时，口角下垂，额部和眉间的皱纹特别明显，眼睑下垂。在拍摄时由于各部位姿势的不同也能引起某些特征的变化。如仰拍时，脸型易变短，额头变小、鼻底上翘、鼻孔明显，耳朵的相对位置比较低；俯拍时，前额突出、鼻底下斜，耳朵的相对位置比较高。在正负片处理过程中，也可能出现或掩盖一些特征。如感光片本身的疵点和损坏，可能使照片上出现虚假的疤痕，或负片未经水洗干净出现的黑点和白圈，都可能在脸上造成虚假的特征。而一般的艺术照相，由于修版加工，又可能掩盖脸上的痣、麻、皱纹等特征。因此，只要差异点能够得到合理的解释，就不能轻易地作出否定的意见；只有当出现的差异点较多并且不能用变化的因素合理地加以解释时，才能作出否定的意见。

第二节 颅像重合技术

基于颅骨的身份认证是一个国际范围的研究领域，而颅像重合技术应用于刑事侦查，早在20世纪30年代就已开始。1935年，格拉耶斯塔和布拉苏在英国的道格拉斯案件中获得第一例成功经验；苏联在20世纪40年代已有了比较系统的论著。我国应用得比较早，到20世纪80年代后有了飞跃式的进展。如今，我国的颅像重合技术在国际上占有领先地位。辽宁省铁岭市公安局213研究所成功研制出TLCA－1颅骨身源鉴定仪，在重合鉴定方面作出了突出的贡献。

一、颅像重合技术的概念

颅像重合技术是用无名尸骨的颅骨与失踪嫌疑人的生前照片，通过影像重合的方法，对颅骨进行个人识别和身源鉴定的一种刑事相貌技术。这是对无名尸骨进行相貌辨认和同一认定的有效手段。

在侦查某些刑事案件时，常会遇到无名尸体高度腐败，或因其他原因使尸体遭到严重破坏，或者已到了白骨化的程度，失去了从面貌上进行辨认的条件，而又没有其他可以证明无名尸体身源的物品及特征的情况。在这种情况下，一般用尸体的颅骨与相关失踪人的照片进行颅像重合照相，检验是否为同一人。这对于查找无名尸体身源，提供侦查线索将起到关键性作用。

二、颅像重合技术的作用

（一）为侦查破案提供线索，为起诉、审判提供依据

在无名尸体案件的侦破中，要判明尸体的身源，如果仅仅依靠常规技术手段进行，侦查机关势必需要投入大量的人力、财力，而且侦破速度较慢。这类案件，被害者与加害者一般都有某种利害关系，如果能用“颅像重合技术”判明死者身源，很快就能破案。据资料记载，颅像重合的准确率达到了95%，较常规技术手段而言，这项技术更能为起诉、审判提供有力的依据。

（二）分辨真伪，避免冤假错案

在办案中，当尸体失去了被辨认的条件时，尽管侦查部门投入大量的警力来调查无名尸体的身源，也很难准确认定待定人就是该无名尸体，以致可能造成冤假错案。如果经过颅像重合检验，就能准确地把握死者的身份，为侦查破案提供线索，尽快破案，也就在一定程度上避免了冤假错案的发生。

（三）及时判明身源，查证非正常死亡者和失踪人员

利用颅像重合技术，将待定人的照片与颅骨照片进行比对，能迅速查证非正常死亡者和失踪人员的身源。

三、颅像重合技术的基本原理

根据研究，人的颅骨具有特定的差异性以及人的颜面与颅骨具有相关性，这是进行颅像重合、同一认定的基本原理。

人的头颅是由23块大小和形状不同的颅骨彼此相连形成。根据人生长发育的特殊性及实验的抽样测定表明，每个人的颅骨是具有个体差异的。由于这种差异不单体现性别、民族等种群差异，还体现出每个人的个体差异，这就为颅骨重合提供了基础。由于颅骨能够显示个人特征，而且颅骨又是人体颜面的母体，与人体颜面之间有着很高的相关性，因此，用颅骨进行颅像重合的个人识别是可能的。颅骨是颜面的内核，颜面的肌肤附着在颅骨的外面，所以颅骨的形态决定了颜面的形态。面貌的五官形态，如鼻、嘴、齿、眼、耳的形状、大小等明显地受到面颅骨的影响和制约。尽管颅骨是特异的，但它与颜面是相关的，每一个颅骨都对应着一个颜面，每一个颜面也只有一个颅骨与其匹配。所以颜面上的任何一点都与颅骨上相应的点对应。

颅像重合技术的基本原理是将颅骨照片和待定人的照片相互叠放在一起，如果颜面解剖学标志点与颅骨对应的标志点相重合，则像和颅骨为同一人，否则像和颅骨非同一人。人像颜面标志点与颅骨相应标志点是否重合，是通过男性的4项36个鉴定指标和女性的4项52个鉴定指标的重合程度来加以认定的。

四、颅像重合检验的条件及认定指标

（一）颅像重合检验的条件

到目前为止，还没有足够的论据来说明颅像重合具有不可重复性，也就是说，它不可能像指纹认定那样，鉴定人有百分之百的把握，而不产生错误。颅像重合的误差占5%，有95%的重合是正确的。造成误差的原因是多方面的，如人的肌体变化，照片的透视变化、光照角度，重合比对的技术水平，等等。因此，为保证颅像重合检验的准确性和可靠性，必须满足以下条件：

1. 人像照片

（1）送检照片必须是近期 1 寸以上免冠照片，如果年龄差距太大，已经超过十岁以上，或照片处在少年面孔变形期，都不适合作重合比对。且以正面照片为最好。

（2）送检照片要影像清晰，轮廓完整，与背景界限明显，五官各部影纹层次清晰可辨。

（3）应是正常情况下拍摄的正面和侧面半身人头像。

2. 颅骨

（1）送检颅骨必须清洁、光滑、完整，如果只有下颌骨就不能比对。

（2）对不完整的颅骨应按解剖形态进行复原，缺失部分可用塑料性物质填补。

（3）颅骨和人像性别必须一致。

（二）颅像重合检验的认定指标

颅骨定位线为 14 条：（1）颅顶切线；（2）推断发迹线；（3）眉弓线；（4）眶下缘水平切线；（5）颧骨线；（6）梨状孔底线；（7）上牙根线；（8）上下颌水平中心线；（9）下牙根线；（10）下颌骨底切线；（11）中垂线；（12）眶内缘纵向线；（13）眶中心线；（14）眶外缘纵向线。

生前照片定位线为 18 条：（1）颅顶切线；（2）发迹线；（3）眉弓线；（4）上眼睑切线；（5）下眼睑切线；（6）眼袋切线（如有）；（7）耳垂下线；（8）鼻底线；（9）上唇切线；（10）口裂线；（11）下唇切线；（12）下颏底线；（13）面部中垂线；（14）嘴角点线；（15）鼻翼垂线；（16）内眼角垂线；（17）眶中心点；（18）外眼角点垂线。

五、颅像重合照相的方法

（一）几何作图法

几何作图法是运用直线和点将人的照片的面貌特征点标画出来，然后再与颅骨的面貌特征点进行比对的颅像重合方法。这种方法必须具备与颅骨比对的照片，而且需要有共同固有的比对特征。

（二）定向反射法

定向反射法是利用反射原理，将照片人像和颅骨像重合在一起进行拍摄，实现人像同一认定的照相技术。

1. 审定送检的人像照片并复制

由于送检人像照片的角度、方位和几何比例没有确定，所以首先必须对人像照片的质量进行审查；其次进行复制翻拍，作出水平基础线和重合审定线，确定人像的偏转角度和仰俯角度；最后按照成像比例摄制人像正片。

2. 清理送检颅骨

首先整复送检的颅骨，使其光滑、清洁，颅骨如有缺损可用石膏、硅胶等进行修补，使其具备解剖的完整性；其次固定颌骨，使其位置端正；在颅骨的相应位置上标示出与人像正片重合时的调节标志点；最后将颅骨放置于支架上，并根据各项测定指数调整至适当位置。

3. 拍摄颅骨像，制作重合照片

选择适宜的配光、景深、背景等拍摄条件，对颅骨进行拍摄；再从已拍好的人像和颅骨像负片中各选出一张密度合适的，在透射光下重合，使之成为一张负片；然后按标准，选择适当的放大纸进行放大。

4. 进行重合检验

如果颅骨像与人像的各项指标达到标准，即可认定同一，否则应予以排除。

（三）颅像身源鉴定仪拍摄法

颅像身源鉴定仪是根据颅骨身源鉴定新技术研制出的一种检验识别无名颅骨身源的专用照相器材。

1. 基本结构

颅像身源鉴定仪的基本结构主要包括以下三个部分：

（1）光学系统。光学系统是鉴定仪的主要成像机构。它包括：一次成像的光路结构、反射物镜、人像照片物镜、八线审定机构、放大投影检测机构、自动测光定时机构、自动升降暗盒、灯具等。

（2）机械传动系统。机械传动系统是一种固定、调位装置，它可使颅骨和人像在空间任何方向运动。

（3）微机处理系统。微机处理系统是将各项鉴定指标和审定人像、颅骨像水平偏转角度、仰俯角度、恢复人头原大的三条曲线，用微机语言编成软件输入微机，并专门编有提示、警告、判断、修改、返回等指令，鉴定意见也由微机最后作出，并连同检验过程一起打印出来。

2. 操作程序

应用颅骨身源鉴定仪进行鉴定，其主要的操作程序是：首先，安装颅骨和照片；调整人像的方位角度，将其恢复至人头原大的1/2；其次，标定八条审定线，调整颅骨的方位角度，使之与人像重合；再次，在聚焦屏上检测各项指标的重合情况，将所得数据输入微机进行处理；由微机判定检验结果并打印出数据；最后，测定曝光指数，拍摄重合照片。

（四）计算机辅助的颅像重合新技术

传统的颅像重合技术需要大型的仪器设备，且涉及的指标数据量大，操作起来难度较大。随着计算机图像处理技术的发展，采用计算机辅助来实现颅像重合已经成为可能。相对而言，利用计算机辅助的颅像重合新技术更为科学、实用。

计算机辅助颅像重合，是指应用虚拟颜面解剖方式，实现解剖投影的平面数据指标与重合照片进行自动测量比较的辅助手段，通过对三维颅骨的平移、旋转、缩放等操作，准确标出被检颅骨与被检照片面部的标志点与标志线，检查颅骨轮廓曲线和照片人像轮廓曲线形态的对应关系。具体操作如下：首先整复送检的颅骨，使其清洁、光滑，由法医对该颅骨的性别和年龄进行分析判断，颅骨有缺损的，可利用照片在计算机上进行对称性修补；然后选择与死亡时间接近的当事人正面照片，按照现有照片的角度，对颅骨进行数码拍摄，并输入计算机；取颅骨两眼眶中心点之间距，取被检测人像的两眼中心点之间距进行同倍放大；再将颅骨照片处理成单线条化效果，将检测人像处理成负片图像效果；分别将处理的图像进行特征标线定位，颅骨需标划 18 点，正、负片图像需标划 14 点；最后进行重叠比对。

实现计算机辅助的三维颅骨与二维照片结合的颅像重合辨认方法，可大大缩减颅像重合的时间，简化了颅像重合认定过程，提高了检验速度和颅像重合精度，减少了人的主观因素，对正确认定颅骨身源起到重要作用。

第三节　颅骨面貌复原技术

颅骨面貌复原是对人类的颅骨进行面部容貌复原的技术，依照头颅骨的类型特点，填加测得的软部组织，如软骨、肌肉、筋膜，加上五官与表皮，利用各种塑型材料，塑成该颅骨（死者）的生前头像，为辨认者提供直观的形象。颅骨面貌复原是刑事相貌学中最为复杂的技术，由于它受到多方面条件的限制，一般需要 7～15 个工作日，耗时较长，而且五官部位的软组织厚度及造型处理不能重现皮肤纹理，缺乏质感，只能大体相似。如果复原制作者经验丰富，技巧高明，复原后的头像与生前的真实形象差异就比较小。近年来，随着现代电子技术的发展和计算机的应用，颅骨面貌复原的误差也越趋减少。尽管如此，颅骨面貌复原在个体认定中也多作为参考。

颅骨面貌复原技术以法医学、人类学、解剖学中的头骨与面貌相互关系规律为科学依据，不仅能用于刑事案件，而且还能用于复原历史人物、古人类的面貌，对于研究历史、人类发展史都有重要意义。颅骨面貌复原技术主要包括颅骨面貌测量复原法、颅骨面貌组合复原法、颅骨面貌复真法。

一、颅骨面貌测量复原法

（一）颅骨面貌测量复原的步骤方法

首先要做好准备工作，如受理案件的登记、复原需要的各种材料；然后根据送检人的要求确定是一般复原还是逼真复原。具体步骤如下：

第一步，首先确定死者的性别和年龄段，进一步研究送检颅骨的特征，以保证这些特征在复原塑像中得到反映。同时对颅骨进行人类学测量，确定头型、面型、眶型等，把有关数据输入计算机，并打印备用；也可进行图像处理。

第二步，了解死者所在地区的风俗习惯（如头部装饰、习惯、发式）和民族特点，对颅骨要加比例尺进行正面、侧面、3/4 侧面拍摄。

第三步，对送检复原的颅骨进行复原前的消毒、清洗处理，用硅橡胶填塞孔洞，翻制成石膏模；如果颅骨有局部损伤、变形，在翻模前要进行修复。翻制石膏模的好处是便于保护原颅骨和便于比较。

第四步，在颅骨上按各测量点放置软组织的标高针，如牙签、大头针，最好是特制的有毫米刻度的标高针。标高针可用橡皮泥、乳白胶、石蜡、打样膏等物固定在各测量点上。

第五步，按软组织标高针上的指示高度（一般标有红色围线），用近似肤色的橡皮泥填塞到标高厚度。在雕塑过程中除要掌握软组织厚度外，还要考虑肌肉的形体和走向。

第六步，按颅骨的特征、长宽高等数据进行口、鼻、眼、耳的塑造。

第七步，对塑造的初型进行调整修补，如整体关系的处理、喷膜、安假发、安假眼、安眉毛等细部工作。

第八步，根据性别、年龄、胖瘦、头形种类及民族特点和风俗习惯，进行必要的补充和修整。

成型后，可利用 X 光对塑像进行正面、侧面、3/4 侧面拍摄，与骨片比较，观察复原后软组织厚度和轮廓线型是否标准，并进行局部调整。

（二）颅骨面貌测量复原的定位处理

在面貌复原中，确定口、鼻、耳、眼的准确位置及其特征，是复原成败的关键，一般都按照以下原则进行。（颅骨测点见图 8－1、图 8－2、图 8－3）

其一，口的宽度大致相等于瞳孔间的距离，或与左右尖牙及第一前磨牙间隙之间的长度一致。口唇闭合线与齿列闭合弧线一致，相当于上下牙釉质高度的一半部位，或大约处于鼻底到颏底间距的上部 1/3 处。口唇形状可以从上、下咬合状态来确定，如上牙覆盖下牙则上唇突出，反之下牙超出上牙则下唇比上唇突出。

其二，鼻长度位于鼻额缝至鼻前棘之间；鼻尖高度相当于鼻骨下部1/3骨质自然趋势的延长线与鼻前棘基本方向的延长线相交之点；鼻孔处的宽度（鼻最大宽）等于一只眼睛的宽度。在实际操作时，也可采用下述方法定位：在鼻额缝至梨状孔上端的投影距离的两倍处确定鼻上点；鼻翼点的位置因脸形不同而异，短脸形者鼻翼点可定在梨状孔外侧缘外侧5mm处，长脸形则定在梨状孔外侧缘外侧3.5mm处。鼻背形态以骨性鼻为基础，鼻骨间缝最下点处软组织最薄1.5～2mm，往上渐厚，在鼻额缝处约达4mm。

其三，耳长接近于鼻总长，耳与鼻处在同一平面，鼻底与耳垂下端处于同一水平线，眉毛与耳郭上端处于同一水平线，耳宽为耳长的一半。有人统计，耳道宽大是大耳的标志，反之则耳朵外形较小。耳朵张开程度与乳突形状和发育情况有关，如果乳突小，尖端向下转内，耳郭一般紧贴颅壁；如果乳突大而凸出，尖端不向内，则属于大而张开的耳朵。耳纵轴方向与下颌枝长轴方向一致。

其四，眼睛位于头顶到颏底距离的1/2处，眼内角处于内囊窝的中段，眼外角在眶外侧壁颧额缝下方的眶结节处。两眼内角距离约等于一只眼裂的宽度。眶的大小与眼的大小不成比例。瞳孔位置通常在眼裂闭合线与眶上缘、眶下缘平分点连线的交点处。

前额发际的高度，随年龄增长而上升，而且个体差异比较显著；一般可取眉间点至头顶点的一半处。

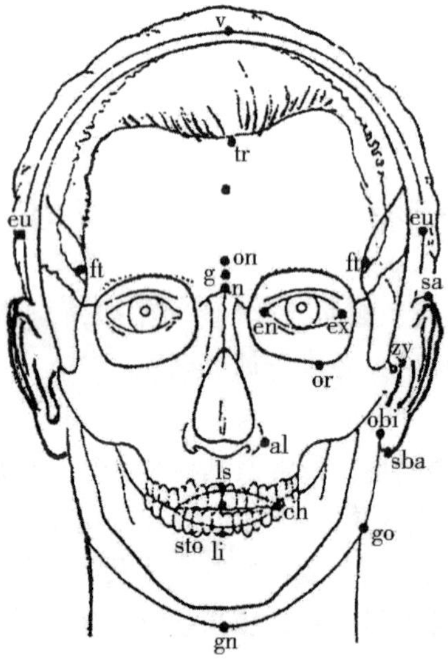

al—鼻翼点；ch—口角点；
en—眼内角点；eu—头侧点；
ex—眼外角点；tr—发缘点；
ft—颞脊点；g—眉间点；
gn—颏下点；go—下颌角点；
li—下唇中点；ls—上唇中点；
n—鼻根点；obi—耳下基点；
on—眉间上点；or—眶下点；
sa—耳上点；sba—耳下点；
sto—口裂点；v—头顶点；
zy—颧点

图8－1 头面部测点（前面）

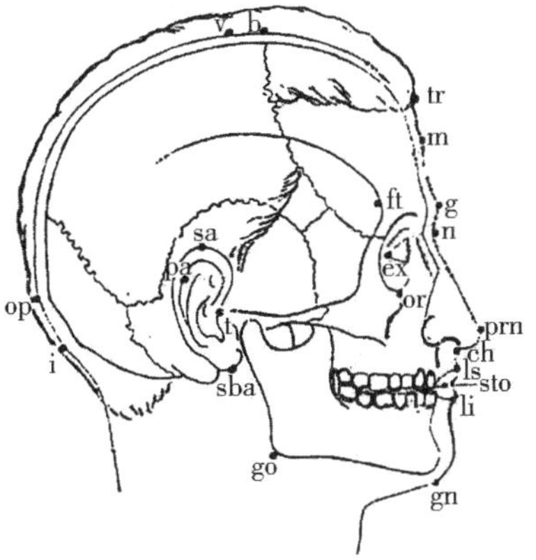

b—前囟点；ch—口角点；
ex—眼外角点；tr—发缘点；
ft—颞脊点；g—眉间点；
gn—颏下点；go—下颌角点；
i—枕外隆突点；li—下唇中点；
ls—上唇中点；n—鼻根点；
op—枕后点；or—眶下点；
pa—耳后点；prn—鼻尖点；
sa—耳上点；sba—耳下点；
sto—口裂点；t—耳屏点；
v—头顶点；m—额中点

图8-2　头面部测点（侧面）

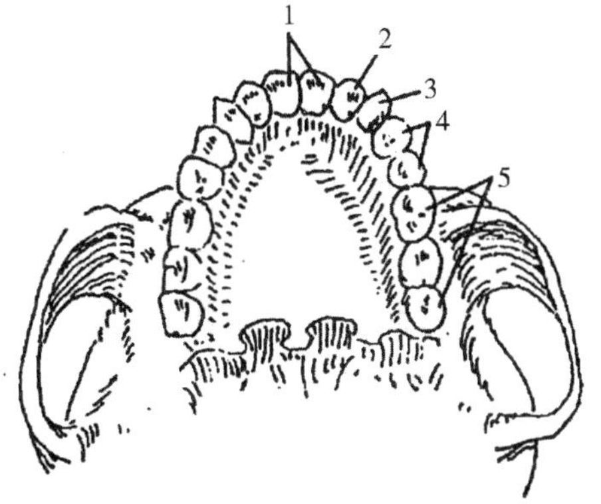

1.切齿
2.侧切齿
3.尖齿
4.前磨牙
5.后磨牙

图8-3　底面测点

二、颅骨面貌组合复原法

颅骨面貌组合复原法是一种新的复原技术，它要求技术员十分熟悉人的头部解剖结构。主要步骤为：将颅骨翻制成石膏模型，并进行喷胶处理；将事先做好的各部肌肉部件（用橡胶制作的），按部位选择不同规格，先深层后浅层用不干胶贴好；用硅胶浅喷，加强其整体感；按头型和颅骨所测量的各种数据，选择不同的成型五官（胶质的）进行镶嵌、粘接；喷涂与肤色相近似的硅胶剂，以消除各部连接缝的痕迹；最后加填人造发、假眼、眉，装饰完成。

这种复原方法不完全受软组织测点厚度的限制，另外各部位成型的肌肉块

（片）是按大、中、小编号制作的，可以根据颅骨的特征调整更换，也可重复使用。

三、颅骨面貌复真法

这种方法是利用现代电子技术，首先把颅骨的外形数据输入计算机，进行图像处理，在屏幕上显现出颅骨像，根据该头颅骨应匹配的软组织厚度数字，再利用计算机加工处理，最后加工成全方位的头像，按需要的人像角度固定后，打印出图形。这种复原的结果是以两维空间的平面图纸呈现，对于研究案情和人像辨认十分有价值；但与颅骨的塑像相比，其真实感还有很大的差距，两者不可互为替代。

延伸阅读

颅骨面貌复原技术不仅广泛应用于刑事案件中用以确定死者身份，而且在重现古人面貌方面，更是发挥了其显著的作用。德国著名作曲家巴赫遗骨的确认、弗里吉亚国王迈达斯（弗里吉亚是一个古国，位于今天的土耳其中部）、帖木儿帝国的开国皇帝帖木儿、马其顿国王菲力普二世（亚力山大大帝的父亲）、苏格兰国王罗伯特·布鲁斯三世、英国国王奥利弗·克伦威尔、我国的明王妃和辛追等历史名人面貌的重建，依靠的都是颅骨面貌复原技术。在确认巴赫尸骨的工作中，工作人员借助的是解剖学知识和雕刻刀，最终通过雕刻的半身像来重现当事人的容颜。在重现“依得少女”和马其顿国王菲力普二世面貌的工作中，工作人员借助的是病理学、碳－14 测年法、CT 扫描等新发展的科技以及石膏、黏土、木钉等更加方便灵活的手段。在重现我国明王妃和古长沙国丞相夫人辛追面貌的工作中，工作人员借助了计算机这种最为方便和先进的工具。从维尔黑姆·希斯（Wilhelm His）开创性的工作，到利用计算机重现死去之人的容貌，只有一百多年历史的颅骨面貌复原技术经历了三次飞跃，谱写了一部令人振奋的三部曲。

曲调一：刻雕像确认巴赫尸骨。一百多年前的瑞士著名的解剖学家和胚胎学家维尔黑姆·希斯，可以说是颅骨面相复原技术的先驱。他根据一具死者的骨骼进行颅骨面貌复原工作，所雕刻出的半身像和巴赫生前的画像非常相像，重现了巴赫活着时的面貌。

曲调二：捏泥人恢复“依得少女”容颜。尼夫是英国一名著名的颅骨面貌复原专家，他根据考古学家们在欧洲、亚洲和非洲发现的头骨，进行了许多卓有成效的颅骨面貌复原工作。对弗里吉亚国王迈达斯、马其顿国王菲力普二世和

“依得少女”面貌的复原工作，是其最有代表性的工作。他根据那些没有得到确认的人的头骨重建他们的面部，然后将重建的面部拍摄成照片广为发布。从此以后，这种技术多次应用于谋杀案中。

曲调三：编制软件再现音容。刻雕像也好，捏泥人也好，这两种颅骨面貌复原方式在很大程度上都是一种艺术创作，对工作人员的要求比较高，工作量也很大。早在20世纪80年代，借助计算机的颅骨面貌复原工作就已经显示出强大的优势。1989年，美国费城法庭人类学家弗兰克·本德就是在计算机软件的帮助下，为一个已经在外潜逃了18年的罪犯制作了面部模型，从而帮助警方抓住了罪犯。

我国在20世纪90年代也开始研发颅骨面貌复原技术方面的软件。1993年，中国刑警学院法医系的赵成文教授开始研发第一代“警星CCK人像模拟组合系统”软件，开创了国内利用计算机再现死者生前容貌的先河。1998年，该软件通过专家鉴定，随后又升级为第二代和第三代。赵成文教授开发的这套软件在近几年里协助破获了300多起案件，其中有很多是全国性的重大案件。2002年，赵成文教授利用这套软件，成功地为明靖王朱奠培的第四夫人吴氏以及古长沙国丞相夫人辛追进行相貌复原，引起了国内外的极大关注。

现在，绘画复原、雕塑复原和计算机复原等新旧手段都在再现古人容颜和确定罪犯或受害人身份的工作中各显其能，从另外一个侧面显示出颅骨面貌复原技术的重要性和广泛性。因此，颅骨面貌复原技术在未来的应用将更加广泛，更加成熟。

第四编　物　证

- 第九章　常规检验照相
- 第十章　特种检验照相

第九章

常规检验照相[1]

第一节　近 距 照 相

一、近距照相的含义

照相机离被摄物体越近，被摄物体在胶片上结成的影像就越大，这对于拍摄细小的物体或物体上的细节是十分有利的。然而，照相机在近拍时存在一个近距限度，如果物距小于这个近距限度，在调焦时，则无法将胶片平面上所结成的景物影像调节清晰。这是因为调焦是调节物距和像距，使其满足高斯公式的过程，物距减小时，像距要相应地增大，才能满足高斯公式，使成像清晰。像距增大，意味着镜头的伸出，但实际相机镜头伸出的长度有一定的限度，因此，照相机镜头在近拍时存在一个近距限度，一般标准镜头在近拍时的近距限度为0.45～1m。焦距长的镜头，近距限度大；焦距短的镜头，近距限度小。

近距照相，是指采用专门的器材和方法，突破照相机镜头的近距限度，在较近距离内拍摄细微物体，以获得被摄物体的较大倍率影像的照相技术。由于标准镜头的近距限度约为0.45～1m，近距照相通常也指物距约在0.45m范围以内的增大影像的照相。普通照相的放大倍率一般小于0.2，近距照相的放大倍率在0.2～10倍的范围内，比普通照相的放大倍率大得多，而放大倍率超过10的影

① 本章参考标准：
1. 中华人民共和国国家标准：物证检验照相录像规则 GB/T 29352—2012。
2. 中华人民共和国公共安全行业标准：偏振光照相方法 GA/T 327—2001。

像，需要通过显微照相获得。

近距照相增大被拍物体影像的原理及效果与利用放大机放大照片不同。放大照片是通过放大机把负片上缩小的影像放大，负片上的影像由银粒组成，所以放大的结果是将银粒放大。这种放大方法只是扩散了银粒聚成的影像的密度，提高放大倍率将会造成影像银粒的粗糙感，甚至使影像模糊，因而无法进一步增加影像的分辨力。近距照相则是通过光学成像原理将被拍物体的影像扩大后再记录，提高了影像的分辨力，使被拍物体的细微特征清晰地显示出来。

在物证照相中，近距照相是记录和固定细小的痕迹、物证，增大这些痕迹、物证影像以获得精确微细特征的常用技术。近距照相特别善于表现物体表面结构、质地、纹理、色彩，最能体现物体的特征和极为精确的细节，为侦查提供有价值的信息，并为刑事诉讼提供有力的证据。近距照相在物证照相中占有重要的地位。

二、近距照相的原理

镜头成像的大小与镜头焦距 f、物距 u 和像距 v 有关，三者之间的关系式为高斯成像公式：

$$1/u + 1/v = 1/f$$

在近距照相中，如果要增大影像的放大倍率 M，则可以通过两种途径来实现：一种是增大像距 v，另一种是缩小镜头的焦距 f。

放大倍率 $M > 1$ 的近距照相，通常称为“直接扩大照相”，直接扩大照相时：$f < u < 2f$，即物距 u 必须在镜头的 1 倍焦距和 2 倍焦距之间。

放大倍率 $M = 1$ 时，为原物大照相，即原物大照相时，物距和像距相等，均等于镜头焦距的 2 倍。一般标准镜头的焦距是很小的，因此要求被拍物离镜头很近。例如，135 相机标准镜头的焦距 $f = 50$mm，拍照时物体只能放置在距离镜头 50 ~ 100mm。

成像的大小和镜头焦距的长短、物距、像距的大小有关。在焦距相同的条件下，物距远，像距近，成像小；物距近，像距远，成像大。原物大和直接扩大成像就是运用这种物和像共轭关系的原理，把被拍物拍成原物大或比被拍物大的像。

三、近距照相的方法

由上可知，为突破相机的近距限度实施近距照相以增大影像，可行的途径有两种：缩短镜头的焦距和伸长像距。缩短焦距的方法是在相机镜头前面加上一个正透镜（近摄镜），其作用相当于减少了镜头的焦距，在不改变物距和像距的情况下，减少焦距可以增大影像的放大倍率。这种方法适用于任何相机，但是由于成像光线经过正透镜，镜头的像差校正受到影响，影像的质量较差。伸长像距的方法是利用近摄接圈和伸缩皮腔等增加像距，以满足近距照相的调焦要求。这种方法只适用于能够更换镜头的相机，成像质量较好。

无论采用何种途径来实施近距照相，都应根据拍摄的需要和条件选择相应的近摄附件。

（一）常用的近摄附件及其近距照相的方法

1. 近摄镜

近摄镜又称为半身镜、附加透镜，多为正透镜，实际上就是一个放大镜。近摄镜加在照相机镜头的前面，能使镜头焦距变短，而镜头到感光片的距离不变，使物点近移，从而使影像增大。

市场上的近摄镜一般分为1号、2号、3号。号数越大，焦距越小，近拍物距越近。它们的屈光度（屈光度与焦距互为倒数关系）和焦距的关系为：

1号近摄镜：屈光度 D = 1，焦距 f = 100mm。

2号近摄镜：屈光度 D = 2，焦距 f = 50mm。

3号近摄镜：屈光度 D = 3，焦距 f = 33mm。

近摄镜一般加在标准镜头上，不适用于广角镜头。望远镜头加用近摄镜，能获得较高放大倍率，但使用范围有一定限制。如使用不当，容易造成画面四周影像不清。加用近摄镜时，一般使用 f/5.6 ~ f/16 的小光圈为宜。加用近摄镜拍照，一般不必增加曝光量。

近摄镜的优点是操作方便，价格低廉。只要螺纹吻合，旋上镜头即可拍摄。缺点是加了近摄镜片会破坏原镜头的像差校正，使球面像差和色差又重新呈现，成像清晰度变坏。因此，近摄镜近摄一般只用于低倍放大的痕迹、物证。

2. 近摄接圈

近摄接圈是常用的近摄工具之一，通常是在能更换镜头的照相机上使用。它是用金属制成的圆形套圈，加接在机身和照相机镜头之间，以达到伸长像距、增大影像的目的。

一套接圈通常包括与镜头和照相机相连接的前后主接圈以及长短不同的辅助接圈，可按需要单独或组合使用。一般近摄接圈由3~5个组成一组，长度为0.5~3cm，每一组近摄接圈的接圈数目须按拍照的要求和拍照对象的大小进行计算。

为适应近距拍摄的需要，我国DF相机专门设计和生产了一套近摄接圈。这套近摄接圈是由前主圈、后主圈和辅助接圈组成。前主圈与镜头相接，后主圈与机身卡口相接，前主圈、后主圈和辅助接圈之间通过螺口形式连接。前后主圈直接连接的组合间距为10mm，因此使像距增加了10mm。如果像距还要伸长，可在前后主圈之间再接辅助接圈，辅助接圈的长度分别是：1号=7mm、2号=14mm和3号=28mm。连接不同长度的近摄接圈后，相应的像距随之伸长。在近摄时加多长的接圈，通常是根据放大倍率和镜头焦距来确定，设加用接圈的长度为d，若放大倍率为M，则d=Mf。

3. 近摄皮腔

近摄皮腔是手风琴风箱似的皮腔，把它安装在相机机身与镜头之间，通过调节改变伸长量，使像距伸长或缩短，从而获得一系列的放大倍率。皮腔的作用与近摄接圈完全一样。优点在于它是利用皮腔的伸缩，来连续改变放大倍率，操作起来比较方便，可实现放大倍率的连续变化，而且放大倍率可以比近摄接圈高。

4. 镜头反转接圈

镜头反转接圈能将镜头倒装在照相机上，接圈一端是卡在照相机上的卡口，另一端是阳螺纹，正好旋在镜头前安装滤镜的螺口上，工艺简单，可以自制。镜头倒装以后，拍摄距离由镜头到被摄体仅间隔几厘米，因而能拍到较小的物件。由于镜头倒装后产生的光瞳放大效果（镜头的前端口径和后端口径大小不一），因而需要作曝光补偿。

5. 微距镜头

微距镜头是专门为近距离拍摄微小物体而设计的镜头，有35mm、50mm、55mm、60mm、90mm、100mm、105mm、200mm等不同焦距的各种规格。微距镜头可拍摄1/2倍至原物大左右的像，甚至更高的倍率。由于微距镜头是特殊光学设计，即便在近距离拍摄，仍有很高的分辨率，所以可获得均匀的光照和清晰的影像。微距镜头也可用作普通照相，还可以和近摄接圈、近摄皮腔一起使用，以获得更高的拍摄倍率。

此外，有些变焦镜头，除了具有标准、望远、广角等镜头的性能外，还装有近摄装置，可作近距照相使用。这种镜头也称为近摄变焦镜头，可以自动补偿光圈，无须增加曝光，但是对于没有自动补偿光圈结构的，则需开大光圈或增加曝光时间。

（二）光圈及曝光的确定

近距照相由于物距变近了，景深变小，且加了近摄镜片会破坏原镜头的像差校正，使球面像差和色像差又重新呈现，成像清晰度变坏。为了保证足够的清晰度，在取景调焦时首先要开大光圈（打到最大值），调焦清晰之后，在拍照曝光时要改用小光圈，一般用f/5.6～f/16。

在附加近摄装置的近距照相中，使用近摄镜、标准微距镜头时，无须进行曝光补偿。使用近摄接圈、镜头倒装、近摄皮腔以及加用皮腔的微距镜头是采用增加像距的办法，因而需要进行曝光补偿。现在的单镜头反光照相机，一般都有内测光系统或自动曝光装置，它已经把应该增加的曝光时间自动计算在内，因此就无须考虑曝光补偿。倘若使用的照相机没有内测光系统而要取得正确的曝光，就需要进行曝光补偿。应增加的曝光倍数，可按下列公式计算：

$$T = (M+1)^2 T_0$$

其中 M 为放大倍率，T_0为未加近摄附件时所需的曝光。

（三）镜头的选择

近距照相存在的主要问题是：物距变近了，景深变小，打光难；加了近摄附件之后成像质量变差；等等。而对于同一个被拍物而言，要达到同样的放大倍率，镜头焦距越短，拍摄物距越近，在同样的光圈条件下景深越小，打光也更难；镜头焦距越长，拍摄物距越远，在同样的光圈条件下景深越大，打光也越容易。所以，近距照相最好是选择长焦距镜头。

第二节　翻　　拍

刑事照相中的翻拍，是指利用照相技术对图文类证据原件进行复制的方法。刑事照相中的翻拍是为了侦查、检验或保全证据的需要，运用照相技术，将在现场勘查、搜查和检验鉴定等过程中发现、提取的与案件有关的或具有证据意义的文件、单据、信件、书报、照片、有价证券、图表、契约、指印、字迹等平面客体和影像复制成照片的一门刑事技术。它是物证照相的常用手段之一。

翻拍的目的是：一方面是为了记录原件的形态、大小、质地等物质属性和外部特征，另一方面是为了反映原件所记载的文字、符号、图画等书面内容。而翻拍原件种类多而复杂，大小不一，需要根据不同的要求和用途，运用不同的翻拍方法与技术。

一、翻拍的设备和器材

翻拍一般需要照相机、近摄镜头、近摄接圈、近摄皮腔、近拍镜、增距镜、镜头反装接圈、滤光镜、偏振镜、翻拍架、三脚架、照明灯、比例尺、快门线、暗袋、背景衬纸等设备以及应备有全色片、盲色片、分色片和彩色负片等感光材料。

1. 照相机

可根据需要使用 4×5 翻拍机以及座机，也可使用单反相机。为了保证翻拍照片的效果，最好使用大尺寸胶片相机。这是因为对放大相同尺寸的照片来说，成像尺寸越大，照片放大倍率越小，影像清晰度、层次等质量就越好。所以专业翻拍最好选用专门用于翻拍的照相机，也就是 4×5 翻拍机以及座机。这类相机的镜头分辨率要优于一般相机，并具有磨砂玻璃的对焦装置。由于翻拍属于近距照相，翻拍机通常配有 2 倍至 3 倍焦距长的伸缩皮腔以适应近距拍摄的需要，以便获得与原物相等或大于原物的影像。通常的单镜头反光相机配上标准镜头，也完全能适用于任何翻拍。尤其对翻拍 15cm×20cm 以上尺寸的原件是完全胜任的。

相机镜头的焦距要求比感光片对角线长度略大，一般为感光片对角线长的 1.3 倍左右，以保证翻拍中获得清晰的不失真影像。

2. 较小的原件翻拍所需的附件

翻拍的取景构图要求被拍对象在照相机取景器中所占位置不少于画面的4/5。当被摄对象的尺寸明显小于 15cm×20cm 时，使用最近聚焦距离也不能达到翻拍的取景构图要求。被摄原件尺寸越小，成像也就越小，放大的照片质量也就越差。所以翻拍小尺寸客体，要取得令人满意的效果，就需要加用相应的近摄接圈、近摄皮腔、近摄镜、镜头反装接圈等附件。

3. 快门线、翻拍架或三角架

翻拍中的常用器材还有快门线、翻拍架或三脚架等，这些器材的主要作用都是有助于翻拍时稳定相机，提高翻拍影像的清晰度。室内翻拍使用单反相机时，应将相机固定在翻拍架上进行翻拍。室外翻拍一般使用单反相机，翻拍时，应将相机固定在翻拍架或三角架上。

4. 其他器材

此外，应配备磨砂灯或乳白灯等较柔和的带反射灯罩的散射照明灯、比例尺、暗袋、背景衬纸等设备。

二、翻拍的基本步骤

（一）翻拍的前期准备工作

1. 了解案情及办案要求，研究原件特点，明确翻拍要求，选定翻拍器材和方法

确定翻拍的范围，了解翻拍的具体内容或部位，明确翻拍的重点。根据被拍对象的大小、形态，确定画幅横竖与放置方法。例如，要求是原件整体原样翻拍，还是局部突出翻拍，翻拍画面有多大，具体有何要求，等等。技术员对此要心中有数，以便确定原件的放置方法，选择何种感光片、滤光镜及近拍附件等。

2. 除了翻拍原始状态外，必要时要对原件进行整复处理

（1）如果原件有卷曲、揉皱、折痕情况，可用温热的电熨斗或平板玻璃作平整处理。

（2）破碎或撕裂的原件，应细心地拼接完整。

（3）对与翻拍内容无关的污垢和灰尘，要尽可能清除干净。

有些原件由于年代久远的缘故，往往受到各种污染。因此，在翻拍之前，对原件进行一番清洗复原是很必要的。对于那些表面沾有尘土和指印之类的污迹，可用清水或酒精进行清除。

首先，清除污迹之前应进行原始拍照，以防原件被破坏。清洗时先用牙签卷一点药棉蘸以酒精，在原件的边缘先进行试验性擦拭，发觉效果理想，再普及到原件全体，以免因清洁剂选用不当而造成损坏原件的后果。

清洁完原件表面后，就可进行拍照。而拍照之后可察看一下原件是否有颜色剥落的现象，如果有，则可用毛笔蘸上透明水彩颜料或墨水进行补色，尽量修复还原并进行拍照，用以进行相互对比印证。

3. 选择必要的衬底

黑白翻拍中衬底颜色一般用黑、白两种，色泽要均匀，衬底材料可用纸张或厚布。如果是整体原样翻拍，衬底应与原件拉开反差，原件是浅色的，可选黑色衬底；反之，可选白色衬底；原件是彩色的，如果用彩色翻拍，可以选择与原件色互补的衬底。衬底的面积应该比原件略大一些，以反映原件的全貌及边缘特征。对单面书画的文字等材料，在原件背面衬以白纸，能增加原件纸质的洁白程度，有助于获得黑白分明的反差效果。对于双面均有书画文字等而纸张较薄的原件，必要时可衬以与字画颜色相同的衬底，以减少背面字画对正面字画的干扰。

4. 安放比例尺

比例尺底色要与原件相适应，对于黑白翻拍，深色较小的原件加黑底比例尺，浅色较小的原件加白底比例尺，而较大的原件应加黑白相间比例尺或皮尺。彩色翻拍应选择彩色相间比例尺，上面有三原色、三补色的色块，彩照放大、扩印时要根据彩色比例尺精心校色，防止偏色。比例尺安放时有刻度的一边紧靠原件但不能接触原件，与原件的底边平行，比例尺的长短由原件大小确定，原件越大，比例尺越长。

5. 安装合适的近拍附件、滤光镜等附件

翻拍较小物体时，为保证成像质量并充分利用底片面积，应使用近摄技术翻拍。校正翻拍时加上滤光镜。使用黑白全色胶卷翻拍彩色图文资料、照片时，可根据表现主题内容的需要选用滤光镜。一般来说，若减弱某种颜色可选用与其相

同颜色的滤光镜；若加强某种颜色可选用与其颜色相补的滤光镜加强反差。使用彩色片翻拍，当所用光源色温与感光片要求色温相差太大时，用色温校正镜进行校正。

（二）取景调焦

照相机固定在三脚架或翻拍台上，使镜头光轴对准原件中心且垂直原件平面。通过三脚架或翻拍台的升降装置上下调整照相机高度，直至在取景框中能观察到原件全貌，并且原件所占比例不少于取景框画面的4/5即可。如果原件大小已超出取景框，则减少近拍设备；如果没加近拍设备的，可增加拍摄物距；如果原件大小不足取景框画面的4/5，则增加近拍设备。调焦必须精确，垂直俯拍时要防止照相机因重力作用向下滑动。

（三）翻拍的光线运用与曝光

1. 翻拍的光线运用

适宜翻拍的光源是散射光，在垂直方向不产生反光现象，彩色翻拍时光源的色温与感光片要求相适应。无论是自然光还是人造光，只要是散射光均适宜。这是因为利用散射光翻拍时，易使被摄原件受光均匀。均匀的照明也是翻拍用光的主要目的。此外，被摄件上如果稍有凹凸不平的情况，在散射光照明下也会显得不那么突出。云雾遮住的日光、乳白灯泡、磨砂灯泡等均属于散射光源。

翻拍用光不怕光线暗，只怕光线不匀。因为翻拍对象基本上都是静态的。光线暗，可以用慢速度拍摄；而光线不匀则难以弥补，会明显影响翻拍效果。

翻拍台的两边通常各安置一只或两只散光灯，布光时不宜仅凭肉眼观察被拍物受光是否均匀，这样往往会有较大误差，应该调节光源距被拍物中心的距离与角度，使两边的光源离被拍物中心的距离相等，并呈45°角。按这样的方法布光易使被拍物受光均匀。灯距要合适，太远了照度会降低，太近了光照不匀，影响取景，还会烤皱原件。每盏灯的发射功率、照射距离、照射角度要保持一致。在翻拍实践中，为确定光照是否均匀，可将一支铅笔直立在翻拍原件的中央，观察由于光线照射而在铅笔两侧形成的阴影长度和明暗程度是否一致。如果两侧长度一致和明暗程度一样，则照明均匀，否则照明不均匀。如用单灯翻拍，光源位置一般应置于物距（镜头与原件之间的距离）的2～3倍处，最好在无灯光的一侧放置反光屏，以使原件上的光照均匀。

不论采用何种方式布光，从照相机取景器内观察时均不可看见有原件的反光点和照相机的倒影，这在拍摄光洁度高的原件或用透明玻璃平压的原件时尤其要注意。

2. 翻拍曝光量的测量和计算

由于各种被摄原件的底色与画面的色调差别悬殊，因此，不宜采用向被摄原件直接测光的方法，包括相机的内测光。适宜的测光方法是采用灰卡代测法、手背代测法或入射光测光。

曝光组合应注意使用小光圈，以扩大景深，有利于成像清晰。这是由于翻拍的物距往往较近，这就使相机至被摄原件中心和边缘的距离有较大差别，小光圈可以弥补这种距离差带来的影响。一般情况下选用 f/8 或 f/11。同时，当你使用相应的慢速度时，也要留神是否出现互易律失效问题，如果曝光的时间达到互易律失效的范围，则应作相应补偿。快门用快门线或自拍机开启，曝光时系统保持高度稳定，有利于成像清晰。

使用近摄接圈或近摄皮腔翻拍时，如果你使用独立式测光表测光，则须把测光值的曝光量按下列公式作相应调整：

$$\{[\text{镜头焦距}+\text{接圈（或皮腔）长度}]\div\text{镜头焦距}\}\times 2=\text{曝光倍数}$$

例如，50mm 镜头使用 50mm 接圈，则 $[(50+50)\div 50]\times 2=4$，这就意味着要放慢两挡快门速度（或开大两挡光圈）。如果你是使用相机的内测光，那么测光值可直接使用，不必再作曝光补偿。

三、翻拍的注意事项

第一，将相机稳定地置于三脚架或翻拍台上，避免受到不应有的震动。切忌手持相机拍摄。

第二，应仔细地进行聚焦，不能有任何局部模糊现象。

第三，注意调节物距的原则是使被拍物充满底片的 4/5。

第四，注意使被摄件中心在相机镜头的中心轴上，且相机镜头的中心轴垂直被摄件平面。被摄件相对于相机的位置稍有倾斜，便会导致被摄体的变形，本来平行的对边会变成倾斜的会聚线。采取垂直向下还是水平横向垂直则需根据被摄件的情况而定，一般来说，大尺寸原件宜贴在墙上进行横向垂直拍摄；小尺寸原件则可放在平面上，垂直向下拍摄。

第五，注意使用快门线释放快门。对帘幕快门相机，在取景、聚焦后，锁定反光镜拍摄，能有助于稳定相机。

第六，注意被摄件的平整、清洁，忌凹凸不平。

第七，曝光必须正确，最好使用入射式测光表。

四、几种原件的翻拍技法

（一）透明、半透明介质上的图形和字迹原件翻拍技法

对于透明、半透明介质上的图形和字迹原件（如 X 光片、普通胶片、硫酸纸、复写纸、纸币内水印等）的翻拍，如果采用一般的反射光翻拍，可能影像

反差太弱，一些图形的线条或文字难以清晰地反映。对这类材料，应该在室内采用透射布光，室内应尽量暗，可将原件压平放在均匀明亮的脱影灯箱、专门的幻灯片照相仪或面光源上，四周用黑纸遮挡，打开光源让光线从被拍原件的正后方透过原件，进入镜头成像，并设法消除原件透射光以外的一切杂光。也可将原件用透明胶纸固定在透明玻璃上，背衬白色天空拍摄，完全利用透光光线进行曝光，应设法消除原件透射光以外的一切杂光，严格防止镜头冲光产生灰雾现象，同时注意不能直接对准太阳。

另外，复制胶片内的影像，可在暗室内用胶片拷贝或直接印放照片。

（二）文字材料原件的翻拍技法

普通白纸上的文字和图表主要采用对比翻拍措施，尽量加大图文反差。有些材料面积较大，文字细小而稠密，往往受到镜头分辨率和底片尺寸的制约，难以取得清晰的效果。对此，除了固定整体原貌外，最好再进行多处局部近拍，以相互印证。或者采用直线连续法分段拍摄，后期将照片拼接完整。

第一，单面印字的文字材料在原件背面衬以白纸，能增加原件纸质的洁白程度，有助于获取黑白分明的效果。

第二，两面均印字的文字材料在原件背面衬以黑纸，能减小背面字迹对翻拍效果的影响，提高翻拍效果。

（三）因年代久远而严重泛黄的材料及被有色物质污损、掩盖的原件翻拍技法

一种方法是采用酒精等清除污迹，另一种方法是利用在镜头前加滤镜调节被摄件反差或去除污迹。例如，被血迹污染的信件，在翻拍时要加用红色滤光镜，消除其被血迹污染的部分，恢复白色纸张上原来的字迹。

（四）绸纹、绒面照片的翻拍技法

如果被翻拍的照片是绸纹纸或绒面相纸印放的，在灯光的直接照明下，往往会产生白花花的反光点，影响翻拍的质量。要解决这个问题，可以根据原作的不同大小，分别采用不同的方法。

1. 涂油法

如果照片的尺寸很小，可以用一点凡士林涂抹在照片上，然后将照片在灯下烘烤，使凡士林受热熔化，均匀地覆盖于照片上，照片表面呈平滑、光亮、均匀状，随后将照片从灯下移走，待其冷却，再进行翻拍，绸纹纸上的细纹就会被凡士林充填而看不见了。

另外，也可用等量的松节油与蓖麻油混合，均匀涂于照片表面进行拍摄。

2. 浸水法

如果照片的尺寸较大，用这种涂油法就不易涂得均匀，可改用以水代油法。具体做法是：将原照片投入盛水的脸盆中充分浸湿，然后将照片带水贴到一块平

整洁净的比照片稍大的玻璃板上，用手抚摸照片，挤去照片与玻璃板之间的气泡，然后再用一张大于相片的薄纸贴于照片之后，不让空气再进入照片。这样绸纹纸上原有的凹凸空间全被水填满，变得很平整。光线照射上去，也就不会再产生零乱的反光。如果照片很大，则可用水中翻拍法，方法是把照片面朝上，放到一浅盘干净水中，然后将相机垂直于盘面，从上往下进行翻拍，也可取得理想的效果。

另外，也可以将照片在温水中浸透软化，把绸纹面或绒面朝向洁净的透明玻璃贴上，用软毛巾压平相纸，使正面不见照片水迹，便可翻拍。

3. 清除复制照片上小点的方法

与此相仿，在翻拍报纸或杂志上的插图、照片时，常会出现小斑点，要避免在复制照片时出现小斑点有两种方法可行。一种方法是在对焦时让焦点稍稍有点错位，小点一个个混合起来，总体上就不见了。这对于翻拍肖像之类的印刷品来说效果较好。另一种方法是在被翻拍的原件前约5cm处，放上一块浅蓝色玻璃，也能使网板上的小点情况得以改善。

（五）盖有钢印的照片翻拍技法

有些重要证件上的人像照片盖有钢印，照片表面局部呈凹凸起伏，正常配光，钢印字迹会产生阴影。一般可采用同轴布光、无阴影布光拍摄，结合偏振镜使用，最大限度地减少阴影和反光点的产生。曝光时宜用很小的光圈，保证钢印凹凸处与其他各部位同在景深范围之内。

（六）居民身份证照片和盖有红色印章的照片翻拍技法

居民身份证上人像照片的翻拍有两个难点，一是绿色网格干扰，二是塑料封套的反光。前者可使用绿色滤光镜加以消除；后者通过光照方向的调节，借助偏振镜，使塑封套上反光点消失。盖有红色印章的照片，翻拍时可选择红色滤光镜，消除红色印章产生的密度，还人像照片以本来面貌。

（七）染色照片翻拍技法

有些黑白照片用化学方法将影像部位染成了棕色、红色或蓝色等颜色，影像密度越深，染色越深，空白部位仍接近白色。这类照片的黑白翻拍，为加深影像，可选择颜色相反或互补的滤光镜。例如，棕色照片可选蓝色滤光镜，红色照片可选绿色滤光镜，蓝色照片可选黄色滤光镜，当然也可以用彩色翻拍。

（八）褪色照片翻拍技法

由于照片的定影、水洗不足，或因年代久远而使照片泛黄、褪色变淡，可用再显影方法使影像复原。办法是：先将照片浸湿后放入漂白液中漂白。漂白液配方：

A液：高锰酸钾0.6克溶水至100毫升。

B液：浓盐酸20毫升稀释至100毫升。

使用时取A液、B液各20毫升混合，加水至100毫升，照片投入其中，不断翻动，待影像褪去后，投入清水中漂洗6分钟左右，然后用D－72显影液显影，使原有影像重新全部显现，水洗干燥后按常规方法翻拍。

如果照片纸质脆弱或照片极其重要，不宜采用上述方法处理，以免损坏。只能使用校正翻拍的方法。必要时运用照相绘画补足褪色部位的影像。

（九）工程蓝图翻拍技法

对于工程蓝图原件，除线条为深蓝色外，空白处往往也有一层蓝色灰雾，翻拍时为加强反差，可用全色片配合红、橙、黄色滤光镜。或者直接采用全色片、分色片、盲色片拍摄，在后期制作中配以硬性显影液和硬性相纸处理，同样能得到反差明朗的翻拍照片。此外，对底片重复拷贝也能有效提高影像反差。

（十）巨幅原件翻拍技法

有的翻拍原件因尺寸较大，或者受客观条件制约难以搬动，一般不可能在翻拍机上进行拍照复制，对此类巨幅原件翻拍可采用以下技法。

在室外漫射光条件下找一处光照均匀的墙壁，将巨幅原件平整地悬挂或粘贴在墙上，然后用三脚架支撑照相机，使相机与被拍物等高，光轴垂直原件进行取景和拍摄。照相机尽量选用大画幅的单页片座机或120单反相机。如果室内利用人造光源拍摄，应采用多路光源较远距离照明，使原件每一部位照度均匀。有的原件不能搬动，需在原始位置拍摄，也应尽量创造条件，使配光和选择机位符合翻拍要求。比例尺应选用足够长度且刻度醒目的皮卷尺。

第三节　脱影照相

一、脱影照相的目的与作用

具有一定的立体空间体积的物体在自然光线或灯光的照射下，会在其承受客体或拍摄背景上产生一个或多个投影。例如，斧、锤、钥匙、刀、机械零件、手枪、子弹、骨骼等具有一定体积的物体，在拍照时，光线照到这些物体，形成被照射的一面特征清晰又没有阴影；光线照不到的一面，不仅特征看不清，轮廓、边缘也不清楚，而且还产生投影。它直接影响被拍物影像的轮廓边缘和花纹特征的清晰，并使人眼产生错觉而分辨不清其真实轮廓外形和花纹特征，给辨认和鉴定带来一定的困难。而物体的投影的浓度是由光线的强弱决定的，光线越强，投影越浓；反之，则淡。被拍物投影的形状和大小，取决于：物体与拍摄背景之间的角度、距离；光源照射的位置角度，光照角度越低，投影越长；拍摄背景的表面形态，即投影表面是平的、凸的，还是凹的；等等。物证照相不允许有任何混淆物体轮廓的投影，否则将给物证检验工作带来一定的困难，因此，在配光时，必须设法消除由于光照而使被拍客体在承受客体或拍摄背景上产生的投影，为辨认和检验提供有利条件。

这种为了真实再现立体被拍物的形状、色泽和大小规格的外表特征而消除被拍客体在承受客体或拍摄背景上的投影的照相方法，称为脱影照相。

二、脱影照相的对象

翻拍主要是针对平面类材料，而脱影则是着重针对立体物的拍摄技术。具有一定空间体积的物品、物证（如作案工具、凶器、赃物、人体组织块等）都是脱影照相的对象，这些立体物证能起到揭露和证实犯罪的作用。对它们进行客观的记录，使照片具有无可辩驳的真实性和可信性，是刑事照相的重要任务。

三、常用的脱影方法

（一）脱影灯箱脱影法

被脱影物证安放在箱盖玻璃表面，来自正面的灯光一般也在两侧以45°角照射，有时可根据物证的立体形态、结构特征做适当调整。当对物证正面配光并在玻璃上留下投影时，可利用灯箱内的灯光透过乳白或磨砂玻璃减弱或消除。脱影灯箱上照射在被拍物体上的灯光亮度与灯箱底部透射光亮度的比要适当，一般为1∶2或1∶3。如果正面光太强，物证边缘投影不易清除；如果透射光太强，物证边缘会产生光晕，影响轮廓再现。目前有些较好的脱影灯箱，正面光亮度连续可调，箱内多支光源分别由几只开关控制，光强调节十分方便。

灯箱脱影必须在专用灯箱上进行。根据箱内光源位置，可把脱影灯箱分为反射式脱影灯箱和透射式脱影灯箱两种。

1. 反射式脱影灯箱

反射式脱影灯箱是将乳白、磨砂灯泡或日光灯管安装在灯箱内四周，箱底用白色衬底或黑色衬底，箱盖为透明或乳白玻璃，灯箱上左右两侧配照明光源。

2. 透射式脱影灯箱

透射式脱影灯箱是将乳白、磨砂灯泡或日光灯管安装在箱内底部，其上安装乳白或磨砂玻璃，箱盖为透明或半透明玻璃，灯箱上两侧配照明光源。

使用反射和透射脱影灯箱，应将照相机安装在翻拍架上进行拍摄。

（二）环形灯脱影

环形灯脱影方法就是将环形灯套在相机镜头上，对着物体进行拍照。从镜头四周发出相同强度的光线照到被拍物体上，相互抵消了所产生的投影，使照相机取景视野范围内的被拍物体不产生投影，光照均匀，从而达到了脱影的目的。

环形灯有普通环形灯和环形闪光灯两种。普通环形灯是用一周按环形排列的普通小灯泡或环形日光灯管制作而成，使用时套在照相机镜头上，既是脱影光源又是物体的照明光源。它是一种连续照明灯，能直接观察到照明效果。不仅适用于小型物体的脱影照相，也适用于较大物体的脱影照相。

环形闪光灯其灯管弯曲成环形，闪光亮度大，色温高，适用于快速拍摄和彩色脱影，缺点是瞬间闪光不易直接观察光照效果。

环形灯的内径应该与所用照相机镜头相匹配。环形灯一般是为标准镜头设计的，也可适用于长焦镜头，但广角镜头视角太大，不能配用。采用环形灯照明，衬底最好选择深色而质地粗糙的材料，以避免反光。使用环形灯拍摄，应将被拍物置于环形光源中间进行拍摄。

（三）偏振镜脱影

使用偏振镜脱影可以有效控制衬底色调的深浅，使物体的轮廓清晰地表现出来，而且能有效地压低物证表面的反光，是一种较理想的脱影方法。

用偏振镜在脱影灯箱上拍摄，需将被拍物放在一块面积大于被拍物证的起偏振镜片上，将检偏振镜套在镜头上，正面正常配光，拍摄时根据需要旋转检偏振镜片。当起偏振镜片与检偏振镜片的晶丝平行时可获得白色衬底，两晶丝45°交叉可获得灰色衬底，两晶丝垂直时可获得黑色衬底。

（四）其他脱影拍摄方法

1. 悬空脱影

悬空脱影的方法是把物体远离背景悬空吊挂，从物体两侧配光，使物体投影在取景画面范围以外。悬挂绳线要细而且要有足够的机械强度，不能有反光，颜色与背景色调一致。

2. 散射光脱影

散射光脱影是用柔和、均匀的散射光照明，可以消除或减淡物体投影，从而达到脱影的目的。散射光脱影方法有以下两种：

（1）自然散射光脱影法。自然散射光就是间接日光，又称漫射光，是指阳光经云层或其他物体反射或透射后的光，照度小，方向散漫，物体亮度较低，反差柔和，无阴影。例如，透过云层的太阳光、阴天的室外、无阳光直射的背光处、室内靠窗无阳光直射处等，其自然光均匀而柔和。可以将物体安置在这样的光线环境下，并根据被拍客体的颜色深浅衬以合适的衬底（深色物衬浅色衬底，浅色物衬黑色衬底)，就能消除被拍物在承受客体上的投影。有时由于光线不够柔和，在背景上仍有部分投影，可在靠近投影的地方放置白色反光屏，或配以均匀的辅助光将阴影加以减淡消除。另外，也可在中午阳光垂直照射地面时，把物体置放于铺有白纸的地上或白瓷盘中，使阳光所造成的物体投影，直接在被摄物体底部与物体重合，从而达到脱影的效果。

这种脱影方法最廉价，方便快捷，不需专门器材，能因地制宜，效果也较好，特别适用于体积庞大、搬动不便的物证的脱影，如摩托车、自行车、机器设备等。

(2) 人造散射光脱影法。在室内人造光源下，充分利用白墙壁、白纱布、白纸、硫酸纸等物的间接反射光，让光线柔化、虚化、漫射化，或者通过半透明的描图纸或白纸制作照明亮盒、柔光室、柔光罩、柔光球等装置，营造各种柔光照相环境，以减弱和消除物证的投影。

这种手法常用于金属制品的拍摄（如手表、钱币、纪念章、金银饰品等强反光物体)，不但能消除投影，还能使表面反光点减弱，细微特征清晰再现。

3. 圆纸筒脱影

用半透明的硫酸纸或白纸制作一个圆锥形罩，顶端开一个孔，将照相镜头插入；被摄对象置于大罩内，从罩外两侧配光，使光线透过半透明纸变为散射光照射物体进行拍照。

4. 透明玻璃脱影架脱影

透明玻璃脱影架脱影是用一块透明玻璃并将其两端架起，使玻璃与地面有一段距离，地面放置适当颜色衬底，被拍物放置在玻璃上，从物体两侧配光，使物体投影置于取景范围之外，从而达到脱影的效果。

5. 黑衬底脱影

对白色、浅色物体可采用黑色衬底脱影，使被拍物的投影与黑色衬底混为一体，从而达到消除物体投影的目的。拍彩色脱影照片，宜用被拍物的补色为衬底。黑衬底反光率越低，脱影效果越好。宜选择黑丝绒、黑纸等材料作为衬底。

四、脱影照相的质量要求

脱影照相的衬底应该均匀，不允许一边衬底深，一边衬底浅。为保持物体轮廓完整、不变形，不允许采用修底、染色的方法脱影。对用于鉴定的物证进行脱影拍摄时必须遵循比例照相的原则。脱影拍摄物体的配光，应按照左右两侧相等光量、相等距离、相等角度的原则进行。对一些表面上具有不同立体特征的物体，可以一侧配以较强主光，另一侧配以较弱辅助光，以显示其立体特征。调配光源角度光比时应细心观察物体特征，既能充分显示其细部特征又能消除边缘投影。为突出显示物体特征，可根据需要加适当颜色的滤光镜。

第四节 加强反差照相

加强反差照相是物证照相的一个重要组成部分，是通过正确选择光照性质、光照角度和感光材料，对负片和正片进行加强反差的处理，使被拍物体各部分极其微小的、眼睛不易感觉的亮度差别获得增强，以提高微弱痕迹、物证与其载体表面的影像反差的一种刑事照相技术。

一、无阴影照相

（一）无阴影照相的配光

无阴影照相的照明选用的是漫射性的均匀的光线。常选用奶白灯泡、磨砂灯泡、日光灯。而不应采用带有聚光性质的明丝灯泡。这种照相方法运用正面的四周照射的均匀的漫射光线，可使物体表面较小的凹凸现象或皱纹状态不会因光照而产生阴影，从而使特征明显地反映出来。

（二）无阴影照相的对象

从物体上遗留下来的痕迹形象来看，有平面和立体两类，无阴影照相主要针对的是物体表面上的痕迹，如平面物体上的痕迹，圆柱形、球形和弯曲物体表面的痕迹。

1. 潜在手印的拍照

用硝酸银显现的手印色泽为深黑色，这种痕迹用均匀的自然光、灯光拍照均可；用碘蒸气熏现的手印呈棕黄色，用均匀的自然光或灯光照明，可适当加用绿色滤光镜、盲色片拍照；用宁西特林溶液显现的手印为蓝紫色，拍照时不宜感光过多，同时须加相应的滤光镜以增强反差。

2. 文件笔迹的拍照

对于匿名信、涂改笔迹、文件材料中的字迹，若原件色调单一、反差较强，按照一般翻拍的方法拍照即可。若原件复杂，则应选用相应的滤光镜和感光片，根据不同情况分别对待；白纸上的铅笔字一般笔迹较细，且反差不大，为了能把字迹反映清晰应分段拍照，然后拼成一张照片；白纸上的钢笔字、圆珠笔字呈蓝紫色的通常加用红滤光镜拍照；红纸上的毛笔字加用红色滤光镜。

3. 尸体现象的拍照

皮下出血是皮下血管受伤破裂的一种现象，出血部位的形状反映出致伤物体的接触面，应用平侧柔和光线拍照，必要时加相应的滤光镜；眼球结膜出血点用自然光或把灯光拉远，加绿色滤光镜拍照；毒物引起的腐蚀痕迹，因不同的毒物其腐蚀的色泽也不相同，应加用相应的滤光镜拍照。如尸体腐败变绿时加红色滤光镜，呈暗红色加绿色或蓝色滤光镜，以加大反差。

4. 球形表面痕迹的拍照

从三个或四个角度同时照射痕迹，注意应在灯前加半透明磨砂纸或白纱布使光线变得散射、柔和、均匀，在被拍的球形顶部就不会产生反光现象。对于透明灯泡、电子管等物体上的痕迹，在拍照前应把拍照范围外的部分用黑纸遮挡或涂黑，两侧低角度光照射，在暗室里拍照。

5. 电镀制品、镜面上痕迹的拍照

电镀制品、镜面等强反光客体上的痕迹，在受到光线的照射后会产生强烈的反光现象，处理不好会造成光晕现象。这类客体上痕迹的拍照一般有两种方法供选用。其一，仿照透明灯泡上痕迹的拍照，在痕迹以外的部分用黑纸或黑墨遮挡掩盖，低角度配光，在暗室里拍照；其二，制作一个圆形的白纸筒套在镜头和痕迹之间，使被拍照的痕迹处在无直射光干扰的环境里拍照。

二、阴影照相

（一）阴影照相的配光

无阴影照相针对的是平面痕迹物证的拍照，阴影照相针对的则是立体痕迹，它是利用光照到物体上产生阴影来显示被拍物表面存在的凹凸痕迹。这类痕迹如立体指印、刻画痕迹、足迹等。其特点主要是立体痕迹本身与背景通常为一种物质构成，拍照时只能利用侧光照明产生阴影来达到加大反差的效果。

（二）阴影照相的对象

1. 室外泥土上的立体痕迹

这类痕迹包括指纹、足迹、车辆轮胎痕迹等。由于在室外，日光的照射面积太大，四周反射光线过强，易产生光线干扰，拍照时应特别注意角度的控制：用黑布遮挡痕迹上的光线，利用反光设备将日光变成所需要的单侧光照射到痕迹上，使其产生阴影再拍照。

2. 刻划痕迹

这类痕迹的光照方向应选择从立体纹线的横向方向照射方能在凹陷区产生阴影。有时一个痕迹有多个方向走向的纹线，从一个方向照射时，自然与一部分痕迹纹线同向而不会产生阴影。选择照射方向时，尽量从横向纹线多的方向照射痕迹或从多个方向分别照射拍照，用多张照片互相补充来全面显现痕迹的细微特征。

3. 立体花纹

这类痕迹不是简单的横向或纵向纹线，而是呈现环形或螺旋形状，应采用相向或十字交叉的配光方法。为了使其形成立体形象，须在痕迹的两端配光，且使两端的灯光强度有明显的明暗差别，即一侧用强光，另一侧配以较弱的辅助光，拍照时采用两侧同时照射再曝光，也可分别照射而重复曝光。

三、透射照相

从物体对光的作用来看，物体对光具有反射、透射和吸收等特性，物体对光的透射能力在于物体的透明性质。透射照相就是以被拍物本身的透光程度和被拍物面落有的痕迹的阻光程度为基础，利用两者之间透光的差异来显示痕迹。从透光的方向看，透射照相可分为同轴透射和侧面透射。

（一）同轴透射

同轴透射的照明光线是从被拍客体的背面垂直照射。光源、客体、镜头三者处于同一轴线上。这种透射适用于透明物体上较深的痕迹，透明度不高或半透明客体上的痕迹。光源的强度，要根据客体的阻光性而进行调整。阻光性能好，光线要强，阻光性能差，光线相对要弱。涉及被涂改的字迹、笔划重叠痕迹、墨水的渗透方向、较多灰尘玻璃上的痕迹照相都适用于同轴透射。

（二）侧面透射

侧面透射的光线是将灯光置于被拍物的背后一侧以45°左右射向被拍物，照相机在被拍物的另一面垂直于被拍照的客体。这种配光要求光线不能直接射向照相机镜头，同时在被拍物的背后要衬以黑色的背景。侧面透射配光是较常用的一种配光方法，适用比较多的是玻璃上的汗液指纹或有色指纹。如果遇到透明玻璃上的双面重叠指纹，虽适用这种方法，但要求光照角度相当小，几乎相当于全侧光。这种方法拍摄的实际是背面的指纹，其方向是反的，在放大时应予以矫正。

透射照相还有多种配光方法，如正背面对角侧面配光、侧面和正面反射配光、暗视野透射配光等。如能熟练掌握同轴透射配光和侧面透射配光，定能达到满意的拍照效果。

第五节　分 色 照 相

在犯罪现场经常有很多的痕迹、物证遗留在花色背景上或被某种物质掩盖，使痕迹、物证的部分或全部特征无法分辨清楚，为了清晰地反映痕迹、物证的特征，就必须设法将两者分开。运用照相的方法，借助滤光镜阻挡或通过某种色光的特性，来加强或减弱被摄物体的某种颜色的反差，这种改变颜色反差的照相称为分色照相。

一、分色照相的原理

任何一种物体的颜色都取决于投射到该物体表面的光的反射、透射和吸收的能力。在绝大多数情况下，物体所反射的是各种不同波长的光线，但是肉眼所看到的却是各种波长光线反射的混色光。例如，某一物体反射一定比例的黄色光和蓝色光，但在人眼看来并不是两种单色，而是黄、蓝两色综合而成的绿色。自然界的物体和各种制品所呈现出的五彩缤纷，都是由红、橙、黄、绿、青、蓝、紫七种色光按不同比例合成的，也就是物体对各种色光有选择地反射和吸收，给人以颜色反差和亮度反差的感觉。在黑白照相中，感光片对各种颜色的感受，不像人们肉眼观察那样具有各种色彩的反应，而只是根据颜色的变化和感光片的感色性而构成各种深浅程度不同的灰色调。因此，在照片上所表现出来的色调和肉眼观察的实物并不相同，为了强化某一种颜色，或减淡某一种颜色，就必须借助于滤光镜。滤光镜是一块胶膜，把它套在照相机的镜头上，便可以阻止光谱中某种色光进入镜头，而让另一种色光透过镜头使感光材料感光。

分色照相就是运用可见光谱中，物体对各种不同颜色光波的反射和吸收不同的特性，通过光源、滤光镜、感光片感色性的有机配合，从而显现出目力不易发现或难以分辨的颜色差别，来揭露微小的特征和变化。

二、分色照相的方法

分色照相主要是运用滤光镜来控制和改变光谱的成分，以达到加强物体的某一种色光和减弱或消除另一种色光的目的。在刑事照相中，为了突出某一物体或区分某一物体上不同的颜色差别，就需要采用滤光镜，使两者之间的差别得以充分的显示和加强，因此，滤光镜是分色照相的主要工具。

（一）滤光镜的种类

滤光镜品种很多，大致可以从构造上、色光通过特性上、颜色上加以区分。

1. 从构造上分

（1）有色玻璃制造的滤光镜：厚度薄，透过和阻止色光的能力较强，不怕潮湿，不易褪色，但色的等级不如胶质的多。

（2）玻璃黏合色胶制造的滤光镜：颜色比较纯，通过和阻止色光的能力相当强，色的深浅等级多，但厚度较大，怕潮湿和高温。

（3）胶质薄膜滤光镜：由经过特选及光谱测定的染料溶解混合到特种明胶中制成。颜色种类多，选择范围大，但怕高温潮湿，易变形，易褪色。

（4）液体滤光镜：是用有色物质配制成不同颜色和浓度的液体，装入透明的玻璃容器中，放在光源前面，对色光进行“过滤”。此种滤光镜体积大，不便携带，一般放在室内，在检验照相时使用。

2. 从色光通过特性上分

（1）截止光波滤光镜：这种滤光镜只阻止光谱中某一区域的光线，而让其他所有光线通过，或者只让某一区域通过而阻止其他区域。

（2）单通光波滤光镜：它只让以主波长为中心的非常狭窄的光谱区域的光线通过，而其他光线则被限制或吸收。

3. 从颜色上分

滤光镜从颜色上来分通常有红、橙、黄、黄绿、绿、蓝等数种。黑白照相滤光镜的颜色大多为原色，即红、绿、蓝，补色系列只有黄色较常见，每种颜色又有深浅不同的差别。

（二）滤光镜的工作原理

从照相的角度来看，滤光镜的主要特征可以概括为“同色通过，异色吸收”，即滤光镜是什么颜色，它就能透过什么颜色，而全部吸收或部分吸收该颜色互补色或邻近的其他色光。至于吸收光的多少，则取决于滤光镜颜色的深浅。例如，红色滤光镜，它就能吸收与红色光互补的青色（绿色光和蓝色光）而透过红光，而吸收的绿色光和蓝色光的多少，则由红色滤光镜的深浅决定。

（三）滤光镜的使用

使用滤光镜时，可以将滤光镜放置在镜头前，也可以放置在光源前。放在镜头前的滤光镜应具有较好的光学质量。放在光源前的滤光镜一般尺寸较大，光学质量要求不高。在黑白照相中，选用不同颜色的滤光镜拍摄，效果截然不同。即使选用同色但深浅不同的滤光镜拍摄，效果也大不一样。因此，在选用滤光镜时，应注重考虑以下几点：

1. 根据被拍物体表面的颜色和拍照要求选择

确定需要突出的颜色，然后由滤光镜“同色通过，异色吸收”的特性选择相应的滤光镜。如果要使被拍物体表面某种颜色消除或减淡，应当选用与该种颜色相同或相近的滤光镜；反之，则使用与该种颜色相异的滤光镜。对于被拍物体表面颜色比较复杂的情况，则需要根据拍照要求、光源和被拍物体颜色特点作全面考虑。为了加强痕迹、物证的反差，拍照时通常是加用与被拍物体颜色互补的滤光镜。

（1）加强青色物体可选用红（黄 + 品红）色滤光镜。

（2）加强黄色物体可选用蓝色滤光镜。

（3）加强品红色物体可选用绿色滤光镜。

（4）加强红色物体可选用蓝 + 绿色滤光镜（使用蓝、绿两片滤光镜）。

（5）加强蓝色物体可选用黄色滤光镜。

（6）加强绿色物体可选用品红（红 + 蓝）色滤光镜。

2. 选择滤光镜必须和感光片的感色性相适应

全色片能感受全部可见光，因此几种滤光镜均可使用。分色片只能感受黄、绿、青、蓝、紫等色光，而不能感受橙、红两色。可以使用黄、绿、蓝滤光镜，不能加用橙、红滤光镜。盲色片只能感受蓝、紫色光，只能使用蓝滤光镜。在分色照相中，感光片选择不合理，即使滤光镜使用得当，也不能获得预期的拍摄效果，因此，拍摄时切忌使用感光片不能感受的色光的滤光镜。

3. 根据使用光源的类型选用滤光镜

不同的光源，含有光谱成分的比例不同。即使同一光源，在不同的条件下，含有光谱成分的比例也是不同的。例如，日光在早晨、正午、傍晚光谱成分的比例大不一样。光源的色温是衡量光源辐射光谱成分的物理量，不同的光源，色温不同，使用同一个滤光镜取得的效果也不一样。因此，照明条件也是选择滤光镜时应当考虑的重要因素。

4. 使用滤光镜拍摄时需要进行曝光补偿

任何滤光镜都吸收一定光谱成分，因此，使用滤光镜后，通过镜头的通光量相对减少，为了实现正确曝光，需要相应地延长曝光时间以增加曝光量。加用滤光镜后的曝光时间与不加滤光镜的曝光时间之比，称为滤光镜的因数或滤光镜的倍数。滤光镜的因数一般与滤光镜的颜色、深浅，感光材料的种类，光源的种类，以及被拍物体表面的反射性质等因素有关。滤光镜的因数一般用阿拉伯数字表示，有的刻在镜框上，如“2”或“×2”，表示加用这种滤光镜应当增加感光的倍数。但有的滤光镜的因数虽然也用阿拉伯数字表示，其含义与上不同，这个数字不是应当增加感光的倍数，而是增加曝光的级数。在使用滤光镜时，应仔细阅读说明书。加用滤光镜的曝光时间计算公式如下：

加用滤光镜的曝光时间 = 不加滤光镜的曝光时间 × 滤光镜的因数

例如，在日光下拍照时，若不加滤光镜的曝光时间是 1/10 秒；如果加用黄滤光镜，镜上的因数为 2，利用上面的公式可得：1/10（秒）×2 = 1/5（秒）

三、分色照相的运用

分色照相不仅是客观情况的真实记录，而且本身就是刑事技术检验的一种科学手段。

（一）增强有色物体上痕迹的反差

有色物体上的痕迹，有时在肉眼观察时差别很大，但在全色感光片拍摄后的黑白照片上，却反差很弱甚至分辨不清，这主要是在黑白照片上所能表达的仅是白、灰、黑3种基本色调，并以不同的深浅程度组成该物体的质感。例如，头发上的血迹，肉眼观察时，头发是黑色，血是红色，两者区别很大，但在黑白照片上头发是黑色，深红色的血迹也是黑色，两者就很难分清楚，如采用全色片加用红滤光镜，则血迹的形态可以清晰地以浅色表达出来。又如，尸体上的尸斑、皮下出血、皮肤挫伤、眼球出血点等，加用绿滤光镜，可以增强颜色的反差；青紫色的索沟，开始腐败变红的尸体面部，用红滤光镜，可以加深尸体颈部索沟的形状，减淡尸体面部腐败的色斑。再如，对于陈旧的照片、文件、契约和单据等，照片和纸张因氧化作用泛黄，字迹褪色，采用黄滤光镜后，可使照片和纸张颜色减弱变白，褪色的钢笔字迹加深。

（二）区别被颜料、墨水污染和添写涂改的字迹

被颜料、墨水所污染和添写、涂改的字迹，用肉眼观察不易区别，但由于使用的颜料、墨水的成分不尽相同，它们对色光的反射和吸收也有差别，正确地选用相应的滤光镜和感光材料，可以加深两者色泽的差别，显现出其原有的字迹，从而辨别真伪。

（三）鉴别商标和票证的真伪

各种商标和票证的色彩一般都是用分色制板后套印而成的，因此，用分色照相的方法，按照套印工艺的程序，拍成分色照片进行比较可以判明其真伪。

（四）确定文字、笔画和邮戳形成的先后顺序

一些伪造的文件、证书，往往是先盖章后加字的，添加或涂改的笔画，总是压在原来的笔画上。其特点是：字迹压在朱砂印泥上，后加的笔画痕迹使纸张发毛，墨水有不均匀的渗透扩散等现象，再加上墨水对纸张的渗透力不同，书写工具粗细和光滑程度的不同，用分色照相可以帮助确定先后的顺序，揭露伪造的字迹。

第六节　偏振光照相

偏振光是光在自然界中的一种存在状态，它是自然光穿过某些物质或在某些物质上反射之后，其透射光或反射光可能被限制在某一垂直平面内振动而形成的。酷暑夏日在路面上反射出来的光及在水面上反射出来的光都是部分偏振化的

光。这种光映入眼睛有时很刺眼，戴上偏振光眼镜即可避免对眼睛的刺激。在痕迹、物证照相中，痕迹、物证表面形成的这种耀光常常可以干扰痕迹、物证细节的显示。在拍照时，在镜头前或光源前使用偏振镜，利用光的偏振性质改变被拍物亮度分布的照相方法，就叫偏振光照相。

在自然光或偏振光照射下，物质反射光或透射光可能会出现不同的偏振性质。自然光被反射或透射后，可能变为部分偏振光或偏振光。偏振光被反射或透射后可改变为部分偏振光或自然光。由于物体上各种物质有不同的起偏或退偏性质，在自然光或偏振光照明下，各种物质的反射或透射光可能呈现不同的偏振状态，即有不同的偏振方向和偏振度。在相机镜头前面加上偏振镜，转动偏振镜偏光轴的方向，则各种偏振状态反射或透射光通过偏振镜的亮度随之变化。转动偏振镜的偏光轴方向，可以调整被摄物体上各种物质的相对亮度。因此，偏振照相可以控制物体亮度分布再现。适当选择照明光的偏振性质、照明角度和镜头前偏振镜的偏光轴方向，可以加强显示被摄物体上的有用细节，消除或减弱干扰细节。

一、偏振光照相的原理

偏振光与物质相互作用时，由于物质的起偏或退偏性质不同，将会改变反射光的偏振态，即改变反射光的振动方向和偏振度。当转动镜头上的偏振镜改变其偏振化方向时，被摄物体上处于各种偏振状态的反射光的亮度随之发生变化，从而改变了被摄物体的亮度分布。因此，适当选择光源的偏振性质及光照角度，并改变镜头前偏振镜的偏振化方向，就可以加强被摄物体上感兴趣的细节的反差，消除或减弱反光干扰。

二、偏振光照相的方法

（一）偏振光照相的常用方法

1. 镜头前加偏振镜

镜头前加偏振镜，用自然光照射被摄物体拍摄时，镜头光轴与反射光方向一致，光照入射角必须为布儒斯特起偏角（一般在55°左右），徐徐转动偏振镜的滑动圈，就可以改变被摄自然光偏振镜利用布儒斯特起偏角拍摄物体的亮度分布。

2. 光源前加偏振镜用偏振光照射物体，垂直拍摄

调整光源的位置和转动偏振镜的滑动圈，来改变物体的亮度分布。

3. 相机镜头和光源前都加上偏振镜拍摄

调整起偏镜（光源上的偏振镜）和检偏镜（镜头上的偏振镜）的偏轴角度，

就能改变被拍物面的亮度分布，达到增强反差的目的。这是偏振光照相中最为有效的一种方法。

（二）偏振光照相的曝光补偿

偏振镜是由两层玻璃片粘合偏振膜而成，只允许平行晶轴的振动方向的光波通过，因此通过偏振镜的光能量最多只有原来的一半。所以，检偏镜的曝光补偿倍数一般为 2 ~4 倍。

对两片实用偏振镜的不同晶轴夹角进行实际测量，曝光补偿倍数等数据如表 9 -1 所示。

如偏振镜与滤光镜合用，其等效的曝光补偿倍数等于二者曝光补偿倍数的乘积。由于曝光因素的复杂性，为了取得好的效果，最好进行系列曝光。

表 9 -1　曝光补偿倍数

晶轴夹角（度）	密度	通光率（%）	阻光倍率	曝光补偿倍数
0	0. 60	25	4	2
30	0. 72	18. 8	5. 3	2. 3
45	0. 90	12. 5	8	3
60	1. 20	6. 2	16	4
90	极大	极小	极小	—

三、偏振光照相的应用

（一）消除或减弱非金属表面的反光干扰

玻璃、水面、塑料、木器的光亮油漆面等非金属表面的反射光，常对人眼的观察带来一定干扰，特别是在这种反射光与物面之间夹角为 32 ~37 度的范围内观察时，反光的干扰会导致看不清物体，这是由于此时的反射光变成了振动方向垂直入射面的线偏振光所致。

为消除或减弱反光干扰，应徐徐旋转偏振镜，改变其偏振化方向，直到画面的影调和色调符合拍摄的要求为止。为使非金属表面的反射光满足布儒斯特起偏角，除了调节灯具位置的高低，还可以调整被摄物表面的倾斜度。

在刑事照相中，偏振光照相可用来消除较大水面和雪地现场上的反光，翻拍纹面照片时消除画面上的反光，消除法医解剖时取出的脏器表面上的反光，等等。

（二）消除镜面倒影和重影

镜面内物体所形成的倒影及重影，如果不需要时，只要使形成这些倒影或重影的光线满足布儒斯特起偏角，就可以借助偏振镜来消除或减弱。例如，反映被盗的商店玻璃橱窗内的陈设品，消除办公室玻璃板上放置物的倒影，消除镜面上的指纹在镜内的虚影或重影等。

（三）调节痕迹和承痕体表面的亮度分布，显示微弱痕迹

犯罪现场上的有色纺织品、深色地毯、人造革等，其表面上的微弱灰尘手印和工具表面凸凹不平的铁锈上的血指纹等，由于这类痕迹的载体表面粗糙，容易发生较强的反射或漫射现象，在普通的光照条件下，只能隐约地观察到模糊不清的痕迹轮廓，很难进行拍摄固定。由于这些痕迹和承痕体对偏振光有不同的漫射和散射退偏作用，用偏振光照相，痕迹和承痕体之间的反差将得到明显的加强，例如使承痕体表面变暗，微弱痕迹就突出地显示出来。

（四）利用偏振光进行物证脱影照相

在物证脱影照相中，有多种控制背底色调深浅的方法，其中以偏振光脱影照相效果最佳，可以使物证的轮廓和特征更加清晰地表现出来。

（五）用偏振光鉴别物质的异同和胁变

玻璃、塑料、明胶等光的各向同性物质，在自然光下难以分清它们的异同，但在偏振光下，它们可能显示出各自的奇特色彩或花纹，并随着偏振镜晶轴的变化而变化。如普通玻璃和钢化玻璃，在自然光线下拍摄所得的影像无异，但在偏振光下拍摄，所得影像则完全不同：普通玻璃的影像漆黑一片，而钢化玻璃上形成一种特异的网状花纹图案。因此，可以利用偏振光照相来鉴别物质的异同。

许多透明物质，在平时都是光的各向同性体不具有双折射性，但当它们在某一个方向受到力的作用时，就会具有光的双折射特性。将这类透明物质安放在两块晶轴方向互相垂直的起偏镜与检偏镜之中，未受力之前，用白光入射起偏镜，它们像普通的透明体那样让偏振光透过，经检偏镜后的光场是墨黑的。当在任何方向上对它们施加一个外力时，它们即具有光的双折射特性，透射光分成两支（寻常光和非常光），在检偏镜后立刻会观察到奇妙悦目的彩色条纹，条纹的分布与物质胁变处的应力分布相对应。因此，还可以利用偏振光照相来鉴别物质的应力胁变。

（六）利用偏振光拍摄法医解剖时取出的脏器及检验皮肤上的伤瘀

法医解剖时取出的脏器表面，因粘液产生强烈的反射光耀斑，会严重干扰脏器上伤痕的影像。利用偏振光拍摄，则可以有效地消除或减弱这些反光耀斑。另外，偏振光照相还可以用来检验皮肤上的伤瘀，这对显现表皮下的潜形伤痕的特征，是一种很有效的方法。

（七）调整天空亮度

天空在许多照片的画面上占有重要的地位，其影调对画面的质量和艺术感受

具有重要意义。晴朗的蓝天有大量的偏振光，若在垂直于太阳直射光线的方向上使用偏振镜拍摄，无论是黑白或是彩色照相，均可以压暗蓝天的亮度。使用偏振镜的优点是：不影响同一方向上地面或其他景物的影像明亮程度，还可以使景物的色彩饱和度提高，更加艳丽。

第七节　显微照相

显微照相是利用显微装置提高拍照中影像放大率的专门照相，又是各种显微镜照相的总称。它是利用显微镜的物镜和目镜两次放大，把肉眼难以看见或看不见的微小物体和痕迹高倍扩大的像拍照下来。

一、显微镜的结构和作用

常用的显微镜结构可分为：光学部分和机械部分。光学结构部分是：聚光器（照明系统）、物镜和目镜（光学系统）。机械结构部分是由显微镜镜架、载物台、光学管以及粗动、微动对焦等组成。

（一）聚光器

聚光器，又名照明系统，或镜台下装置。它位于载物台通光孔的下面，由反光镜、滤光镜环、光圈和一组集光镜所组成，并可以上下移动。它是用来照明被观察标本的。对它的基本要求是照明充分而又均匀。

1. 聚光镜

消色差聚光镜，可以把像差和色差消除到最小的程度。

2. 光圈

在聚光镜的下面，光孔可以开大或缩小，调节光的强弱和控制不必要的光线射入，以免影响物像的清晰度，加强物像的层次反差，并有消除聚光镜的色差和像差的作用。

3. 滤光镜环和滤光镜

滤光镜环位于光圈下面的金属环，是安放滤光镜的位置，镜片可以任意更换。使用滤光镜的目的在于增加影像清晰度，加强反差，以适合于观察或照相需要。

4. 反光镜

反光镜是聚光器最下面的一个结构，它的一面是平面镜，另一面是凹面镜。平面镜适用于人造光源（如聚光灯等），凹面镜则适宜在自然光线下使用，反光镜的主要作用是改变照明光线的方向、将散漫的自然光线汇集成点光源、射向聚光镜。

（二）物镜

1. 物镜的作用

它是显微镜中最重要的一种光学部件，它将微小的物体或痕迹进行初级放大。它直接决定了显微镜的光学质量和光学性能。

2. 倍数和焦距

物镜的倍数刻记在镜筒上，如 10×，20×……有的物镜不用“×”符号，只用数字来表示，如 10 就是 10 倍。也有的只标焦距，如 1/4 英寸或 1/8 英寸，或者 2 毫米等。以焦距标志的物镜，其倍数的计算公式是：

光学筒长（光学间隔）÷焦距 = 物镜的倍数

一般显微镜光学镜筒的长通常是 170mm 或 190mm。如物镜的焦距是 4.25mm，求物镜的倍数是：

$170 \div 4.25 = 40$

40 就是物镜的倍数。

（三）目镜

1. 目镜的作用

目镜的作用是将已被物镜放大的物像再度加以放大，或称次级放大。也就是说它是用来观察被物镜放大的物体的像。照相时它起照相镜头的作用。

2. 目镜的种类

根据目镜的不同，光线所经过的路径不同，即成像位置不同，可将目镜分为两大类。冉斯登类型，也称为阳性目镜，可以单独作放大镜用，观察实物。这种目镜放大倍数大，观察的视野小，适合高倍放大之用。惠更斯类型，也称为阴性目镜，不能单独作放大镜用，只能用来观察，必须与物镜合用，才能看到物像。这种目镜观察的视野大，而放大倍数小，适合用于低倍放大。

3. 物镜与目镜的配合

物镜和目镜的配合有一定限度，质量好的物镜最高能配用 16 倍的目镜，若配用高倍目镜就超出它的极限，不能得到良好的效果。质量差的只能配用 10 倍的目镜。

二、显微照相的原理和设备

显微照相是运用显微镜和照相器材，将肉眼难以看到或者根本看不到的微小物体进行高倍放大，并将放大后的影像记录到感光材料上的技术。人们肉眼视力难以分辨或者看不见的物体，有许多可以使用显微镜直接进行观察和照相，这为科学技术检验提供形象资料，为鉴定意见提供有力的证据。

(一) 显微照相的原理

AB 物体通过物镜成实像 A′B′，此实像对于目镜来说相当于一个物体，目镜将此物体（实像）进一步放大成 A″B″。

在目视观察时，物镜射来的成像光线聚焦生成一个实像，此实像对于目镜来说相当于一个物体，目镜将此物体（实像）进一步放大。由于实像位置至眼透镜的距离比目镜焦距短，当物距短于透镜焦距时，生成位于物体的同一侧的虚像，这个虚像不能投射出去。

(二) 显微照相机

显微照相机的结构很简单，显微镜的物镜和目镜就是照相机的镜头，成像光线自目镜中射出，在磨砂玻璃上调清影像，即可拍照。一套完善的显微照相设备，应包括暗箱、取景对焦附件和与显微镜连接的衔接器。普通小型照相机除了反光型的可以直接使用外，其他类型照相机都需另加专用的取景对焦附件设备才能拍照。现将几种常用的显微照相相机介绍如下：

1. 皮腔式的大型显微照相机

这类照相机有立式和水平式两种，一半多采用立式，它适合生物显微镜、体视显微镜和金相显微镜的照相。其有一可伸缩的皮腔，固定在支柱上，皮腔下端有一接口与显微镜的镜筒连接。在皮腔上端装有对焦磨砂玻璃。取景对焦后，取下磨砂玻璃，换上装有底片的暗盒，拉开暗盒盖即可曝光拍照。拍照的影像大小由皮腔伸缩进行调节。这种照相机没有快门，可利用旋转反光镜或开关照明灯来控制曝光时间。

2. 单镜头反光照相机

用这种照相机进行显微照相最为方便，既不需要专门取景对焦设备，又不需另加附件。将单镜头反光照相机的机身用一简单的金属筒连接在显微镜筒上，即可进行显微照相。这种连接法虽然方便，但不能调节拍照倍数，并且也不够稳固。

用皮腔连接的单镜头反光照相机，拍照影像的倍数大小可以自由调节，整个设备比较稳固，单镜头反光照相机上有自动化装置的，除全自动光圈无用外，其他如测光、卷片设备等，在显微镜照相中都可使用。

3. 专用的显微照相机

有一种侧视目镜取景对焦的，附有中心式快门，用快门线使之开启，速度用 B（快门）1/100 秒或 1/250 秒至 1 秒。这种显微照相机可以连接较大专用暗箱，用干板或散页胶片拍照。显微照相机的最大优点：在曝光时能观察被拍物体，这对于拍照正在生长着的晶体等很适用。

（三）显微照相的程序

1. 准备工作

常做的准备工作有：确定拍照对象或部位，明确拍照的要求，正确选配目、物镜的倍数和合适的滤光镜，安装显微照相机等。拍照最好在防震而稳固的暗房中进行，以防影像发生变形或局部模糊不清等现象。

2. 调整光源

照明应均匀明亮，没有大量的杂乱光和散射光，影像层次丰富，细微特征清晰完整。在目视观察时，取景器（或显微镜视野）内亮度不够均匀不易察觉，但在照片上则反映十分明显。因此，光源的调整很重要。调整光源，首先把光的轴心调整在显微镜的视野中心，然后依据被拍物的特征和拍照要求再调整光照角度、光强和选用的滤光镜。

3. 取景、对焦及拍照

取景是确定拍照范围及物体影像的大小（倍数），对焦是使物体的影像清晰。如果加用滤光镜拍照，精确的对焦应在加滤光镜之后进行。

取景对焦，首先将拍照的重点部分，移到视野中心，选好欲拍照部位，将显微镜与照相机连接，然后在取景对焦的磨砂玻璃上或侧视目镜中观察检材影像的拍照范围、大小。取景可采取调换物镜、目镜，利用伸缩照相机皮腔的方法，增大或缩小影像，使所拍照的影像大致充满画面。对焦前先将室内的照明灯关闭，以免杂散光干扰。对焦方法有多种，如转动显微照相机镜头的升降螺丝，旋转显微镜的微动对焦机构或目镜的眼透镜等，调整到取景目镜视野中影像最清晰时为止。为了精确地对焦，可用 6 × 至 10 × 的放大镜检示清晰度。在取景对焦的同时，应注意视野内光照是否均匀，如不匀，应对光源进行调整。

取景对焦完毕后，即确定曝光时间，对没有快门的照相机，曝光时要先把照明灯关闭，取下对焦磨砂玻璃，换上装有底片的暗盒，拉开暗盒盖，然后开灯曝光，曝光之后即闭灯取下暗盒，以备冲洗。小型装卷片的照相机，取景对焦完毕后进行曝光时，开启快门必须用快门线，否则易使相机震动，造成影像模糊。

显微照相的曝光时间，取决于被拍物的反光强弱、照明强度、放大倍数、感光度、使用的滤光镜等因素。准确的曝光时间，一般可采用曝光试验获得，亦可用下列计算公式来求出：

显微照相曝光时间 = 基数 × 聚光灯指数 × 数值孔径指数 × 照相放大倍数指数 × 滤光镜指数 × 感光度指数

三、体视、比较、金相显微照相

体视、比较、金相显微镜照相是检验工作中常用的几种显微照相方法。为了掌握和运用，现分别介绍如下：

（一）体视显微照相

体视显微照相又叫立体显微照相。它是把立体显微镜视野所见的检验物像特征，通过照相系统如实地记录在感光片上；为了显示其立体效果，可分别拍摄两个目镜视野内的影像。体视显微照相，在显微照相器上面，连接的是相机暗箱，下面连接的是双目实体显微镜，也可以用可伸缩的皮腔和一个普通照相用的或显微照相用的镜头，进行低倍显微照相，拍照一些微小痕迹物证。

（二）比较显微照相

比较显微镜一般都附有显微照相器，供拍照用。如果没有专用的照相器，用小型照相机加衔接器也可以代替，这种方法和体视显微照相差不多。比较显微镜是由两个物镜一个目镜，两个照明灯，两个载物台和一架照相装置等部件所组成。这种显微镜可以把两个被拍物像反映在同一个目镜的视野里，既可以比对检验，也可进行拍照，以鉴别二者异同。比较显微照相除了掌握物镜的选用、检材安放、配光、曝光时间外，和一般的显微照相相同。

1. 物镜的选用

选择物镜的焦距长短，要根据被拍物体大小，同时应结合目镜的倍数。焦距长的，放大倍数小，宜拍范围较大的物体；焦距短的，放大倍数大，但拍照的物体范围小。

2. 检材的安放

在安放检材之前，先把载物台调到能与物镜焦距和光轴相适应的位置上。安放时，两个检材要保持水平，花纹方向、特征要一致。因此要注意调整两个检材的位置高低（上下）；载物台角度和倾斜度、左右前后移位，以保证两个检材的拍照范围和主要特征、花纹的一致。

3. 配光

两个光源亮度要一致，不要一明一暗（如果两个检材的反光率不一致，则例外）；另外，两个检材的配光方向、角度、光照强弱以及所用滤光镜应一致，如果两个检材的底部无甚差别，为了区别它们的界限，也可以适当地调整光强，略使一明一暗。灯光角度大小（或灯位高低），由检材上痕迹深浅来决定，凹度深的灯位高些，在70°角左右，凹度浅的灯位低些，在30°角左右。如果拍照范围较大，可采用散射光线。

4. 对焦和矫正像位

比较显微照相必须将两个检材的表面放在同一水平上，拍照的痕迹的放大倍数、视野范围、照明的亮度都应该一致。为此，应注意下列几点：

（1）须将比对棱线调节到极其清晰的程度。

（2）将左右两个检材皆调到物镜的中心位置，即目镜视野中心部位。如遇棱线两侧影像不清，应升降整个显微镜，如缩小光圈后一侧不清，可单独升降不清一侧的载物台。

（3）如果在视野里看到两侧影像不对称，可以调节棱线控制器，使两侧影像对称。

（4）如将显微镜降到最低位置，在目镜视野里看不到或看不清影像时，说明载物台过低，须将载物台升高到影像清晰为止。

（5）在目镜中，或在取景的磨砂玻璃上看到两侧检材的亮度不一致时，须要调整灯的位置，或转动一侧变压器的调压钮，使二者光照强度一致。

5. 拍照

在完成上述操作之后即可进行拍照。拍照的方法是：

（1）将显微镜支架上端的照相机固定螺丝旋松，使照相机下降与目镜遮光筒衔接，把快门调到“T”字上，打开快门，然后再将皮腔伸缩到需要的长度上（如需计算放大倍数的），最好按 50mm、100mm、200mm、300mm 的整数来定位，以便从表中查出准确的放大倍数和拍照范围。

（2）消除室内杂光，以免影响观察物像、取景、对焦。

（3）如发现放大倍数不够或过大时，可将皮腔伸长或缩短来调整。也可更换目镜或物镜的倍数来调整。

（4）当将焦点和像位调整好后，取下磨砂玻璃的取景对焦器，装上感光片的暗盒，再关上快门，抽开暗盒盖，即可进行曝光。

（5）曝光前确定曝光时间时，应考虑照明条件、被拍物体对光的反射程度、物镜焦距、目镜倍数以及成像距离等情况。

（三）金相显微照相

1. 金相显微镜的特点和作用

金相显微镜是特种显微镜的一种，它自身也有多种型号。为了照相的需要，在这里着重介绍它的一般特点和作用。金相显微镜是用于反射光下研究金属材料和其加工热处理后引起内部结构特征变化的一种仪器。

这种显微镜有一个固定的朝上的物镜，以移动装在物镜上面的载物台进行观察检验。磨片的抛光面向下放在载物台上，靠近物镜，用微调机构进行对焦，待在目镜看清物像为止。磨片的抛光平面要与显微镜的光轴保持着垂直的位置。放大倍数的改变由更换物镜并相应地调节镜台的位置来解决。金相显微镜备有两套目镜装置，其中一套是供视觉观察用的，另一套是为拍照用的。载物台有的是不可移动而只可以旋转的，周围带有刻度分格，有的型号是一个“十字形”的载物台。不可移动的载物台有的是圆的，有的是方的。各种载物台，在中心部位，都有着一个直径为6cm的圆孔，其中可放入各种规格的小圆孔的圆片。最小的圆孔其直径为2mm，是为了检验或拍照较小检材或样品用的。

2. 金相显微镜在刑事技术工作中的应用

金相显微镜目前在刑事技术工作中主要是用来检验和鉴别各种金属内部结构形态特征。金属内部结构特征，除了种类不同有所区别外，同一种类金属由于加工热处理的方法不同，其内部的结构特征也不一样。例如两块金属：一块为铸铁，另一块为20号枪管钢，由于金属种类内部结构特征的不同，检验可以区别；如果都为20号钢，由于热处理的方法不同，金属内部结构特征的变化也不一样，不用金相显微来鉴别，靠发射光谱是解决不了的，这对技术检验工作来说是很重要的。

3. 金相显微镜的照相方法

首先对检材进行磨光。磨光的步骤是：根据需要锯好样品，然后将样品放在预磨机上水磨；继而将样品（或检材）放在抛光机上进行抛光，一边抛一边加药水（抛光不同的金属要加不同成分的药水，如抛光钢、铁应加三氧化铬和氧化铁的饱和水溶液），一直抛到断面变亮而无细道为止，再拿出来在断面上涂以2%的硝酸酒精进行腐蚀，腐蚀后经水冲洗干净，才完成检验或拍照用的样品。

拍照前，要调整好光源。调节灯光，在照明器的前透镜上放一张白纸，如灯的投影出现两个光斑，应转动灯位使其重叠，在透镜的中心获得一个明亮的光斑。然后按照所用物镜的不同而扩大或缩小光束。一般是，物镜焦距短的，所用光束要窄，物镜焦距长的，要用宽的光束。各种显微镜的物镜具有不同的数值口径和不同的视场大小，为了获得均匀的照明，则必须要使聚光镜的孔径与物镜的孔径相适应，并且要使整个视场照明均匀。有时为使物像照度均匀，反差合适，影像清晰，富有层次，在灯的聚光镜的前面，装有滤光镜环，或固定的各色滤光镜，以便更换使用。有条件的配装偏振片，拍照的效果对某些样品来说则更好。灯光的强弱，靠扭动调节变压器的调压钮来控制。

放样品或检材时，先将载物台上放一个圆孔直径最大的圆片，然后把抛光的磨片放在该圆片上。如果实物过大，则将圆片取下，把实物直接地放在载物台上。在抛光磨片的下面，绝不要再放上玻璃片，否则由垂直照射光反射来的闪光，会使物像看不到。取景对焦时，应将视觉观察目镜中的折光镜变位，使其将物像折射到显微取景对焦器上，以便取景、对焦。当确定取景范围和调好焦后，装上底片暗盒。打开暗盒盖即可进行曝光。准确的曝光，事先必须做曝光试验，或用专用的显微测光仪，进行测光。

实验安排

实验一：近距照相

一、实验目的

1. 了解近距照相的适用范围。

2. 熟悉近距照相的使用方法及操作技能。

二、实验内容

1. 捺印手印的拍照。

2. 螺丝刀撬压痕迹的拍照。

3. 足迹石膏模型的拍照。

三、实验器材

数码相机、翻拍架、比例尺、捺印手印、螺丝刀撬压痕迹、足迹石膏模型。

四、实验方式

学生每4人一组，在实验室进行实验。

五、实验方法（略）

六、实验作业

写出实验报告，要求说明实验目的、实验内容、实验方法和步骤。

实验二：翻拍与脱影

一、实验目的

1. 明确翻拍原理，掌握翻拍的基本程序和操作方法，对常见原件能翻拍出质量好的照片。

2. 明确脱影照相原理，熟悉脱影照相适用的对象和常用的基本方法及步骤。

二、实验内容

1. 照片的翻拍。

2. 印刷文字、图表或报纸的翻拍。

3. 污损文件的翻拍。

4. 对刀、钳子、螺丝刀等进行脱影拍摄。

三、实验器材

数码相机、翻拍架、脱影灯箱、衬底、比例尺、翻拍原件、脱影物体。

四、实验方式

学生每4人一组，轮换操作与记录。

五、实验方法（略）

六、实验作业

写出实验报告，要求说明实验目的、实验内容、实验方法和步骤。

第十章

特种检验照相①

第一节　紫外线照相

一、紫外线照相的概念

紫外线照相是记录被拍客体在紫外光波段内成像状况的专门照相。它是以紫外光为光源，利用照相的装置，在光敏材料上记录物体反射或投射紫外光的亮度分布的一种照相技术。

紫外线照相主要应用的是紫外反射照相，可分为长波紫外照相（400nm～320nm）和短波紫外照相（320nm～200nm），长波紫外照相是指记录被拍客体在长波紫外光波段反射成像状况的专门照相，而短波紫外照相是指记录被拍客体在短波紫外光波段反射成像状况的专门照相。由于各种物质反射和吸收光波的特点不尽相同，特别是一些痕迹在普通光线照射下，反差很微弱，不能显示其细节特征，因此拍摄有一定困难。而在紫外线照射下，有些物质能大量反射，有些物质可激发出荧光。从而使反差增大，为拍摄物证的细小特征提供了有利条件。

紫外线是人眼看不见的一种光谱辐射，它是波长介于可见光紫光外段与X射线之间的一种电磁波，其波长范围为10nm～400nm。习惯上将紫外线分为以

---

① 本章参考标准：

1. 中华人民共和国公共安全行业标准：紫外照相方法规则 GA/T 584—2005。
2. 中华人民共和国公共安全行业标准：光致发光照相、录像方法规则 GA/T 593—2006。
3. 中华人民共和国公共安全行业标准：红外照相、录像方法规则 GA/T 583—2005。

下三个区段：320～390nm 为长波紫外线。它能透过普通玻璃和普通照相镜头，对感光片能产生有效的感光作用。因此，长波紫外线在刑事照相中应用最广。200～320nm 为短波紫外线。可用作紫外荧光照相的激发光源。200nm 以下为超短波（真空）紫外线。这段光线只能在真空中获得，易被其他物质吸收，目前尚无实用价值。

紫外线与可见光一样具有反射、折射、透过并被物质吸收和散射的特性，但其被物质反射、吸收、透过的程度与可见光大不相同。在可见光下看起来相似的物质，在紫外线下却能表现出差异来。另外，在紫外线作用下，某些物质能发出荧光，紫外线照相就是利用紫外线这些特性显示了在可见光下难以发现和辨别的痕迹、文字、物证等物质的形态和异同。

二、紫外线照相的应用

紫外线照相已广泛应用于医学、地质、生物以及科学鉴定等各个领域，在刑事技术中的具体应用大体上有以下几点：

1. 可以显示客体上人体的分泌物、排泄物，如汗液、精斑、唾液、血液等。

2. 可以显示人眼不易观察到的物质，如某些矿物油、植物油、动物油、化学溶液、涂料等形成的无色手印或足迹等痕迹。

3. 可以拍摄现场中遗留客体上的微小附着物，如犯罪工具、被害人尸体、嫌疑人身体上遗留的粉尘、纤维等细小附着物。

4. 可以显现因年久自然消退或因洗涤而消退的印章、字迹，以及揭露涂抹、消退的字迹。利用中、短波紫外线拍摄蓝铅笔字迹涂改过的文件时，可以清楚显示原文字迹与篡改部位，增加其反差。

5. 可以拍照用化学溶液、淀粉等密写的字迹，由于许多化合物都能够吸收紫外线，所以可在中、短波紫外线照射下，显示并拍摄出由这些化合物书写的字迹，而无须经过化学药品进行显现。

6. 可以揭露伪造的文件、字画、有价证券、档案。

7. 可以区别用石墨铅笔与墨水、复写纸、图章、印刷铅字等书写的材料书写的前后次序。在石墨铅笔字迹先于其他材料书写的字迹时，交叉处是暗的，反映了其他材料字迹的连续性；在相反的情况下，则显示石墨铅笔字迹的连续，交叉处是亮的。

8. 可以根据不同物体对紫外线的反射能力的差别鉴别异同，如有些在普通光线下难以鉴别的纸张、墨水、糨糊、染料、油漆、淀粉、化学药品等。

9. 可以拍摄遗留在多色物面或皱纹状物面的手印，用紫外线激发出荧光，或用荧光粉显现后再以紫外线照射发出荧光，并使荧光在胶片上感光。这样拍出的指纹照片不反映底色或物面形态，同时消除某些痕迹的复杂背景。

10. 可以清晰地拍摄金属、陶瓷、塑料等制品因外力作用造成的细微裂痕，拍摄搪瓷、陶瓷物上的手印，同时也可用于拍摄各种物面的灰尘脚印。

长波紫外线可由光学玻璃透射成像，在刑事照相方面应用比较广泛。短波紫外辐射对人体皮肤有灼伤能力，特别对人眼有损伤作用，使用时应戴含铅的防护眼镜或防护面罩。

三、紫外线照相的条件

（一）紫外线照相的光源

根据紫外线的特殊性质和紫外线照相的不同需要，正确地选择紫外线光源非常重要，它不仅与选择镜头、滤光镜、感光片和决定曝光时间有关，而且对拍照效果也有直接的影响。紫外照相的光源必须是含紫外线丰富的光源，能发紫外线的光源很多，但比较适合紫外照相的有以下几种：

1. 闪光灯

一般的各类闪光灯都辐射紫外线，但电子闪光灯闪光管前面的淡黄色玻璃可以吸收紫外线，使用时应取掉。有的闪光管是金黄色的，它可把紫外线转变为可见光，因而不能用于紫外线照相。闪光灯用于瞬间曝光，缺点是不便于观察被拍物形象，因而不好调整光照角度。

2. 自然光

射到地面附近的太阳光中，由于短波紫外线被大气层大量吸收和散射，到达地面的主要是长波紫外线，其含量丰富，光照均匀。其缺点是易受气候、季节等因素的影响，准确的曝光量不易掌握，自然光仅适宜于长波紫外反射照相，而不能用于紫外光致发光照相。

3. 紫外灯

主要辐射紫外线的人造灯具多是水银蒸汽灯，有低压汞灯和高压汞灯。前者辐射短波紫外，峰值254nm；后者辐射长波紫外，峰值365nm。低压汞灯如国产437灯、UV600型，高压汞灯如国产438灯、UV400型。混合型的有德国产DE-SA长、短波（365nm～254nm）紫外灯。紫外灯发光均匀，可长时间照明，使用方便。

4. 紫外分析仪

紫外分析仪是可变动输出波长的紫外灯，或由翻拍器和两个紫外灯组成的紫外翻拍系统。

（二）紫外线照相的滤光镜

紫外线照相时，有时需要吸收紫外线透过可见光，有时需要透射紫外线或紫外区的一个窄波段而吸收可见光，因此所用滤光镜可分为“吸收紫外线”和“透过紫外线”两大类。紫外线通过“透过紫外线”型滤光镜时常常会激发滤光镜本身产生荧光，这种荧光会降低影像的反差，使用时要注意这种现象。

1. 紫外吸收滤光镜

紫外吸收滤光镜能吸收紫外线，同时透过可见荧光，它用于紫外荧光照相。使用时装在相机镜头前，用它阻止紫外线进入镜头，可将可见荧光影像记录在感光片上。

这类滤光镜常见的有：淡黄色滤光镜、橙色滤光镜、透明无色的UV镜、淡绿色滤光镜和红色滤光镜等。淡黄色滤光镜可吸收全部紫外线，透射绿、黄、红光；橙色滤光镜透射580nm以上的可见光，吸收蓝、紫、青、紫外等光波；透明无色的UV镜可透过370nm以上的少量紫外和全部可见光；淡绿色滤光镜可透过460nm以上的绿和黄光，部分透过橙和红光，吸收全部紫外线和其他可见光；红色滤光镜透过640nm以上的橙、红色光线，吸收全部紫外线和其他可见光。

2. 紫外透过滤光镜

紫外透过滤光镜指的是能透过紫外光的滤光镜。这类滤光镜吸收可见光，透过紫外光。可安装在紫外线光源上，吸收光源中的可见光，透过一定波长的紫外线；也可安装在镜头上，这种滤光镜可用来阻止可见光通过，让紫外光通过，进行直接紫外线照相，获得紫外线的清晰图像。

透过紫外线的滤光镜可分为两种：能透过300nm波长的长波紫外线滤光镜，它主要适用于长波紫外灯和长波紫外线反射照相；能透过短于300nm波长的短波紫外线滤光镜，它主要适用于短波紫外灯和短波紫外线反射照相。常见的有：国产的2206型短波紫外线灯上的滤光镜，可用于紫外荧光照相，也可安在镜头上作为直接紫外照相用。但它能透射少量可见光，对紫外影像有所影响；雷登18A滤光镜能透射320~380nm的长波紫外线、2%以下的可见光以及26%的近区红外线。雷登18B滤光镜能透射230~500nm的紫外线及可见光（峰值340nm），可用于长短波紫外照相；国产SZW滤光镜能透射260~400nm的紫外线，安装在相机镜头上使用。

（三）紫外线荧光照相使用的镜头

1. 紫外线荧光照相使用的镜头

紫外线荧光照相是将紫外线激发某些物质发出的可见荧光用照相的方法拍下来，实际上这种照相是可见光照相。所以各种普通镜头均可作紫外线荧光照相用，专为短波紫外线反射照相用的石英镜头和拍照人像的镜头不适用于紫外线荧光照相。

2. 紫外线反射照相使用的镜头

紫外线反射照相和紫外线荧光照相相反，拍摄时它须排除可见光的干扰，这样才能拍出紫外光影像。拍摄时必须采用能透过紫外线的镜头。如短波紫外线照相必须用能透过紫外线的石英镜头，并配有能透过相应短波紫外线的滤光镜。

（四）紫外线照相的感光片

普通黑白胶片可用于长波紫外照相。普通感光材料对中短波紫外光有较大吸收率，对254nm紫外光波段敏感度就大大地降低了，可以通过延长曝光时间给予补偿。这种现象主要是由于胶片的乳剂中含明胶量较大，明胶较强烈地吸收210～250nm波长的紫外线，专用紫外片的明胶含量非常低，没有保护层，只在明胶层上沉积一层卤化银，这种感光材料可感受10nm左右的真空紫外线。

盲色片颗粒细腻、反差大，可获得高清晰度的影像。适用于反差较小痕迹物证拍照，使用前如经过矿物油等物质处理，可提高对200～300nm的短波紫外线的感光度，在冲洗前应用合适的溶剂将矿物油除去。

分色片和盲色片可用于紫外反射照相，不宜用于紫外发光照相。在进行紫外荧光照相时，可使用彩色负片和全色片。如需要增大反差，可使用反差较大的感光材料。

四、紫外线照相的方法

（一）紫外线反射照相

紫外线反射照相是记录被拍客体在紫外光波段反射成像状况的专门照相。它是利用痕迹物质与其载体对于紫外线的反射能力的差别来实现。

1. 痕迹吸收紫外线，而载体反射紫外线，拍出的照片是浅色底，深色痕迹

这类痕迹如抛光的铝制品上遗留的血手印，光面纸和不很光滑的油漆面上的无色汗液潜手印，载体可反射较多的短波紫外线，而痕迹则散射一部分短波紫外线，拍摄照片也是底色浅、纹线深。

2. 痕迹反射紫外线，而载体吸收紫外线，拍摄的照片是底色深、纹线浅

这类痕迹如在自行车或汽车喷漆上遗留的汗液手印，特别光滑物体上的痕迹，如陶瓷、搪瓷、玻璃等上的痕迹，可使用长波紫外线定向反射法拍摄，物体表面遗留的汗手印可向正前方散射一些光线，因而在非垂直入射时，载体反射入射光，这时胶片主要感受痕迹散射的紫外线，照片上形成底色深、痕色浅影像。

拍照时必须使用紫外光源、能透过紫外线的石英镜头和滤光镜、感受紫外

线的感光片。以日光、闪光灯作光源时，应在镜头前加上仅能透射紫外线而不能透射可见光的紫外线滤光镜。紫外线反射照相时，不能从取景屏上直接看到影像效果，拍照技术要求严格，必须正确曝光，在曝光过多时，可严重影响清晰度。

紫外光的结像清晰点比可见光的短 1/50 左右，如使用普通照相镜头拍照，可用以下方法校正焦点：在可见光下对焦清晰后，缩小光圈，用增长焦距的方法加以校正；在可见光下对焦准确后，缩短 1/50 的焦距；在可见光下加蓝、紫色滤光镜对焦，适当缩小光圈；用半透明的荧光板取代相机上的毛玻璃，镜头上加紫外线滤光镜，直接从荧光板上看到紫外线影像进行对焦。

（二）紫外荧光照相

紫外荧光照相是采用普通照相的方法，将物质被紫外线激发后发出的可见荧光或红外荧光记录在感光材料上。当痕迹产生荧光或荧光较强，而载体不产生荧光或荧光较弱时，可形成一定亮度差别；与此相反的情况，同样也可形成一定亮度差别。紫外荧光照相实质上是可见光照相，它与一般照相的区别在于它用紫外线为激发光源，并在照相机镜头上安装一个能阻止紫外线通过的滤光镜。在进行荧光照相时，应适当地选择激发光和感光波段，利用它们的不同特性来调整不同物质间的亮度差别。

常用的激发光源有亮度较大的长波、短波紫外线灯，还有一些发光强度大且紫外线含量较多的光源，如电子闪光灯。

紫外荧光照相需使用两种滤光镜：一是透过紫外滤光镜，使用时把它罩在灯源前面；二是吸收紫外滤光镜，使用时把它装在相机镜头上。普通照相用的红、橙、黄、绿、蓝各种滤光镜，均可作吸收紫外滤光镜，其中以黄滤光镜最为常用。

紫外荧光照相是记录紫外线激发荧光的照相，因此拍照效果取决于荧光的亮度，荧光的亮度取决于紫外线的波长、辐射强度、物质的性质等因素。为了避免可见光对拍照结果的影响，拍照前应先在紫外灯下观察被拍摄物体发光的颜色和发光的部位，确定拍照范围后选用合适的滤光镜和感光材料。如果需要在普通灯下取景、对焦，则取景、对焦后关闭普通灯，打开紫外灯，以 45°角分别从两侧照射被摄物体的相应部位，光照要均匀，应在紫外激发光源稳定后进行曝光。

拍摄时一般选用与激发荧光相同颜色的滤光镜。由于滤光镜对成像清晰度有影响，所以对一部分拍摄对象在镜头前可不加滤光镜，使紫外线与荧光同时在胶片感光，或采用加滤光镜与不加滤光镜的两种方法对照拍摄，选择效果好的底片使用。拍摄应在全黑的条件下进行。

第二节　红外线照相

一、红外线照相概述

（一）红外线照相的概念

红外线照相，是指记录被拍客体在红外光波段反射成像状况的专门照相。红外线照相利用被摄物体对可见光、紫外线和红外线有不同的吸收、反射能力，显示一些肉眼看不见或普通照相显示不出来的细节，记录与可见光照相、紫外线反射照相不同亮度分布的结果，从而显现出可见光照相和紫外线反射照相无法显示的细节。

红外线照相所使用的光源是红外线，在介绍红外线照相之前，先了解一下红外线的概念和特性。

（二）红外线照相的特性

红外线也属于电磁波，它处于红色光外端，是一种肉眼看不见的电磁辐射。红外线光谱区的波长范围很宽，是 760 ~ 10^6nm（见图 10 - 1）。

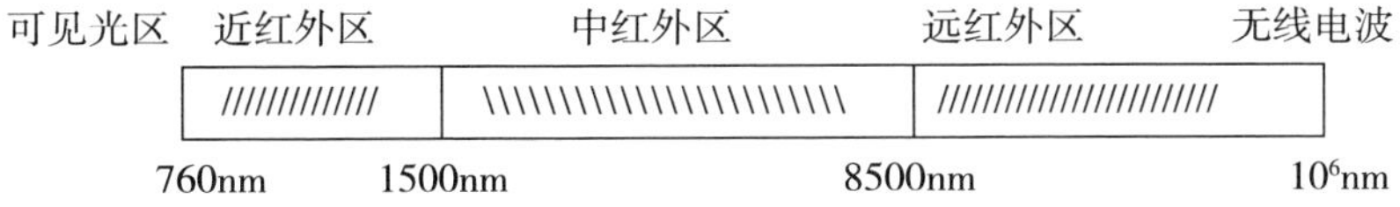

图 10 - 1　红外线光谱区

红外光谱区分为三个部分：760 ~ 1500nm 为近红外区；1500 ~ 8500nm 为中红外区；8500 ~ 10^6 nm 为远红外区。红外线照相使用的红外线是近红外区中 700 ~ 1350nm 这一波段。而在物证照相领域，比较常用的红外线照相波段是 700 ~ 900nm。可见，物证照相所使用的红外线仅占整个红外线波段的一小部分。由于普通感光片的敏感波长只能达到 680nm，超过这一波长的光线用普通感光片就不能记录了，因此红外线照相要使用专门的红外线感光片。红外线与可见光有同样的光学性质，唯一的差别就是红外线波长较长，介质对红外线的折射率较小，根据物质对光线的吸收能力随波长的增加而减少的原理，物质对红外线的吸收要弱一些，因此相对于可见光和紫外线，红外线可以到达物质内部更深层的部位，甚至可以穿透一些可见光线和紫外线不能通过的物质。这就是通常所说的红外线的“穿透”能力。在红外线照相中，某些强烈吸收可见光而呈现深色调的物质因不吸收或较少吸收红外线，不同程度地被红外线穿透而呈现透明状或浅色调。

红外线照相在物证照相中的作用体现在三个方面：可以显著地增强痕迹、物证与客体背景之间的亮度反差，这对深色客体上深色痕迹的效果尤其显著；可以显示检材内部深层部位的细节特征；可以消除或减弱背景对痕迹的干扰。这是由于在红外线照相中，构成客体背景图案的物质被红外线穿透，图案物质与周围其他物质对红外线的吸收差异消失，从而使背景图案被消除。以上这三个作用特点都是红外线穿透能力作用的结果。

二、红外线照相的应用

（一）鉴别被污斑掩盖的文字和痕迹

对于过于陈旧、污脏，或经过删改、伪造填写、漂白、擦刮过的字迹，或在漂白、擦去的空白处重新写上字迹，这类痕迹一般可用红外照相予以显露。

（二）显示烧毁字迹

先用镊子将纸灰轻轻夹住放在铜版纸（该纸不易吸水变形）上，再用微型喷雾器喷洒5%的甘油水溶液，使其湿软展平，最后用两块玻璃夹住拍摄。用此法甚至能拍出原来纸上的潜手印。

（三）鉴别绘画真伪

用红外照相法，可对经过修改或伪造的“绘画艺术品”与原作真迹进行鉴别。

（四）显示黑铅笔字迹和被墨汁涂抹过的字迹

由于石墨能够强烈吸收红外线，拍摄铅笔字迹或涂擦的铅笔字迹，利用红外线照相，可清晰再现影像。普通墨汁吸收可见光和红外线，被它涂抹的字迹一般很难显示出来，利用红外线穿透纸张的特性，可从背面拍摄正面的痕迹。

（五）区别不同的墨水

多数红色、紫色或蓝色打字墨水对红外光吸收弱，多数含有烟或普鲁士蓝的印刷油墨对红外光吸收强。如果用一种紫色墨水书写的字迹再用另一种紫色墨水修改后，用红外线拍摄，就可能得到清楚的照片。

（六）鉴别真假货币或有价证券

由于伪造证券、货币时所用油墨的化学成分与真品不同，纸张也不相同，因而对红外线的反射、吸收能力也不同，可通过红外照相法给予显露。

（七）鉴别纺织品的结构和纺织品上的斑痕

确定其布料品种，一般采用红外显微照相法，显示如布料上的锈斑或反常的地方，布物上的灰尘脚印、血迹，衣物的弹孔及子弹与纤维的接触痕迹、射击火药痕迹，纺织品上书写的字迹及对它的破坏斑痕等。

(八)"透射复印"密封信内的文字

将红外胶片与信封紧贴在一起，然后用红外线透射曝光，便得到与X光片相类似的阴影照片。

(九) 区别图章与字迹的先后顺序及图章印痕

由于红色印泥在紫外、紫蓝、绿光照射下，可激发出680~720nm的红光，而一般的书写物质在这一波段不发光，所以用该波段光曝光时，可区别盖章与书写的前后顺序。

(十) 拍摄转印字迹、显示陈旧照片上的影像和陈旧字迹

(十一) 显示不易辨别的痕迹及显示尸斑、皮下出血、创伤的形态特征

一些人眼不易辨识的脚印、手印、车轮辙、拖拉痕迹、涂擦血痕等，在红外线照射下，有可能增大反差，提高影像的清晰度。

(十二) 用于侦查工作

使用加有黑滤光片的闪光灯拍摄黑暗中的目标时，不易被对方发现。拍摄所用红外线的敏感波长一般为750~850nm。

三、红外线照相的条件

(一) 被拍客体

必须对红外线的吸收、反射、透过与可见光有所区别，并能将此记录在感光材料上。

(二) 红外线照相的光源

红外线在日光中含量丰富，约占全部辐射的55%。因此，日光一般可作为红外照相的自然光源。红外线灯泡、普通钨丝灯泡、气焰灯等都能发出较强的红外线。聚光灯发射光谱主波段峰值约在1400nm处。此外，还可用专用的红外闪光灯，它装有超深红色滤光片，拍摄时相机镜头前就不再用滤光镜了。

(三) 红外线照相的滤光镜

由于红外胶片除对红外线敏感外，还对红光、蓝紫光敏感，所以红外照相应使用专用的红外线滤光镜，滤光镜透射光谱的范围与物体反射光谱范围及胶片的敏感光谱应一致。

(四) 红外线感光片

红外胶片与普通胶片的区别主要在于它可以感受红外线，这是由于红外乳剂中加入了特殊的增感剂决定的。如新菁、三碳菁、四碳菁和五碳菁使感色范围分别达到800nm、950nm、1050~1300nm，感光材料感受光波的上限可达1350nm。它除了感受780nm以上的红外波段以外，还可感受400nm以下的紫外线及可见蓝紫光，不感受550~600nm的绿、黄、橙光。

红外线感光片的商品型号常用光谱感光度的最大值表示。如红外干版850的最大值为850nm，感色范围为700～890nm，红外线感光片的反差系数与曝光量大小、显影液性质、显影时间、温度等有关。商品上标的“硬”，是指反差系数大，“快”表示感光度高，红外线片的感光度一般要低一些。

红外胶片的分辨力要比普通胶片低、容易老化、保存期限短，使用前应先做试验，验证感光材料的性能。“硬”号的保存期限为半年左右，“快”号的保存期限为1.5～5个月，有的保存期限只有10余天时间。总之，红外胶片的敏感波长越长，则感光材料的稳定性越差。如将红外片密封后置于冰箱中保存，可以延长保存期限，用前需提前两小时取出，待恢复室温后再打开包装，装机拍摄。打开感光材料包装及装片时，应在暗室操作，并注意附近有无红外热辐射源，防止胶片漏光。

四、红外线照相的方法

（一）红外线照相

红外线照相与普通照相的拍摄方法大致相同，需注意的问题有以下几个方面：

1. 对焦

因红外线波长比可见光长，因此聚焦长于可见光，平均比可见光焦距长1/200。为此，在可见光对焦后，需按比例伸长像距，校正红外线结像的焦点。具体方法如下：

（1）先加红滤镜对焦，再换红外滤镜曝光。

（2）在普通光下对焦后，再旋转镜头，使标记“△”对准于红外校正点“R”。从“△”到“R”为应调整的距离。

（3）在镜头上无“R”时，用白光对焦后，再将镜头伸出一点曝光。伸出量随镜头和波长的变化而变化，为0.1～0.9mm。

2. 曝光

红外照相的曝光量较难掌握。影响曝光量的因素主要有：胶片感光度、光源发光强度、被拍物的反光或发光强度的强弱、滤光片因数等。具有蓝硅测光元件的相机都可对红外线进行测光。在不具备测光条件时，可用括弧曝光法确定曝光值。

当红外光较弱时，由于曝光时间较长，会使互易律失效，为保证影像效果，应争取做到正确曝光。

3. 安全灯

红外胶片能感受波长的范围是600～1350nm，同时对450～530nm的蓝、紫光也感光。因此，冲洗红外胶片时只能使用透过530～670nm波长光的安全灯，常用的安全灯有依尔福903号和爱克发114号。

4. 显影与定影

红外线感光片的显影、定影与处理一般黑白片的程序基本相同，拍后应注意及时冲洗，防止潜影衰退。各种型号的红外感光片都指定有显影配方。显影时观看显影效果的时间不能太长，安全灯须与显影材料保持一定距离，显影完成后应及时停显，显影和定影温度应在18℃～20℃，定影时间比普通黑白片要长一些，一般需定15分钟以上，定影使用普通定影液。在实际工作中，D－72显影液可用于一般红外线感光片冲洗。

冲洗敏感波长为950～1050nm的红外线感光片时需用显影液配方一：

水：750毫升　　无水硫酸钠：12.5克

乙氨酸：2克　　碳酸钾：25克

加水至1000毫升

如果需要调节红外线感光片的反差可用显影液配方二：

甲：强反差显影液配方

水：750毫升　　米吐尔：2克

无水亚硫酸钠：52克　　几奴尼：10克

无水碳酸钾：25克　　溴化钾：4克

加水至1000毫升

使用甲配方得到反差强、灰雾小的影像，当要获得更加强的反差时，可在1000毫升的溶液里再加5克苛性钠。

乙：弱反差显影液配方

水：750毫升　　米吐尔：1克

无水亚硫酸钠：20克　　几奴尼：5克

无水碳酸钾：20克　　溴化钾：1克

加水至1000毫升

5. 注意事项

（1）拍片前要检查相机和单页片暗盒是否漏光，装片时要防止跑光，使用红外线干版照相时应防止底片装反，拍摄时对焦和曝光要准确。

（2）胶片的感光极限与光源发射的红外线波段及红外线滤光镜允许透过的波段应相配合。

（3）用干版红外片显影时，应在显影前先用清水把感光片背面的墨碳洗掉，以防污染显、定影液。

（二）红外线荧光照相

红外线荧光照相是记录被拍客体受光激发产生红外荧光状况的专门照相。它借助于蓝、绿或紫外光线的激发作用，使被拍照物质发出红外线荧光，并记录在感光片上。

红外荧光照相时，光源前应加能透射激发光的单通或紫外线专用滤光器，在镜头前加只能透射红外线的滤光镜。一般的红外发光照相，可用硫酸铜溶液作滤光器。这种溶液可吸收650nm以上的全部红光和红外光，拍摄效果较好。滤液的浓度为50～120克/升，液层厚应在5cm以上。为防止水分蒸发，可进行密封，或在液面漂一层凡士林。用短波光激发出红外荧光，使其在胶片上感光。

荧光照相能够成功的一个关键，是物质能被激发出荧光，且有一定的强度。常有一些物质虽能发出荧光，但荧光非常微弱。提高荧光产率的途径主要有：

1. 提高激发光强度

如氖离子激光器发出的光能集中、强度大，可适用多种拍摄对象。

2. 减少激发光消耗

有些字迹被涂抹后，由于涂抹物吸收大量激发光，致使主体发出的荧光微弱。这时可从纸张（薄纸）背面照射，使主体先接受透射光，可减少光损失。

3. 超低温红外荧光照相

红外荧光的产生率（荧光效率）与温度有极大关系，温度高时产生率低，而在低温环境下，特别在超低温时物质的荧光产率高。由于一般的微弱痕迹中所含的荧光物质很少，荧光产率低，如温度高，将使荧光更加微弱，或者没有荧光产生。所以低温荧光照相或低温红外荧光照相具有重要的现实意义。

第三节　X射线照相和放射线照相

一、X射线照相

1. X射线特性

X射线是比紫外线更短的电磁波，其波长位于紫外线与γ射线之间。其中边界X射线波长5nm～0.1nm，软X射线0.1nm～0.04nm，硬X射线0.04nm～0.004nm。X射线有很强的穿透力，可用于医学诊断，金属材料或其制件的内部缺陷检查，以及物质组织结构方面的鉴别。

X 射线不同于光波的地方是不能用反射镜或透镜改变行进方向，可以透过许多不透明的物质，而且在穿越过程中一部分被吸收，另一部分被散射。它可引起许多物质发光。例如在透视人体时，可在涂有硫化锌等物质的屏板上发出荧光，从而显示出肌肉和骨骼的图像。可使照相乳剂感光，这一点与紫外线、可见光的作用相同，最后得到透明的 X 射线片或照片。

2. X 射线胶片

X 射线荧光照相用 35mm 和 70mm 卷片，或普通单页片。医用 X 射线单页片（双面涂乳剂）按感光度可分为 3f、4f、5f 几类，f 数值越大，感光度越高；按对比度可分为高低两种，暗盒外未注明者为低对比度。规格尺寸有 14 英寸 ×17 英寸、12 英寸 ×15 英寸、11 英寸 ×14 英寸、10 英寸 ×12 英寸、8 英寸 ×10 英寸、5 英寸 ×7 英寸等。

3. X 射线机

X 射线机的关键部件是 X 射线管，它是用以产生 X 射线的特种电子管。用玻璃或陶瓷作外壳，高真空。在阴极和阳极之间加上高电压之后，钨阴极就发射出热电子，以极快的速度击中由特殊材料（嵌在铜内的钨，或铜、钨、铁、钼等材料）制成的阳极靶面，从而产生 X 射线，向外反射出去。国产 X 射线机有 10～500 毫安的各种规格，所用电压为 40～150 千伏。

4. 透射照相

透射照相，是指在荧光屏上观察并进行拍摄。观察得到的图像是正像。因为强烈吸收 X 射线的部位在屏上显示阴影，而透过 X 射线的部位则明亮，制出照片后是负像。

X 射线的穿透能力随射线管的电压而变化。例如，管电压在 5～10 千伏时，可用于显示弹洞的金属化区域和显微 X 射线照相；在 10～15 千伏时，可用于拍纺织品；100 千伏左右的管电压适于拍摄锁等各种铁、铜金属制品的内部构造，如拍摄被破坏的金属机件内部存在于某些面上的痕迹等。在透射拍摄这些金属物品时，应在周围用含铅橡皮袋围住，或将金属物放在醋酸铅的饱和溶液中，以吸收向外散射的 X 射线，防止影像的边缘处出现光晕。

木质等物体上遗留的较深的撬、刺、切痕迹，可在其内部填充高原子序数的物质（如锑、铅粉、硫酸钡悬浮液、氧化铅矿油悬浮液），然后再用 X 射线拍摄，以显现其断面形态。

该法如用高微粒度的胶片，则还可将负片进一步放大，从而达到实际的显微照相效果。

5. 放射电子照相

硬X射线照射某些金属元素后，就被吸收掉而释放出电子，利用这种电子使胶片感光，称为放射电子照相。采用这种方法时，把感光片放在被拍目标上，使X射线透过胶片到达被拍物，并产生电子射到胶片上，使其感光。如对较薄的被拍物，就可将其放在光滑的铅板与胶片之间，利用铅板产生的放射电子，给胶片曝光。但X射线本身也可使胶片感光，为了减弱这种作用，可使用乳剂层不太容易吸收的硬X射线。产生硬X射线的管电压需在150千伏以上。另外，微粒片对X射线不太敏感，使用它可获得较好的效果。

放射电子照相法用于拍摄纺织品、薄纸的结构及香烟盒上的字迹，质量数高的化合物书写的看不见的字迹，石墨铅笔字迹等，效果较好。对于用含有铜、铅、锑、锡、砷、镍、汞、钡等质量数高的金属盐的密写材料，用软X射线拍摄，也可获得良好效果。

在法医检验中，用X射线透射拍摄法可拍出肌体内的弹药碎片或吞入人体的金属物件，判断灰烬中有无骨质存在，以及尸体怀胎情况。

二、放射线照相

放射性同位素的原子核不稳定，可以自发地放射α、β、γ射线。这些射线都是人眼所看不见的，但它能穿透某些物质，并使胶片感光。现在发现的天然同位素和人工同位素约两千多种。β射线是一种电子流（或正电子流），电子的动能可达几兆电子伏特。由于电子质量小，速度大，通过物质不易使其中的原子电离，能量损失慢，因而穿透物质的本领大。γ射线的波长极短（在0.004nm以下），能量较高，可在10电子伏特以上，也是一种电磁辐射。放射性同位素的原子核在衰变过程中可以产生γ射线。

γ射线可用于拍摄各种枪械弹药，枪膛来福线，各种锁与其他因密度大或厚度大而无法用X射线透射拍摄的物品。β射线照相用于透照几毫米厚的物品或接触法拍摄纸张，纺织品纤维的纹路以及文件上水印的照片，拍摄纺织品撕裂处的边缘特征，显示粘合剂的痕迹，区别某几种墨水写的字迹。

放射线照相的方法和X射线照相法基本一样，也不能用照相机，只需将胶片在被拍物体前接触曝光，或远距离曝光。前者是把同位素与明胶一起涂在玻璃上，再与被拍物和胶片重叠，射线透过被拍物达于胶片。后者是把被拍物与胶片接触，但射线源却与被拍物有一段距离。例如，把留有潜在手印的纺织物与放射物质共同密封在容器中，使放射物质与手印的汗渍起作用而附着在手印上。手印有了放射性，取出来和胶片接触，胶片即被感光，显影后现出手印。

第四节　激光检验照相

激光检验照相首次在刑事技术中的应用是1970年门塞尔等人对激光检验潜在手印的研究。从此以后，在刑事技术领域中激光检验照相得到迅速的发展。我国刑事技术部门于20世纪80年代开展了激光检验照相的研究和应用，充分利用激光的高亮度等特性进行了激光光致发光照相、激光反射照相、激光红外以及激光低温红外照相等，在潜在手印的显现，检验消褪字迹、涂改字迹、真伪票证等方面取得了许多成果。

激光光致发光检验照相，是利用激光作为激光光源，用激光的高亮度和单色性好等特性诱导物证发光，对发光物证进行固定的方法。痕迹物证中有许多化合物可以吸收可见光和近紫外光，然而由于含量极微，光吸收和散射效应一般不明显。即使用高灵敏度的光谱技术检测到微量的发光物质，用普通光源照射潜在痕迹时，也很难用肉眼观察到痕迹发光。这是因为：第一，普通光源发出的是复色光，波段范围很宽，不仅包括发光物质吸收的光，而且还包括许多发光物质不能吸收的光波长。也就是说，普通光源中的光波长仅有一小部分是有用的，而大部分光能量则浪费掉了。第二，普通光源中有一部分正好是在物质发光的波长范围内，在照射激发检材之前，必须滤掉这部分光，否则入射光会完全湮没非常微弱的痕迹发光。但滤波器也会大大衰减灯光中那部分有用的光，使其变得非常微弱。痕迹物证中发光物质数量极微，即便在发光波长上干扰很微弱，都会受很大的影响。此外，普通光源的方向性很差，绝大部分光不会汇聚到被检物上从而被浪费掉了。所以对许多微弱的潜在痕迹，普通光源是无能为力的。然而，激光有高亮度、单色性好等优点，合适的激光光源不需要滤光，因而没有光损失。有些激光器输出功率虽然只有几瓦，似乎不大，但如果不经过扩束而直接照射到检材上，则可能会把被检物烧坏。用激光显现微弱的潜在痕迹有下列突出优点：一是激光亮度高，能使痕迹产生较强的荧光，便于观察和拍摄；二是激光单色性好，能有效地激发痕迹中的某些物质，使其发出可见荧光或红外荧光，也有利于选择滤光器来滤掉激发光和背景杂散光，突出痕迹的发光；三是对被检物可以不污染不损坏，用其他方法失败后，还可以考虑用激光显现法来检测。

激光光致发光分为两类：一类是被检物未经任何方法处理，在激光激发下直接发出较强荧光，进而对荧光进行拍摄，称为固有荧光照相。另一类是某些痕迹物证在激光照射下，不产生荧光，或荧光极弱而不能直接进行荧光照相，因而必须对其进行某些物理或化学方法处理后，再用激光激发，才会产生较强荧光，这类荧光称为二次荧光。对这些荧光影像进行拍摄，称为激光二次荧光照相。激光光致发光照相中激光器的选择如表 10 - 1 所示。

表 10 - 1　激光光致发光照相中激光器件的选择

激光器与激光波长（纳米）	光谱区域	被摄痕迹	承受客体
氩离子 514.5 YAG532.0 铜蒸气 510.0	黄绿	汗潜手印；消退的红色印油、印泥；蓝墨水、红墨水字迹；使用香豆素、502 胶、Rh6G、RhB 染色处理的汗潜手印	单色纸张、单色塑料、深色金属、透明玻璃、活体皮肤、本色木、发货票纸、橡胶制品、皮革、深色纺织品
氩离子 488.0 457.9 501.7 441.6	蓝紫	血潜手印的荧光增强；碳素墨水书写和掩盖的字迹；茚三酮/氯化锌处理的汗潜手印；9 - 甲基蒽染色处理的汗潜手印	各种纺织品、各种纸张、浅色硬纸板、浅色塑料、包装纸、白墙、工具把、陶瓷、牛皮纸
氩离子 578.0 染料 585.0 染料 593.0	黄橙	新鲜的汗潜手印及纸币的细节荧光显现（真伪鉴别）	彩色照片、彩色画片、各种纸币、有价证券、彩色包装纸

激光发光照相主要针对各种潜在痕迹，如各种承受客体（玻璃、纸张、塑料、皮革、金属、纺织物、皮肤等）上的汗潜手印、血潜手印、人体分泌物及排泄物，消退、掩盖、涂改的字迹和戳迹，真假币，油渍等的检验。激光发光照相与红外线荧光照相、紫外线荧光照相等一样，属于特种检验照相。因此，使用的器材和方法有特定的要求。激光发光照相所需的主要器材有：激光器、扩束镜、滤光镜、照相机、快门线、三角架、感光片等。

实验安排

实验一：紫外线照相

一、实验目的

1. 了解紫外线照相与可见光、红外线照相的区别。

2. 初步学会紫外反射照相的方法。

3. 能正确分析实验样本材料对紫外光的吸收、反射和透射能力。

二、实验内容

用紫外反射照相的方法拍摄下面的内容：

1. 被消退的字迹、斑渍或印迹。
2. 纺织品上的血迹、油污、铁屑或泥土。
3. 纸上的无色指印、压痕字迹。

三、实验器材

数码相机、紫外线灯、100 瓦乳白钨丝灯、翻拍架、透紫外滤光片。

四、实验方式

学生每 4 人一组，在实验室进行实验。

五、实验方法（略）

六、实验作业

写出实验报告，要求说明实验目的、实验内容、实验方法和步骤。

实验二：红外线照相

一、实验目的

通过进行红外线照相的实验，使学生明确红外线的特点，掌握红外透射、红外反射照相的方法，能够对样本进行分析，确定对红外线的吸收、反射、透射能力，从而能够选择适当的红外波长进行分析。

二、实验内容

1. 红外反射照相

利用红外反射照相显示白纸上橡皮擦除的铅笔字迹。

2. 红外透射照相

利用红外透射照相区别颜色相同的染料：普鲁士蓝和甲基蓝。

三、实验器材

数码相机、100 瓦钨丝灯、700 纳米、750 纳米红外滤光镜、深红色滤光镜、翻拍架。

四、实验检材

1. 相同颜色的不同染料样本

取普鲁士蓝和甲基蓝各一滴，分别滴在一片透明玻璃片上，二者要有一定间隔，不能互溶。

2. 纸上橡皮擦除的铅笔字迹检材

取书写白纸一张，用 HB 铅笔写上字迹，然后用橡皮将其擦除。

五、实验方式

学生每4人一组，轮换操作与记录。

六、实验方法（略）

七、实验作业

写出实验报告，要求说明实验目的、实验内容、实验方法和步骤。

第五编　图像处理

第十一章

数字图像处理概述[①]

第一节　数字图像基本知识

一、图像和数字图像

（一）图像及其种类

图像是对外界客观事物的一种相似性的、生动的描述或写真，是人类认识世界和人类本身的重要源泉。具体地说，图像是指用各种观测系统以不同形式和手段观测客观世界而获得的，可以直接或间接作用于人眼并进而产生视知觉的实体，或者说图像是客观世界的物体及周围景物发出或反射的光线，经光学器件的折射和反射，在光化学或光电等材料上形成的。

图像的种类有很多，根据人眼的视觉特性可分为可见图像和不可见图像。其中可见图像是人眼能够直接观察并易于理解的一类图像，也是最重要、最基本的一类图像；不可见图像包括不可见光成像和不可见量形成的图像，如红外线图像、紫外线图像、核磁共振图像等。根据波段可分为单波段、多波段和超波段图像。单波段图像每个点上只有一个亮度值；多波段图像上每个点具有多个亮度值，如彩色图像每个点具有红、绿、蓝三个通道的亮度值；超波段图像每个点具有几十个或几百个亮度值。根据形式图像可分为静态图像和动态图像。静止、无动态变化的图像称为静态图像，如报纸、刊物、书籍上印刷的照片；而以连续变

① 本章参考标准：
中华人民共和国国家标准：法庭科学数字影像技术规则 GB/T 29350 - 2012。

化的多幅图像记录或再现一段时间内客观事物变化过程的图像称为动态图像，如电影、电视屏幕上播放的画面。根据图像记录方式的不同则可分为两大类：模拟图像和数字图像。模拟图像是指空间坐标和亮度都是连续变化的图像，可以通过某种物理量（如光、电等）的强弱变化来记录图像亮度信息，如模拟电视图像；数字图像则是用计算机存储的数据来记录图像上各点的亮度信息，是对客观事物的可视数字化表达。

（二）数字图像

以数字的形式存储于各种数字文件记录介质中，并通过一定的方式还原成原图像的数字信息，可以被传输、打印或以其他方式输出的图像称为数字图像。与传统的图像相比，其差异在于形成原始图像的媒体不同：传统图像的原始图像形成媒体是银盐媒体——胶片或者相片，而数字图像的原始图像的形成媒体主要是电磁媒体。但是，数字图像的载体，也可以是银盐媒体，因为，胶片或者相片也可以记录数字图像。

数字图像是现代信息技术的产物。传统的模拟图像技术主要是光学技术、机械技术、化学技术和少量的电子技术相结合而形成的。而数字图像技术是光学技术、机械技术、电子技术、信息技术相结合而产生的。传统的模拟图像制作技术既不需要电子感光元件，也不需要进行图像记录、存储的计算机操作软件，而仅仅依靠银盐的光化学反应技术。而数字图像技术必须依靠电子感光元件和计算机软件。

二、数字图像的特点

（一）获得图像方便快捷

数字图像的形成主要依靠数码相机等数码图像设备。用数码相机拍摄景物或者物体，只需在明室中操作，不需要传统的暗房操作技术，更不需要通过化学药剂的处理。在拍摄完成之后，立即就可以生成图像，无须程序烦琐的后期处理，所以花费时间更少。而且，获得数字图像不需要化学药剂，所以，获得图像的过程是无污染的。

（二）耗材成本低

目前，和模拟图像的制作相比，数字图像的拍摄设备比较贵，一般的数码相机的售价都比胶片相机高。但是，在制作图像的耗材方面，数字图像有自己的优势：数字图像的记录和存储不需要胶片和相纸，图像记录元件可以重复记录、存储；数字图像的形成不需要消耗大量贵金属——银；如果不需要转化为纸质图像，数字图像几乎不需要耗材。而传统的图像记录、存储都需要大量的胶片和相纸。所以，相比之下，数字图像的耗材成本是相当低的。

（三）存储介质广泛

数字图像可以存储在多种介质上：SD卡、数码相机的存储卡、计算机硬盘、软磁盘、光盘、U盘、银盐感光材料、照片打印纸等。而传统的模拟图像如果不经数码化处理，只能存储在银盐感光材料上面。

（四）用途广泛

数字图像技术可以适用于传统图像技术的各个方面。此外，数字图像技术还可以扩展到传统图像技术适用范围以外的一些方面。例如，工业生产、遥感探测、生物医学、通信、自动控制、自动识别等领域中。

（五）便于计算机分析和处理

鉴于数字图像的形成方式，数字图像可以十分方便地进行复制、分色、增强等方面的处理。数字图像可以无数次进行复制，而且复制之后不会衰减、畸变和失真，更不会出现传统胶片、相片发霉和图像衰退的现象。数字图像可以在计算机中十分方便地进行分色、变色处理，模糊图像也可以在一定程度上进行清晰化处理，失真的数字图像也可以通过计算机软件进行校正等。这些处理过程不需要烦琐的器材组合操作，只需要掌握计算机图像处理软件技术即可。当然，数字图像易于处理这一特点，也给司法中运用数字图像带来了新问题：既然数字图像易于处理，那么数字图像的真实性如何保证？对这一问题，应当依靠证据规则和数字图像技术来共同解决。

三、数字图像的相关指标

（一）位和字节

计算机所产生的文件，不管是文本文件、图像文件还是声音文件，都是被解释为“1”和“0”之后产生并被计算机接受的。计算机中由“1”和“0”形成的二进制数就被称为“位”。数字图像之所以易于处理，是因为有关数字图像的亮度、灰度、色彩等图像的构成要素，转化成了位。所谓“字节”，是指八位二进制的数，它是计算机数据存储的基本单位。位和字节都可以反映计算机文件的大小。

（二）像素

像素（pixel）是自图像的电磁波传播以来就产生的一个概念，即任何图像可以用无穷个小点构成。而自数字图像产生以来，这个概念更是得到普及。因为像素构成了数字图像，单位面积内像素的数量决定了图像的精度，像素也是反映数字图像分辨率的指标。

（三）分辨率

分辨率是一个表示数字图像精细程度的指标。分辨率越高，则数字图像越精细；分辨率越低，则越粗糙。表示数字图像分辨率的方法有三种，第一种是线性测量值表示法，线性测量值表示法是用单位长度像素的多少来表示的，基本单位是“像素/英寸”（ppi），如300ppi，表示每英寸长度上有300个像素，或用单位长度上的点数来表示，基本单位是“点/英寸”（dpi）。第二种是矩阵测量值表示法，矩阵测量值是以矩阵长度和宽度上像素的乘积表示，如1920×1080，表示在一个矩阵的长和宽上分别有1920个和1080个像素。第三种是像素总量值表示法，该表示方法是以像面上像素的总量表示，通常数码相机的分辨率就是用此方法表示的，如百万像素级的数码相机的分辨率最低是1280×960＝1228800（像素）。

（四）色彩模式

色彩模式是指颜色的生成要素及组合方式。随着信息技术和数字图像技术的发展，色彩模式的种类可以说是名目繁多，为了正确理解这些色彩模式，有必要一一简单介绍。

1. RGB模式

RGB分别代表着三种颜色：R代表红色，G代表绿色，B代表蓝色，每种颜色有0～255种变化。RGB模式也称为加色模式。RGB模型通常用于光照、视频和屏幕图像编辑，因此RGB模式又称为色彩的显示模式。

2. CMYK模式

CMYK分别代表着四种颜色：靛青（C）、品红（M）、黄（Y）和黑（K）色。这一模式主要用于印刷和打印，因此又被称为色彩的印刷模式。

3. HSB模式

HSB色彩模式以色相（H）、饱和度（S）和亮度（B）描述颜色的基本特征。色相指从物体反射或透过物体传播的颜色。饱和度是指颜色的强度或纯度。亮度是指颜色的相对明暗程度。HSB色彩模式是根据日常生活中人眼的视觉特征而制定的一套色彩模式，最接近于人类对色彩辨认的思考方式。

4. Lab模式

Lab色彩模式由光度分量（L）和两个色度分量组成，这两个分量即a分量（从绿到红）和b分量（从蓝到黄）。Lab色彩模式与设备无关，不管使用什么设备（如显示器、打印机或扫描仪）创建或输出图像，这种色彩模式产生的颜色都保持一致。Lab色彩模式通常用于处理照片光盘（Photo CD）图像、单独编辑图像中的亮度和颜色值、在不同系统间转移图像以及打印到PostScript（R）Level 2和Level 3打印机。

5. Index模式

Index模式，即索引模式。这种模式下，图像像素用一个字节表示它最多包含256色的色表储存并索引其所用的颜色，其图像质量不高，占用空间小。因此，在网页制作中常用此色彩模式。

6. Gray Scale 模式

Gray Scale 模式，即灰度模式，即只用黑色和白色显示图像，像素值0为黑色，255为白色。灰度文件是可以组成多达256级灰度的8图像，亮度是控制灰度的唯一要素。亮度越高，灰度越浅，越接近于白色；亮度越低，灰度越深，就越接近于黑色。当一个彩色文件被转换为灰度文件时，所有的颜色信息都将从文件中去掉。

7. 位图模式

位图（bitmap）模式，即图像只有黑白两种像素组成，且像素都以二进制来表示的图像模式。位图模式主要用于早期不能识别颜色和灰度的设备。如果需要表示灰度，则需要通过点的抖动来模拟。位图模式通常用于文字识别，如果扫描需要使用光学文字识别（optical character recognition，OCR）技术识别的图像文件，须将图像转化为位图模式。

（五）图像的文件格式

1. JPEG 格式

JPEG（Joint Photographic Experts Group）是生活中最为常见的一种图像格式，它由联合照片专家组开发并命名为“ISO 10918 - 1”，JPEG 仅仅是一种俗称而已。JPEG 文件的扩展名为 . jpg 或 . jpeg，其压缩技术十分先进，它用有损压缩方式去除冗余的图像和彩色数据，在获取极高的压缩率的同时能展现十分丰富生动的图像，换句话说，就是可以用最少的磁盘空间得到较好的图像质量。但极高的压缩率也容易造成图像数据的损伤，最终导致解压缩后恢复的图像质量明显降低，如果追求高品质图像，不宜采用过高压缩比例。

2. BMP 格式

BMP（bitmap）文件格式简称位图文件，它是 Windows 操作系统中的标准图像文件格式，能够被多种 Windows 应用程序支持，所以应用广泛。BMP 格式比较简单，它只包含两个重要参数：编码格式（encoding）和像素位数（bit - per - pixel，bpp），它包含的图像信息较丰富，压缩率小。由于它可以不作任何变换地保存图像像素域的数据，因此成为我们取得 RAW 数据的重要来源。但该种文件格式也存在与生俱来的缺点——占用磁盘空间过大。所以，目前 BMP 在单机上比较流行。

3. GIF 格式

GIF（graphics interchange format）即图形交换格式文件的缩写，该名称的命名源于它最初的目的是希望每个 BBS 的使用者能够通过 GIF 图像文件轻易存储并交换图像数据，因此它主要是供图片传输使用。GIF 格式的特点是压缩比高，磁盘空间占用较少。除此之外，还具备图像文件短小、下载速度快、可用许多具有同样大小的图像文件组成动画等优势。鉴于以上优点，GIF 图像文件得到了广泛的应用。但 GIF 有个小小的缺点，即不能存储超过 256 色的图像。

4. PSD 格式

PSD（photoshop document）图像文件是著名的 Adobe 公司的图像处理软件 Photoshop 的专用格式。PSD 图像文件格式是 Photoshop 进行图片后期修饰、平面设计、广告制作、视觉设计的一张草图，它里面包含有各种图层、通道、遮罩等多种设计的样稿，以便于下次打开文件时可以修改上一次的设计，可以有效防止因为使用剪切删除类工具而造成不可返回的遗憾。但是这一格式的数码图像所占用的磁盘空间很大，而且浏览图像必须要借助 Photoshop 这一软件。所以，仅仅适用于保存未完成处理任务的图像。

5. RAW 格式

RAW 原意为“未经加工”。RAW 图像文件格式是未经处理、也未经压缩的格式，可以概念化为“原始图像编码数据”或更形象地称为“数字底片”。RAW 图像是互补金属氧化物半导体（complementary metal oxide semiconductor，CMOS）或者 CCD 图像感应器将捕捉到的光源信号转化为数字信号的原始数据，它不仅记录了数码相机传感器的原始信息，同时还记录了由相机拍摄所产生的一些元数据信息。因此，RAW 文件非常适用于以后需要进行后期处理的情况，该格式也是众多摄影爱好者的最佳之选。

6. TIFF 格式

TIFF（tag image file format）格式，中文名为“标记图像格式”，是 Mac 中广泛使用的图像格式，它由 Aldus 和微软联合开发，最初是出于跨平台存储扫描图像的需要而设计的。它的特点是图像格式复杂、存贮信息多。正因为它存储的图像细微层次的信息非常多，图像的质量也得以提高，故而非常有利于原稿的复制。TIFF 文件格式的主要功能包括多种主要的压缩方法、多种色彩表示方法、图像质量增强、特殊图像效果以及文档的存储和检索帮助。

数字图像除了上述六种格式以外，还有 PNG 格式、SWF 格式、SVG 格式、PCX 格式等，这些格式都有各自的特殊用途，但运用相对较少，故不作介绍。

（六）其他

1. 色阶

数字图像中颜色的总范围被称为“色域”，色域中每个具体的值叫作色阶。色阶描述的是色彩的层次感，通俗地说，就是色彩的浓淡。

2. 色彩深度

色彩深度又称为色彩位度，它描述的是图像色彩与其相对应的实物的色彩二者接近的程度。一般来说，数字图像的色彩深度越高，则相机捕获的颜色数量越多，越真实地还原亮部及暗部的细节，因此又有人将色彩深度称为色彩分辨率。色彩深度一般用“位”（bit）表示，计算方法：总位深度 = N（色彩数）×M（一种色彩的位数）。若以 RGB 模式存在的数字图像，则每种颜色深度是 8 位，则 RGB 模式的数字图像的总位深度就是 24（3×8 = 24）位。但是，色彩深度越高，文件越大。

3. 噪点

噪点（noise），又称为噪音，指图像中不该出现的外来像素。缩小的数字图像看不到噪点，如果将原图像放大，那么就会出现本来没有的颜色（假色），这种假色就是图像噪点。噪点不仅影响观看效果，而且，在使用图像处理软件进行色彩处理时，会产生不良影响。产生噪点的原因很复杂，数字图像设备升温，数字图像设备的制作工艺，以及电磁干扰都可能产生。数码相机在光线较暗的情况下拍摄，或者在高 ISO 的情况下拍摄都会产生噪点。描述噪点的指标是信噪比，即真实像素和外来像素之比值。信噪比越高，则噪点越少。

第二节　数字图像处理基础

一、数字图像处理的硬件配置

专门的图像工作站售价很高，参考图像处理的特点以及自己的需求水平，完全可以自己配置用于图像处理的计算机。配置图像处理专用计算机往往与配置普通计算机不同，它比较注重显示卡、内存、显示器的性能，因此这些配件的要求相对要高。图像专业处理系统往往要长时间处理大型图像，因此其要求很高的稳定性，在这方面，基于 Intel 的图像处理系统是比基于 AMD 的系统有优势的，现在品牌厂家的图形工作站全部是 Intel 系统。在外设方面，主要是扫描仪和打印机，它们直接关系到图像的最终质量，最应重视，照片级的扫描仪、打印机一定要列入配置计划。

（一）CPU

对于图像处理来说，奔腾Ⅲ的中央处理器已经足够了，但是现在市面上出售的各类处理器已经远远超出这个规格，所以，现在市面上普遍流行的处理器都适用于图像处理。

（二）主板

对图像处理来说，对主板的要求不是很苛刻。能搭载双倍速率（double data rate，DDR）的内存且不是显卡集成的主板即可。其实现在市面流行的主板都能满足这两个条件，而且在工艺、性能方面已经有很大改善。

（三）内存

对图像处理来说，内存的速度和容量都十分重要。目前 DDR 内存已经开始替代传统的同步动态随机存取内存（synchronous dynamic random access memory，SDRAM），正适合图像处理对内存速度的高要求。容量方面，现在市面上普及的 4GB DDR3、8GB DDR3 都是很理想的。

（四）硬盘

对图像处理来说，大容量的硬盘是应当准备的。因为多数数字图像文件都很大，所以需要宽裕的硬盘空间。一般来说，供图像处理用的硬盘至少应该是 40G 以上的硬盘。而且，最好准备一个大容量的移动硬盘供备份文件用。

（五）显示卡

数字图像处理对显示卡要求较高，如果显示卡性能欠佳，会影响图像处理的速度，也会影响图像处理软件运行的稳定性。几年前供图像处理的显卡常用加拿大 MGA G400 系列显示卡，但是，现在 CPU 及主板性能都大大提高，使用此显示卡明显无法与其匹配了。目前，推荐用 1650GT ATI 的显卡。

（六）显示器

一台好的显示器，对图像处理来说，无疑是必备的。目前市面上流行的显示器主要是液晶显示器，纯平的阴级射线管（cathode ray tube，CRT）显示器已经退出主流市场了，其实不必非要用液晶显示器。只要显示器在 17 寸以上，保证图像形状及颜色还原良好即可。如选液晶显示器，则选用 LG 的显示器。如选 CRT 显示器，则三星 997MB 即可。

（七）扫描仪

扫描仪在图像处理中的作用甚大，但一般光学分辨率达到 1200bpi 这一档次的已经够用，再高档的扫描仪价格会较高。对扫描仪的选择一般应当有这样两个功能：一是采用加长 A4 设计，使用扫描面积比 A4 大 20% 的稿件；二是采用 USB/SCSI 双接口，而 SCSI 是专业接口技术，速度快，而且工作稳定，价格还很合理。传统平板扫描仪是对制作好的照片进行扫描，这个过程图像质量会有损失，因此对于专业的用户，可能要考虑到底片扫描仪，不过底片扫描仪价格较高。

（八）打印机

在司法实践中，仅以电子文档形式保存的数字图像常常还不够，经常还要求提交纸质照片，所以，一台性能好的彩色打印机就是必不可少的。目前，热升华打印机价格还比较高，喷墨打印机虽然价格便宜，但墨盒的价格却一直未显著下降，但是，如果打印图片的数量不是很多，用爱普生系列的照片级打印机也是可以的。

二、数字图像的基本数学模型

一个图像可以定义为一个二维函数 f（x，y），其中 x，y 是空间坐标，通过取样和量化我们可以把该函数转化为数字图像。所有的平面图像可以用 3 个方面的要素来定义：图像的坐标（x，y）、图像反射光或者发射光的波长（λ）、时间（t）。这三者是一个整体，这个整体可以用一个公式来表示：

$$I = f(x, y, \lambda, t)$$

也就是说，对于人眼所见的任何平面图像上的任何一个点，都可以用这个函数来定义。

而对于人眼所见的黑白平面图像来说，反射光或发射光的颜色已经没有意义，所以，光线的波长可以不予考虑，因而上面的函数可以改变为：

$$I = f(x, y, t) = \int f(x, y, \lambda, t) Vs(\lambda) d\lambda$$

Vs（λ）为人眼的相对视觉敏感函数。

对于彩色图像来说，通常可以把显示模式下的图像用 R（红）、G（绿）、B（蓝）三种最基本的颜色来表示。而如果对三基色分别定义之后，就可以对显示模式下，任何一种颜色下的图像进行定义。

$$I = \{R(x, y, t), G(x, y, t), B(x, y, t)\}$$

当图像在运动时，必须要考虑时间因素，而对于静止图像来说，时间因素可以不予考虑。而对黑白的静止图像来说，光的波长因素也可以不予考虑了，因此，黑白的静止图像仅表达为两个方面：位置（x，y,）和亮度（或灰度）。这两个方面可以用下面的公式表示：

$$I = f(x, y)$$

$$0 \leqslant f(x, y) \leqslant 255$$

因此，有上述数学模型之后，任何图像都可以定义了。而对频率域的图像处理来说，主要是利用一些频率中进行特定处理的基本原理和这些数学模型来进行。比如，对图像进行增强处理时，主要利用傅里叶变换和直方图结合这些基本数学模型来进行。

三、数字图像处理的主要技术

数字图像处理是利用计算机去除图像噪点，对图像进行增强、复原、分割、特征提取等处理的方法和技术。数字图像处理主要是为了达到3个目的：一是提高人眼对图像的视感质量；二是提取图像中所包含的某种特征信息；三是进行图像数据的变换、编码及压缩，以便于图像的存贮和传输。

进行数字图像处理的主要技术包括：

（一）数字图像的采集和显示

图像的采集和显示主要是如何利用数字图像设备采集、显示有特定要求的数字图像。例如，如何利用数字图像设备采集数码显微图像，如何利用数码相机获得三维全景可变换图像，等等。

（二）数字图像的增强

数字图像的增强主要是指对噪点过多、背景过强的数字图像进行处理，使有用图像信息得到放大，从而便于观察。比如，对背景色与指纹色相近的照片进行背景校正，使指纹图像更显著，而背景被去除或者弱化。

（三）变形数字图像的校正

有些数字图像在采集时，由于主客观原因，图像的线条轮廓与原物相比发生了变化，因此，有必要对这类图像进行校正，以使其与原物的线条轮廓相接近。比如，对指印进行拍摄时，由于指纹所在表面为曲面，因此，指印线条流向特征与实际的指纹线条流向不一致，因此，就必须经过校正处理，使其与实际的指纹线条流向大致一致。

（四）图像的复原

数字图像在采集、存贮和传输中发生图像质量的退化，使图像模糊不清，因此有必要对退化的图像进行复原处理。具体包括校正处理、滤去退化痕迹、恢复图像本来面目。数字图像复原的目的是尽可能复现或者逼近没有退化的理想图像。

第十二章

图像处理技术[①]

第一节 数字图像的基本运算

一、代数运算

数字图像的代数运算是指对两幅或两幅以上的输入图像进行加、减、乘或除等运算的处理方法。这种运算的特点在于：其一，输出图像像素的灰度仅取决于两幅或两幅以上的输入图像的对应像素灰度值，和点运算相似，算术运算结果和参与运算像素的邻域内像素的灰度值无关；其二，算术运算不会改变像素的空间位置。

（一）加法运算

图像相加运算就是将两幅图像对应像素的灰度值或彩色分量进行相加处理的运算方法。该种运算方法的输出目的一般有两个：一个是对同一场景的多幅图像求平均效果，以便有效地降低具有叠加性质的随机噪声。另一个效果就是生成一种图像叠加的艺术效果。一般来说，直接采集的图像品质一般都较好，不需要进

---

① 本章参考标准：

1. 中华人民共和国公共安全行业标准：法庭科学模糊图像处理技术规范 图像去噪声 GA/T 897—2010。

2. 中华人民共和国公共安全行业标准：法庭科学模糊图像处理技术规范 退化图像复原 GA/T 896—2010。

3. 中华人民共和国公共安全行业标准：法庭科学模糊图像处理技术规范 图像增强 GA/T 895—2010。

行加法运算处理，但是对于那些经过长距离传送的图像，如在天文领域中特殊环境下产生传感器噪声，进行图像平均叠加处理去除噪声是必不可少的。

（二）减法运算

图像减法也称为差分方法，通过差分方法可以检测两幅图像之间的差异，因此该方法最主要的应用在于检测运动物体以及图像变化，具体来说，可以用于指导动态监测、运动目标的检测和跟踪、图像背景的消除及目标识别等，在森林防火、气象监测以及违章检测等场景中应用广泛。当然，在利用图像减法处理图像时，往往需要考虑背景的更新机制，尽量补偿因天气、光线等因素对图像显示效果造成的影响。也可以根据原始图像估计其背景亮度图像，然后再从原始图像中将背景亮度图像减去，从而获得更清晰、完整的前景图像。

（三）乘法运算

两幅图像进行乘法运算最主要的功能就是阴影校正。传感器给出的图像g（x，y）从光影角度来看可以是完美图像f（x，y）和阴影函数s（x，y）的乘积，但大多数时候阴影函数都是未知的，如果这时候图像系统可以访问，就能通过对具有恒定灰度的目标成像，模拟一个近似的阴影函数。如果图像系统不能访问，就只能直接从g（x，y）里估计阴影函数。另外，一幅图像乘以一个常数通常被称为缩放，这是一种常见的图像处理操作。如果使用的缩放因数大于1，那么将增强图像的亮度，如果因数小于1则会使图像变暗。缩放操作通常将产生比简单添加像素偏移量自然得多的明暗效果。这是因为该操作能够更好地维持图像的相关对比度。此外，由于时域的卷积或相关运算与频域的乘积运算对应，因此乘法运算有时也作为一种技巧来实现卷积或相关处理。

（四）除法运算

除法运算同样也可用于校正成像设备的非线性影响，同时可以产生对颜色和多光谱图像分析十分重要的比率图像。这在特殊形态的图像（如遥感图像）处理中经常用到。

二、插值运算

图像插值是在基于模型框架下，从低分辨率图像生成高分辨率图像的过程，用以恢复图像中所丢失的信息。随着显示技术的快速发展以及实际生产生活的需要，需要将原始分辨率低以及模糊的图像进行放大或清晰化处理，这就需要用到图像的插值运算。插值运算是一种最基本、最常用的几何运算，常用的插值算法有3种：最近邻点插值、双线性插值和双三次插值。在图像处理软件中对图像进行缩放时，插值算法的好坏直接关系到图像的失真程序，插值函数的设计是插值算法的核心问题。

（一）最近邻点插值

最近邻点插值是一种最基本、最简单的图像缩放算法。它输出的像素值等于距离它映射到的位置最近的输入像素值。对于二维图像，该法是取待采样点周围四个相邻像素点中距离最近的一个邻点的灰度值作为该点的灰度值。这种算法是当图片放大时，缺少的像素通过直接使用与之最接近的原有像素的颜色生成，也就是说照搬旁边的像素。虽然这种方法处理速度很快，但效果并不好，放大后的图像有很严重的马赛克，缩小后的图像有很严重的失真。

（二）双线性插值

双线性插值又称一阶插值，它先对水平方向上进行一阶线性插值，然后再对垂直方向上进行一阶线性插值。它充分利用了原图中虚拟点四周的四个真实存在的像素值来共同决定目标图中的一个像素值。由于它是从原图四个像素中运算的，因此这种算法很大程度上消除了锯齿现象，而且效果也比较好。双线性插值计算量大，但缩放后图像质量高，不会出现像素值不连续的情况。由于双线性插值具有低通滤波器的性质，使高频分量受损，所以可能使图像轮廓在一定程度上变的模糊。

（三）双三次插值

双三次插值又称立方卷积插值，是一种更加复杂的插值方式。即不仅考虑四个直接邻点灰度值的影响，还考虑各邻点间灰度值变化率的影响，利用了待采样点周围更大邻域内像索的灰度值作三次插值。双三次插值能够克服以上两种算法的不足，计算精度高，它能比占主导地位的双线性滤波算法保留更好的细节质量。

第二节 图像增强技术

一、图像增强的概念和目的

图像增强是通过一系列技术方法有选择地突出某些对人或机器分析感兴趣的信息，抑制或消除一些不感兴趣及无用的信息，以提高图像的使用价值的一种图像处理技术。

图像增强的目的主要有两点：一是改善人眼对原始图像的视觉效果，使观察者从中获得更加清晰、便于理解的信息，以作为进一步处理或分析的依据；二是在计算机自动识别技术中，采用增强技术进行预处理，使原始图像信息转换成为一种更适合于机器感知、理解和分析的形式，以提高机器处理分析的质量。图像的增强过程中不会增加图像的内在信息量，但却能增大所关心的信息的动态范围，使之更加易于检测。

二、图像增强技术的基础知识

（一）傅里叶变换

傅里叶变换是一种数学上的积分变换，在科学技术领域中有着广泛的应用，在图像处理技术中，傅里叶变换是频域处理的理论基础，具有丰富的物理内涵。当图像的尺寸增加时，计算量将会急剧增加。利用一维快速傅里叶变换和二维傅里叶变换的可分离性可以大大减少计算次数，快速傅里叶变换的计算现已成熟化并已硬件化，为频域中的处理带来极大的方便。

图像经过傅里叶变换，将人们对图像的理解提到了频谱分析这一更高的层次和领域，使在空间域中不便或无法实现的图像处理成为可能。例如，刑事案件现场经常会遇到遗留在规则花纹背景上的手印、足迹及其他痕迹物证，为利于检验鉴定，需要除掉这类图像中的背景花纹干扰，这在空间域中是极难实现的。但对于频域处理，由于图像背景的规则花纹的频谱呈周期状分布，其滤波器易于设计实现，通过滤波运算，在滤除了这些周期状的频谱后，再进行一次傅里叶反变换，就可以得到一幅清晰的没有背景干扰的痕迹物证图像。目前，图像的傅里叶变换主要应用在特征提取、空间频率域的滤波处理、图像的数据压缩、卷积的高速运算、计算机断层图像重建、纹理分析等领域。图像在频域中的处理技术，内容丰富多彩，是图像处理的一个广阔的新天地。

（二）直方图

对一幅数字图像，将每一个灰度值对应的像素数统计出来，并以灰度值为横坐标，以像素数为纵坐标绘制的图形，称为灰度直方图，简称为“直方图”。直方图的主要性质有两点：一是直方图只反映该图像中某一灰度值像素出现的数目或概率，而不反映该像素出现的位置。二是对任何图像都可唯一地计算并作出与之对应的直方图，但同一幅直方图可能对应不同的图像。

由直方图可以看出该幅图像的概貌，如图像的总亮度（灰度）、对比度、亮度（灰度）分布的动态范围等一系列特征信息。所以，无论从定性或从定量角度来看，直方图都是图像处理中一个很好的依据和有力工具。例如，在图像数字化时，可以利用直方图来优化数字化参数的选择；在进行图像二值化处理时（如对指纹图像的黑白二值化）利用直方图可方便地进行二值化阈值的选取；在改善图像质量的处理中常常用直方图作为处理依据，如在图像的对比度增强处理时，常利用修改直方图的方法得到很好的处理效果。

三、常用的图像增强技术

（一）对比度增强技术

1. 对比度增强的概念

所谓对比度增强，就是将原图像的每一像素的灰度值重新进行分度，将原图像的亮度（灰度）的动态范围予以扩展，以达到改善或提高人眼（或机器）视觉效果的一种图像处理方法。对比度增强是一种常用的简便而有效的图像处理方法。

在进行图像的对比度增强处理时，可以对整幅图像扩展亮度（或灰度）的范围，也可以只对图像中感兴趣的某一部分区域的亮度（或灰度）范围进行扩展。对比度增强后，人眼能够观察到的图像的细节增加了，然而这仅仅是人眼的主观感受，实际上原图像的固有细节信息并没有改变。

2. 对比度增强的方法

对比度增强属空域中的点处理，根据映射方式的不同，对比度增强可以分为两类：一类是“灰度变换法”，另一类是“直方图修整法”。灰度变换法还有灰度的线性变换、分段线性变换、非线性变换和其他一些变换方法；直方图修整法也有直方图均衡化和直方图规定化等方法。总之，在对比度增强处理中直方图是一个十分有用的工具。

（1）“灰度变换法”对比度增强

灰度变换法常用方法有线性灰度变换、分段线性变换和非线性变换 3 种：

线性灰度变换法。在拍摄中，由于光照不足或不均匀，曝光不足或曝光过度，都会产生图像对比度低的弊病。若将低对比度的图像的亮度（灰度）的动态范围进行线性扩展（此法又称作灰度的线性拉伸），常常能够显著地改善图像的视见质量。

灰度分段线性变换。在刑事案件现场图像中，常常只对图像的某些部位感兴趣，如涉案的监控录像中的机动车辆图像，常需从中辨认车牌照号码。为了突出感兴趣的目标或灰度区间，相对抑制那些不感兴趣的灰度区域，就可以采用灰度分段线性变换的方法，对灰度动态范围进行分段扩展或压缩。常用的是分成 3 段的灰度线性变换。

非线性灰度变换。可以利用对数函数、指数函数等非线性函数来实现图像非线性灰度变换。有时图像的灰度范围过大，以致只有在某一灰度范围内的少量像素才能被分辨出来，这时可以通过对数变换来进行压缩。对数变换压缩了灰度值高的范围，对灰度值低的范围反而有所增强，变换的结果可以使图像的灰度分布均匀，产生与人眼的视觉特性相匹配的效果。灰度的指数变换通常用于对图像的高灰度区予以较大的扩展。

（2）“直方图修整法”对比度增强

许多自然图像由于其灰度分布集中在比较狭窄的范围内而使图像的细节不清晰，而一幅图像的直方图中内含了该图像的概貌性信息，所谓灰度直方图修整，就是通过将直方图修改为希望的形状以达到改善图像目的的一种技术。修整后的图像的灰度间距拉开或者灰度分布均匀化，从而增大图像的对比度，使图像的细节清晰。直方图修整法主要有直方图均衡化和直方图规定化两种方法。

直方图均衡化，就是将原图像的直方图分布通过变换函数修整为均匀的分布，再按均衡后的直方图修整原图像的方法。均衡化后的图像的灰度范围扩大了，但其本质是扩大了一些量化层之间的间隔，而不是量化层的数目。直方图均衡化其实是减少了原图像的灰度等级以换取对比度的扩大。

直方图规定化。在某些具体问题中，希望达到预先给定的分布，使增强后的图像灰度级的分布不是均匀的，而是具有规定形状的直方图，以此可以突出感兴趣的灰度范围，这就是所谓直方图规定化的处理方法。直方图规定化处理的思路是：将给定图像的直方图与规定的直方图分别进行均衡化处理，然后再建立两者之间的关系。直方图规定化是更灵活、更一般化的方法，可以根据原图像有选择地控制直方图，以获得预期质量的图像。

（二）图像的平滑处理

1. 图像平滑处理的概念

图像在生成和传输过程中，常常受到各种噪声源的干扰和影响，使图像的质量变差。噪声源有电传感器噪声、相片颗粒噪声、信道误差及其他噪声。图像的平滑处理指抑制噪声，改善图像质量的处理技术。

图像的平滑处理既可以在空域中进行，也可以在频域中进行。在平滑噪声处理时应尽量不损害原始图像的边沿和各种细节。

迄今为止，图像处理工作者已研究出许多平滑图像噪声的处理方法，通常将数字图像处理的平滑技术分为两大类：一类是全局处理，即对噪声图像的全部或其大部分进行平滑处理，如在频域中的 Wiener 滤波，最小二乘滤波和 Kalman 滤波等技术。这些技术需要了解信号和噪声的统计模型，然而大多数情况下人们不了解这些模型，或者不能用简单的随机过程精确地描述这些模型，并且计算非常费时。另一类是对噪声图像的局部进行平滑，也就是在对某一像素作平滑处理时，仅对该像素的局部小邻域内的一些像素进行运算，这类局部平滑具有处理效率高的优点，甚至可以做到实时处理，因而受到人们的关注，成为研究图像平滑技术的主要倾向，本章也将主要介绍这一类平滑去噪技术。

2. 空间域中的图像平滑处理技术

（1）局部平均法

“局部平均法”也称作“邻域平均法”，是用于清除图像上噪声的平滑处理中最简单的一种空域处理技术。一幅图像在生成和传输过程中，往往因受各种噪声源的污染而带上噪声，这些噪声常常又在图像上表现为一些随机的孤立的像素点，像雪花一样飘落在图像画面上。可以认为，噪声和图像像素之间的灰度是空间不相关的，即噪声点的灰度与它们的近邻图像像素灰度有着显著的不同。因此，利用噪声点统计独立这一空间特性，可以用像素邻域内的各像素的平均灰度值来代替受噪声干扰的像素的原来灰度值，实现清除噪声，即图像的平滑。

（2）中值滤波法

中值滤波法是一种经典的非线性的低通滤波信号处理方法，是 Tukey 首先用于一维信号处理，后来很快被用于二维图像的平滑处理中。这种方法对于脉冲干扰及椒盐状噪声具有很好的抑制效果，在抑制随机噪声的同时还能降低边沿的模糊量，保持了图像的分辨率。在一维的情况下，中值滤波器是一个移动的窗口，在图像上从左到右，从上到下逐行移动。该窗口含有奇数个像素，中值滤波法就是对这个窗口内的奇数个像素的灰度值进行排序，用这个灰度排序中的中间数值（所谓中值）来代替窗口中中心像素的原灰度，作为中值滤波的输出，所以这是一种非线性的图像平滑技术。

（3）多图平均法

多图平均法是利用同一景物的多张图像取平均来消除噪声产生的高频成分的一种平滑处理方法。它主要用于录像机的图像中，用于减少电视录像机光导析像管的噪声。

3. 频率域中的图像平滑技术

图像的平滑去噪处理除了上述在空间域中的方法，还可以在频率域中进行。图像在经过二维傅里叶变换后，得到图像的傅里叶频谱。一般来说，噪声的频谱位于空间频率的较高区域，而图像本身的空频分量则位于空间频率较低的区域内。因此，可以采用低通滤波的方法，让对应噪声的高频分量受到抑制而让对应图像本身的低频分量顺利通过，从而实现图像的平滑去噪，通常把这种方法称作“低通滤波法”。平滑强调了低频，但却使图像较原来模糊了，这就是频率域中图像平滑处理的基本思路。常用的低通滤波器有：理想低通滤波器，巴特沃斯（Butterworth）滤波器，指数滤波器，梯形滤波器。

（三）图像的锐化处理

1. 图像的锐化处理的概念

与平滑处理的目的正好相反，在图像的识别和判读时，常需要突出图像中感兴趣的目标物体的轮廓或边缘信息。图像的锐化处理就是对边缘的增强处理，所以也称作“图像的边缘增强”。经过图像锐化处理后，人眼观看图像中的目标物体更加清晰，识别起来更加容易。

图像的锐化处理同样是既可以在空间域中进行，也可以在频率域中进行。目前已有许多图像锐化处理的方法。

2. 空间域中的图像锐化处理

图像中的目标物体的边缘、轮廓线条等都是灰度变化较大的地方，而图像模糊，边缘不清，主要是因为减小了这种灰度的变化。从数学的观点来看，模糊是信号被“平均”了或者是“积分”了，现在需要消除这种模糊，自然要使用积分的反运算“微分”。数学上的微分运算，恰恰是反映信号变化率的运算：信号的变化率大则微分值大，信号的变化率小则微分值小，信号没有变化则微分值为零。因此，可以在空间域中通过对图像进行微分运算，求信号的变化率，加强图像中的高频分量，来实现图像的锐化，增强图像的边缘和轮廓。

图像的微分锐化，是以某种算子（运算或操作）作用在被检测点的某一邻域上，用求得的算子值来代替灰度值或与原灰度值叠加来实现边缘增强的方法，是一种局部的算法。由于需要锐化的各种模糊的特征，如图像中目标物体边沿、线条的走向可能是各种各样的，所以要锐化它们，这种算子应是各向同性的或旋转不变的，即先旋转图像 f（x，y）后再施用算子，与先施用算子再旋转图像 f（x，y）所得到的输出结果相同。也就是说，这种局部算子法与坐标轴的选取无关。

3. 频域中的图像锐化处理

图像的锐化处理还可以在频率域中进行。在介绍图像的平滑处理时，已经讨论过图像在经过二维傅里叶变换后，得到图像的傅里叶频谱。由于图像中的边缘或线条与图像的傅里叶频谱中的高频分量相对应，因此，可以采用高通滤波的方法，让高频分量顺利通过，使低频分量受到抑制，增强高频分量，使图像的边缘和轮廓变得清晰，从而实现图像的锐化，通常把这种方法称作频率域中的“高通滤波法”。常用的高通滤波器有：理想高通滤波器，巴特沃斯滤波器，高通滤波器，指数高通滤波器，梯形高通滤波器。

（四）图像的伪彩色增强和假彩色增强

1. 灰度（或单色）图像的彩色化增强处理

人眼对彩色的敏感度很高，据研究，人眼能区分几千种有不同色调、饱和度和亮度的彩色，但能区分的灰度等级只有几十种，而且，人眼在观看彩色图像时要比观看黑白（或单色）图像舒服得多。在观看彩色电视节目时，就能明显地体会到人眼的这一视觉特性，一旦将色调显示调到黑白显示时，会看不到原来彩色画面中的许多细节信息。将彩色运用到灰度（或单色）图像的增强处理中，就是根据上述人眼的特性，图像经过彩色化增强处理，可以大大提高人眼对图像的分辨能力，改善图像的视觉效果。

典型的图像彩色增强处理有两种方法：伪彩色增强和假彩色增强。这里应注意它们概念之间的区别：伪彩色增强是灰度到彩色的映射，而假彩色则是彩色到彩色的映射。

2. 图像的伪彩色增强处理

伪彩色增强处理是将黑白灰度（或单色）图像中不同灰度值（或单色的强度值）的像素，用人为规定的不同的彩色来表示的增强处理，是一种从灰度（或单色强度）到彩色的映射技术。伪彩色增强处理可以使原灰度图像中的细节更易辨认，目标更易识别。伪彩色增强处理的效果与设计者对彩色的规定和显示系统的性能有关。

伪彩色增强既可以对灰度图像进行处理，也可以将原先并不是图像的数据转换成彩色图像，达到增强的目的。例如，在“声纹鉴定”技术中，利用语图仪或计算机语音处理系统对受检语音进行数据分析，可以获得反映语音能量的能谱图，这是时间和频率的函数。如将能谱图进行伪彩色增强处理，将寂静片段、发音片段和不发音片段等用不同的彩色区分并用彩色的亮度来表示能量的大小，这样的一幅彩色能谱图将使语音能谱更为直观明了，更加有利于对语音的检验鉴定。

3. 图像的假彩色增强处理

假彩色增强处理的对象与伪彩色增强处理不同，处理的不是黑白灰度图像，而是由三基色描绘的自然彩色图像或是显示同一景物的多光谱遥感图像。假彩色增强处理是通过映射函数将原彩色图像的色调变换成新的三基色分量，使处理后的图像中各目标物体呈现与原来不同的彩色，例如，原图中的黄色目标变换成了红色，所以称为“假彩色”。

假彩色增强处理是一种彩色—彩色的映射技术，映射变换的目的之一是使原图像中感兴趣的目标物体呈现奇异的彩色而备受关注，从而达到增强的效果。例如，把一堆呈自然彩色的水果中的黄色香蕉，通过假彩色增强处理为红色，将使香蕉格外醒目而引人注意。假彩色增强处理的另一个目的是将正常物体的彩色变换成为与人眼色觉相匹配的彩色，以提高人眼对目标物体的分辨力。例如，人们已经知道人眼视网膜中的锥状细胞对绿色最为敏感，因此如果把原图像中颜色不易辨别的目标物用假彩色增强处理为绿色，必能大大提高对目标物的鉴别力。另外，人眼对蓝光强弱的对比灵敏度最高，如果把原图像中某些细节物体按像素明暗程度用假彩色增强为饱和度深浅不同的蓝色物体，也将提高对这些物体的鉴别力。

假彩色增强处理主要应用于多光谱遥感图像的处理。多光谱遥感图像中除了包括可见光波段图像外，还包括一些非可见光波段图像，如红外波段图像，由于它们的夜视和全天候能力，可以从中获得可见光波段无法得到的信息。因此若将可见光波段图像与非可见光波段图像结合起来，通过假彩色增强处理，就能获得更加丰富的信息。这一技术已经广泛用于地形、地物的识别，环境污染监测等领域中。在公安工作中，对重点目标已有采用红外监控的技术手段，因此，假彩色增强处理在侦查和保卫工作中具有开发应用的前景。

第三节　图像矫正技术

一、图像矫正的意义

拍摄痕迹物证时，要保证检材图像与样本图像的大小、影调和方向反映一致，并防止图像产生变形。但在实际工作中，往往会因显现、提取、拍摄方法和制作工艺的不同，产生检材图像与样本图像大小、影调、方向的不一致，甚至产生图像变形。例如，由于放大倍率不同，产生检材图像与样本图像大小不一致；用透射法拍摄玻璃背面的指纹，或拍摄平面镜中的指纹，产生检材图像与样本图像的纹线方向正好相反；用铝粉显现的指纹，所摄的照片上纹线为白色，与样本指纹照片上黑色油墨纹线的影调相反；当用黑胶纸提取汗渍指纹时，所摄检材照片的纹线方向和影调都与样本相反。为保证检验鉴定的准确性，这就需要将检材图像的大小、方向、影调及图像变形，用一定的技术方法达到与样本一致和消除变形。

二、图像矫正的方法

（一）检材与样本图像大小不一致的矫正

检材与样本图像大小不一致是成像倍率不同形成的，倍率矫正可以采用放大测量法：在放大照片过程中，通过测量图像中比例尺长度，调节成像倍率，使检材与样本图像中的比例尺相一致，达到检材和样本具有相同的成像倍率。

（二）检材与样本图像方向相反的矫正

检材与样本图像方向相反是镜像变换引起的，据此可有针对性地进行矫正。

根据产生图像方向不一致的机理，只要通过一次镜像变换就可以矫正。具体方法有许多种，主要采用以下两种方法：

1. 印放正片过程矫正

在印放正片时，只要将检材原始底片翻个面，使其背面与相纸的乳剂层相贴即可。这个翻面过程就是一个镜像变换。

2. 拍摄检材时矫正

拍摄检材时将胶片背面对着镜头方向反装入相机内拍摄，再用所得底片正常印放即可。由于光线到达乳剂层前通过了胶片的片基层，所以应增加 2～3 级曝光量，以系列曝光法为宜。

（三）检材与样本图像影调相反的矫正

检材与样本图像影调相反是密度反转产生的，只要进行一次密度反转，就能矫正使它们的影调一致。具体有复制法和反转冲洗法两种方法：

1. 复制法

复制法指将检材的原始底片复制成中间底片，再用该中间底片制作照片，即可将检材与样本图像的影调矫正为一致。具体又有两种方法：

（1）直接复印法。将检材的原始底片与盲色片的药膜面重合在一起，紧贴在印相箱上曝光，盲色片显影时宜采用 D－11 硬性显影液显影，用复制后所得的盲色片为中间片印放照片，检材与样本图像的影调即矫正为一致。

（2）透射复拍法。将检材的原始底片的背面对着相机的镜头，宜用原物大或直接扩大照相的方法，以透射光进行复拍。最后再用复拍后所得底片印放照片，检材与样本图像的影调即矫正为一致。

2. 反转冲洗法

检材拍摄完成以后，采取反转加工工艺进行负片冲洗的方法，将所得底片印放照片，检材与样本图像的影调即可一致。应用反转冲洗法，虽然处理工序较繁，但可节省复制底片的中间过程，也节省复制材料。

（四）检材与样本图像的影调和方向同时矫正

上面介绍的用盲色片将检材的原始底片复制成中间片的方法，在用中间片进行印放照片时，可以将检材与样本图像的影调和方向同时矫正为一致。

（五）偏角照相产生的变形图像的光学矫正

偏角照相是在照相机镜头的光轴与被拍物面不垂直的状况下的拍摄，偏角照相时，图像会产生变形（近大远小）。可利用光学方法通过放大过程矫正，矫正方法如下：

将放大机的压纸板一端抬起，使底片夹中底片图像大的一端对着抬高的一侧进行放大，即可将变形图像矫正过来。用这种方法矫正变形图像时，要注意放大机镜头的焦距应与拍摄镜头的焦距相等，或者是放大机镜头的焦距小于拍摄镜头的焦距。还应注意，拍摄偏角（拍摄镜头的光轴与被摄物表面间的夹角）不能太小，一般在45°～60°较易矫正，偏角小于30°的拍摄变形严重，难以矫正。放大过程矫正是一个简单易行的矫正方法，实际工作中常用。

第四节　模糊图像复原技术

一、图像复原技术的概念和特点

图像在生成、存贮和传输过程的每一个环节，由于众多主观、客观因素，都会引起图像质量的退化或劣化。图像复原技术就是对退化或劣化图像进行校正处理、滤除退化痕迹、恢复图像本来面目的一种图像处理技术，图像复原技术也称为图像恢复技术。图像复原（或恢复）的目的是尽可能复现或逼近没有退化的理想图像，即恢复退化图像的真实面目。

图像复原技术与增强不同，图像复原强调的是尽可能地客观地以最大保真度恢复图像的本来面目。在进行图像复原处理时，需要根据退化图像尽可能精确地寻找真实图像的一个估计，通常还需要引进一个评价指标来判别这个估计的好坏。因此，图像复原的质量不是由人的主观心理感受决定的，而是具有客观的评价标准。为了估计原图，需要测度退化现象或者预先了解退化的先检知识，建立图像的退化模型，图像复原可以认为就是在这个退化模型的基础上求其逆过程的一门技术。因此，从技术的角度来看，图像复原具有以下几个特点：复原的对象是各种退化图像；复原的过程是退化过程的逆向估计问题，是一个去卷积（逆滤波）的过程；复原时使用一定的估计准则作为判别估计误差的依据，所以复原具有客观的质量评价标准。

二、图像退化现象的类型及退化原因

退化（模糊）图像是图像复原技术的处理对象，复原处理时需要测度退化现象或者预先了解退化的先检知识，建立图像的退化模型。所以，熟悉退化图像的类型，弄清各类退化图像的退化原因是进行图像复原处理的必要前提。

（一）非正确曝光退化图像（非线性退化图像）

拍照中由于曝光控制不当，产生曝光不足或曝光过度现象。曝光不足的底片画面，呈现一片浅淡的密度图像，景物的低光（低亮度）部位失去细节；而曝光过度的底片画面，则呈现一片浓黑的密度图像，景物的高光（高亮度）部位

也将失去细节。这里的“失去”并非真正的失去，而是景物的细节信息被淹没在对比度严重不足的画面中，人眼视觉无法辨认和识别。在刑事照相过程中由于各种主观、客观因素往往形成这类退化图像。

非正确曝光退化图像的退化实质是由于在感光材料的感光特性曲线的非直线部分进行了曝光，从而形成所谓的非线性失真。

（二）散焦模糊图像

拍摄时由于照相、录像系统的实际孔径大小有限或存在较严重的光的衍射效应，使景物的光点在成像面上成为“圆斑”，形成散焦模糊图像。在刑事照相时使用过大的光圈系数进行痕迹物证的细目拍摄，由于镜头小孔径时衍射效应的增强，容易产生这种散焦模糊图像。

（三）运动模糊图像

运动模糊图像是由于拍摄曝光期间照相机与被摄物体之间有相对运动（旋转、平移等）而造成的。例如，被摄目标物体与照相机之间相对运动速度很大，而拍摄者所选用的快门速度又较低；拍摄者猛压快门或压快门时相机晃动；从飞机或卫星上拍摄地面照片，都可能造成运动模糊图像。

运动模糊图像是由于曝光期间照相机与被摄物相对运动，物点的像在感光胶片上成为一条扫描线而形成的。

（四）噪声干扰模糊图像

成像过程中成像系统夹入噪声，随机地附加在图像上形成所谓噪声干扰模糊图像。

（五）离焦模糊图像

拍摄中的调焦过程，是拍摄者调校被摄主体至镜头的物距、像距和镜头焦距三者之间的关系以满足高斯成像公式的过程。当调焦满足高斯成像公式时，被摄主体则清晰成像，这就是正确的调焦。如果拍照者的调焦未能满足高斯成像公式，俗称为调焦不实，将使照片中的被摄主体形象模糊不清，形成所谓离焦模糊图像。

运动模糊图像和离焦模糊图像从画面上来看，有时容易产生混淆。但离焦模糊图像中一般可以找到清晰的像点，而运动模糊图像则可以从景物与照相机相对运动的方式形成的景物某种整体的模糊来加以辨别。

三、模糊图像复原的方法

图像复原方法就是针对上述图像卷积的过程进行处理，通过模糊图像及模糊核来实现图像清晰化的过程。

1. 图像的反向滤波复原法，也称图像逆滤波复原。20 世纪 60 年代中期，逆滤波去卷积开始被广泛地应用于数字图像复原，其主要过程是首先将要处理的图像从空间域转换到傅里叶频率域中，进行反向滤波后再由频域转回到空间域，从而得到复原的图像信息。早期主要用二维去卷积方法处理在太空探索中获取的图像。但在实际处理的过程中容易出现振铃效应且该方法不适合于信噪比（信号噪声比）小的模糊图像。

2. 维纳（Wiener）滤波复原法。维纳滤波方法是一种典型的频率域滤波方法，可以归于反卷积（或反转滤波）算法一类，它是由 Wiener 首先提出的，并应用于一维信号，并取得很好的效果。以后算法又被引入二维信号里，也取得相当满意的效果，尤其在图像复原领域，由于维纳滤波器计算量较低、计算速度快、复原效良好，并且抗噪性能优良，因而在图像复原领域得到了广泛的应用并不断得到改进发展，许多高效的复原算法都是以此为基础形成的。

3. 运动模糊图像的复原方法。对直线运动模糊核可用模糊角度（目标与相机相对运动的方向）、模糊长度两个参数描述来计算调整进行图像复原处理。但是，由于复杂的客观环境还会形成复杂运动模糊核示例，比如在成像时像平面内的抖动、旋转则会造成复杂运动模糊核。复杂运动模糊核难以通过参数建模，复杂运动模糊核估算技术一般可以通过基于贝叶斯理论建立能量泛函、神经网络技术计算获得。

第五节　常用图像处理软件

一、Image – Pro Plus

Image – Pro Plus 是 Media Cybernetics 公司的图像分析软件。它适用于医学、科学研究、工业和其他领域的专业图像处理系统，是拥有世界上最广泛用户群体的图像分析软件。数字图像采集、处理、分析、报告、存档、输出都可以利用该软件来完成。该软件具体的功能如下：

（一）资料管理功能

Image – Pro Plus 具有内置的图像数据库功能，是一个存储、调用和管理图像的强大的工具。这一智能化的管理工具使用户可以对所记录的图像进行批量处理。同时，还可以把图像分析和测量的结果加入用户自定义的数据表格项中，也可以用非破坏性的标准法对图像添加注解以便日后查询。

（二）文档和报告功能

报告生成器（report generator）可以方便地创建用户化的输出报告。报告中的图像、数据和文本可根据需要缩放尺寸和改变位置。

(三) 图像采集功能

自由选择输入设备，Image - Pro Plus 支持多种数码相机、图像采集卡、TWAIN 和扫描仪等输入设备。

(四) 全面图像格式支持

Image - Pro Plus 支持所有常用的图像文件格式，这包含 8 位、12 位、16 位灰度图像和 24 位、36 位、48 位彩色图像及 32 位浮点图像。Image - Pro Plus 也支持主要的共聚焦显微镜图像，这意味着与这些图像一起存储的数据信息也能自动地被 Image - Pro Plus 识别并使用在处理和测量过程中。

(五) 图像处理功能

强大的图像处理功能确保可靠的分析结果，Image - Pro Plus 强大的图像处理能力能生成高质量的图像和得到精确的分析结果。可使用背景校正，视场平衡及多种等效对比增强技术加强图像的色彩质量或对比度。

1. 功能全面的滤波器组可以锐化、柔化、羽化和强化目标的边缘，对相互重叠或成簇的物体，利用形态学操作可以进行有效的分离。

2. 用户可定义的大型频域滤波器（大至 4000 × 4000）可对图像进行高速的低通、高通、带通和边缘增强处理。

3. 快速傅里叶变换，使用户可在图像的频率域进行高速复杂的处理工作。

4. 景深扩展功能可从部分聚焦的系列图像合成全聚焦的单幅图像。

5. 序列图像管理功能（sequence tools and set manager）可方便有效地管理复杂的序列图像。

6. 彩色通道及混色可完成各种彩色图像格式的转换，通道图像提取，或从任意多组灰色图像合成彩色图像。

7. 交互式彩色信息分离工具（interactive color segmentation）可利用物体的色彩特性将其从背景中分离出来。用户可以基于直方图或彩色空间模式设定多重范围，并为每一范围选择一个特定的表达色彩。

(六) 测量功能

具有与图像读取设备相连的绝对空间刻度校准功能，因此可确保测量结果的准确性。用户可方便地采集一幅图像，然后从 Image - Pro Plus 所包含的 60 多个浓度、空间或形态学参数中选取所需要的参数，选用自动或手动测量功能，即可快速地得到测量结果。物体可基于测量结果自动分类。使用滤波和自动分离等高级功能，能有效地分离重叠的物体，识别完整的物体边界或成簇的目标物。

(七) 质量控制

在质量控制中，可以首先对一个参考图像完成参考值测量。测量的结果保存在一个模板（template）文件中。在其后对同类样品进行批量测量时，可调用该模板，Image - Pro Plus 将自动提示需测量的参数并比照参照值，给出合格或失效报告。将这一过程用宏程序记录下来，就可实现质量控制的自动化，大大提高工作效率。

（八）Undefined

Image - Pro Plus 的数据分析功能能最大限度地再现测量结果。可使用点聚图、直方图、频谱图、线谱图或伪彩色显示结果，不仅于此，用户还可以使用布尔代数或算术运算，或强大的几何功能对图像进行空间变换。为便于归档、收集和进一步的统计分析，Image - Pro Plus 支持动态数据转换，能方便地将测量结果送到 Excel 或其他列表分析软件中。

（九）操作审核

操作审核（audit trail）功能将所有 Image - Pro Plus 的操作（从开始到结束）记录在可打印输出的文本文件中以便随时查证。文件和图像签署标志（signature）利用操作审核功能，用户可创建单一文件或图像的签署标志，用户可由此判断文件或图像在上一次处理后是否被再修改过。

（十）用户化

创建用户化的应用程序或自动功能。Image - Pro Plus 内置的 Auto Pro 强大功能可把冗长的连续操作简化为一次单击键盘或鼠标操作。用户可使用 Visual Basic 或 Visual C + + 来记录一系列操作并用宏指令集成化，以满足特殊的图像处理或自动化需求。

二、PhotoStyler 简介

PhotoStyler 是美国 U - Lead 公司的图像软件产品，是一套在 PC 机上运行的真彩色图像编辑处理软件，也是目前在我国最流行的普及型或通用型图像软件之一。PhotoStyler 运行的软件环境是 Windows，支持 BMP、PCX、TIFF、GIF、TGA、EPS 等标准图像文件，其中 BMP 是 Windows 的标准位图文件，PCX 和 TIFF 分别是最早的和最重要的标准图像文件。PhotoStyler 具有强大的功能和处理能力，从扫描仪的支持、色彩及灰度的调整，到特殊艺术效果的创造，PhotoStyler 均可完美地达到各种要求。不仅如此，PhotoStyler 能够处理任意类型的连续灰度或彩色图像，图像的来源可以是扫描仪或录像机，也可以是计算机软件生成的图像。PhotoStyler 不仅能进行照片的润饰、图像编辑和图像合成，还能进行图像格式转换和图像色彩分离等处理工作。作为 Windows 环境下的应用软件，PhotoStyler 的下拉式菜单、交互窗口及在线查询的直观界面，为用户掌握和使用其多种功能提供了极大的方便。

PhotoStyler 的主要功能是：

（一）灵活的操作环境

可以用直观图案工具编辑图像；能够同时显示多幅图像以及同幅图像的不同比例画面；能打开多种格式文件，并能转换输出多种格式图像；能自定义工作参数进行图像处理；能在一般的内存下编辑大幅面灰度和彩色图像；可以在图像处理任意阶段预览图像处理效果。

（二）图像编辑功能

可以在图像内或图像间拷贝和粘贴；能调整色调、颜色和亮度合并图像；可以用选定模型或颜色填充区域；可以进行图像或选择区域的几何变化（如倾斜、旋转、对称等）；可以改变图像的尺寸和分辨率。

（三）具有多种图像区域选择方式

可以选择一定几何或不规则形状区域；可以用定义的颜色相似程度选择区域；可以选择整个图像、反向选择区域、仅选择区域边界及柔化区域边缘。

（四）图像处理功能

能调节亮度和对比度；能调节色调和饱和度；能改变颜色及灰度范围；能擦除、涂污、模糊和锐化局部图像；能画直线等，并能用铅笔或排笔绘图；能标识字符。

（五）特殊效果功能

平滑处理：平均、模糊和高斯钝化图像。锐化处理：图像边缘增强、找边界、增强对比度和边缘跟踪。特殊类处理：产生旋涡、马赛克、浮雕、波浪、球状和柱状变形。

在侦查业务图像处理工作中，PhotoStyler 也是完成图像扫描输入、图像预处理和图像编辑等工作的有力工具。

三、Photoshop 简介

Photoshop 是美国 Adobe 公司开发的灰度图像和真彩色图像编辑处理软件，是处理照片、招贴画、图书封面等静画设计和处理图像的最流行软件之一。Photoshop提供了多种图像涂抹、修饰、编辑、创建、合成、分色与打印的方法，并给出了许多增强图像的特殊手段，可广泛应用于美工设计、广告设计、桌面印刷、计算机图像处理、动画设计、旅游风光展示、影视特技等领域，是计算机图像处理的有力工具。Photoshop 处理的原图的来源可以是从照片或其他方面扫描的图像，也可以是从屏幕上或从文件中导入的图像，或者是通过专门的程序，从播放的 VCD 中截取的图像。

Photoshop 由于其功能完善，系统复杂，所以对计算机的软、硬件配置要求较高。以当前普及率最高的 Photoshop cs6 版本为例，硬件配置的最低要求为

Intel Pentium 4 或 AMD Athlon 64 处理器、1GB 内存、512MB 显存、1GB 硬盘空间，内存、硬盘容量的增加可以明显提高图像操作和处理的速度。当前大多数 Windows 系统环境都能够支持 Photoshop cs6 的运行和使用。另外，Photoshop 能够使用 Windows 支持的显示器和输入设备（鼠标器等），支持大多数彩色、灰度和黑白图像扫描仪（可选），支持大多数打印机（可选），能用任何 Photoshop 兼容的彩色打印机或黑白打印机输出图像，也能将图像和文档输出到任何 Windows 支持的其他打印机，若要特殊驱动的扫描设备，还需要安装与 Photoshop 兼容的扫描仪驱动程序。

Photoshop 运行在 Windows 图形操作环境中，可在 Photoshop 和其他标准的 Windows 应用程序及 DOS 应用程序之间交换图像数据。Photoshop 支持众多的图像文件格式：BMP、TIFF、TGA、PCX、GIF、EPS、PSD、JPEG、IFF、FLM、PCD、MPT、SCT、PCS、RAW、PXI 等。Photoshop 还可以将上述一种文件格式的图像转化保存为另一种文件格式的图像，可以处理 8 位、16 位和 24 位等各个颜色级的图像。

实验安排

数字图像处理

一、实验目的

1. 理解数字图像处理的基本概念和原理。
2. 掌握数字图像处理软件的应用和基本技术方法。

二、实验内容

1. 数字图像处理软件（Photoshop）的基本功能。
2. 数字图像处理的基本内容和技术方法。

三、实验器材

计算机、数字图像处理软件（Photoshop 7.0 以上版本）、彩色喷墨打印机、照片打印机、数码相机。

四、实验方式

学生每 4 人一组，在实验室进行实验。

五、实验方法（略）

六、实验作业

写出实验报告，要求说明实验目的、实验内容、实验方法和步骤。

第十三章

图像检验

第一节　图像检验与图像篡改

一、图像检验

根据《刑事诉讼法》第50条的规定，可以用于证明案件事实的材料，都是证据。证据包括：物证；书证；证人证言；被害人陈述；犯罪嫌疑人、被告人供述和辩解；鉴定意见；勘验、检查、辨认、侦查实验等笔录；视听资料、电子数据。特别规定了“证据必须经过查证属实，才能作为定案的根据”，证据的合法性越来越成为人们关注的重点。视听资料是随着现代科学技术发展而出现的一种新的证据形式，随着计算机技术的快速发展以及实际需要，类似于Photoshop等数字图像编辑软件大量出现，使人们可以很容易地对图像进行编辑，很多人出于各种各样的目的将篡改过的图像放在网络上传播，给社会的发展带来了很多不稳定因素。因此，图像作为视听资料证据中重要的表现形式之一，在成为法庭证据之前，需要对其合法性进行查证，如何查证是我们所需要研究的主要内容，本章主要是针对数字图像的原始性、完整性、真实性及其所表达的内容等方面的合法性等几个方面来进行讨论。

图像检验是根据图像的成像原理和形成规律，结合图像数字化篡改的特征，通过视觉辨识、成像分析、元数据分析、数字信号分析等科学技术手段，对图像的原始性、真实性、完整性、内容的同一性或某项案件事实进行科学判断的一项专门技术。图像检验一般分为两大类：一是数字图像检验，二是视频检验。图像检验包含以下几方面含义：第一，图像检验的主体是法定的司法鉴定机关和具有资质的鉴定人员。鉴定机构主要指公、检、法系统的司法鉴定机构及其他一些社会组织依法成立的司法鉴定机构，鉴定人员是指具有图像专业知识和声像资料鉴定资质的技术人员，因而其鉴定意见具有法律效力。第二，图像检验的行为是依照司法需求，运用视觉辨识、数字信号分析等技术方法，对图像的原始性、真伪性、完整性、内容的同一性进行事实确认，从而为某项案件的事实进行科学判断。第三，图像检验的目的是证明事实，揭露和证实犯罪，为侦查提供服务，为诉讼提供证据。第四，图像检验具有科学性、法律规范性、图像技术性和诉讼相关性等几方面属性。

二、图像篡改

篡改，指用作伪的手段对经典、理论、政策等进行改动或曲解。图像篡改是指为了达到某种不可告人的目的，使用某种特定的技术方法对图像的内容进行的有意修改的行为。图像篡改的例子不可胜数，如2007年的陕西“华南虎照”事件：陕西省安康市镇坪县城关镇文彩村七组村民周正龙声称在该县神州湾一处山崖旁拍摄到两组清晰的野生华南虎照片，引起社会广泛关注，随后国际野生动物保护组织就华南虎照片事件发表声明，称照片中华南虎的反应不合常情，经过专家组对华南虎照的审查鉴定，认定该“华南虎”为周正龙在自家年画上剪裁而来。类似的案例在国内外屡有发生。

对于绝大多数图像的篡改方式主要分为有两种：添加与删除。一种方式是添加一般是将其他图像中某个“关键信息”通过某种手段和方法添加在原始图像中，最常见的篡改方式就是复制—粘贴篡改，生活中最常用的就是将某一集体中未参加拍照的人添加到集体照中。另外一种方式是删除，即使用某种手段和方法有目的地将原始图像中某些信息或者某一对象去掉。很多情况下一幅经过篡改的图像并不是非常严格地只有上述的一种操作，很多情况下是经过上述两种操作后所形成，这也给图像检验工作带来了严峻的考验。

第二节　图像检验技术

目前，图像检验技术已经引起了各领域的关注。Adobe 有两款应用程序已进入相当成熟的开发阶段。Adobe 正与照片变造鉴定专家 Dartmouth 和 Hani Farid 教授合作。其中一款工具称为“复制工具侦测器”（clone tool detector），可用来判断一张照片的某个部分（如一块沙地或一片玻璃）是否是从照片另一角复制过来移花接木而成。Adobe 的工具无法百分之百确认两种对象，比方说两朵云或其他影像，是不是复制拼贴而成，但能分辨两个影像是否“近似得不合理”。另一款工具，被该实验室昵称为“Truth Dots”，则可用来分析某张照片的像素是否遗失——这是影像被剪接的一种迹象。即使影像被放得很大，人的肉眼仍可辨认这些差异。

学术界公认的图像检验技术主要分为两类，即主动图像检验技术和被动图像检验技术。

一、主动图像检验技术

主动图像检验技术的核心是事先在图像中嵌入保护信息，认证时通过比较数字签名的同一性或检测水印的完整性来实现对图像的原始性、完整性以及真实性的认证，主动图像检验技术包括数字签名技术和水印技术两类。

ISO7498－2 标准对数字签名技术定义为：“附加在数据单元上的一些数据，或是对数据单元所作的密码变换，这种数据和变换允许数据单元的接收者用以确认数据单元来源和数据单元的完整性，并保护数据，防止被人（如接收者）进行伪造。”在进行实际的数字图像检验中，需要对原始图像和待认证图像进行解析，提取并解密图像中所包含的数字签名信息，然后进行同一性比较，从而确定待认证图像是否被篡改。但是，很多图像在早期获取的时候并没有提前嵌入数字签名信息，并且数字签名中包含的密文存在被破译的可能性。数字水印技术是新兴的信息隐藏技术，是一种基于内容的、非密码机制的计算机信息隐藏技术。它是将一些标识信息（数字水印）直接嵌入数字载体当中（包括多媒体、文档、软件等）或是间接表示（修改特定区域的结构），且不影响原载体的使用价值，也不容易被探知和再次修改，但可以被生产方识别和辨认。通过这些隐藏在载体中的信息，可以达到确认内容创建者、购买者、传送隐秘信息或者判断载体是否被篡改等目的。数字水印是票证防伪、篡改提示、保护信息安全的有效办法。与数字签名技术相比，数字水印认证技术的优点体现在它把认证数据以水印的形式嵌入原始图像数据，避免了额外的数据管理。当有人尝试使用图像处理软件对嵌入水印的图像进行篡改时，水印信息会经历和原始图像一样的变换过程，有助于利用检测出的水印信息判断篡改的内容、过程及类型。但是在实际应用中，只有为数不多的相机厂家生产了带有数字水印的相机，且价格较高。另外，水印的嵌入或多或少会对原始图像信息产生影响，降低图像质量，在实际使用过程中也发现水印丢失的现象。

综上所述，无论数字签名还是数字水印认证技术都不是一种理想的图像认证技术。因为它们都需要在图像获取的同时进行数字签名的提取或水印的嵌入，增加了图像获取的成本与复杂度，从而导致两者的应用受到限制。因而也就不可能将数字签名和水印嵌入的方法作为一种通用的图像认证技术进行图像原始性、完整性与真实性的验证。更加关键的是，几乎没有绝对安全的数字签名或水印认证方法能够抵御所有的变换攻击而保持其原始数据信息的完整性。

二、被动图像检验技术

在实际的图像检验过程中更多时候我们并无法检测到数字签名以及水印信息，或者图像在生成的时候没有嵌入上述两个信息数据，这就需要其他检验方法对图像进行审查。相对于主动图像检验技术而言，被动图像检验技术完全依赖于图像本身所包含的特征，无须其他附加信息，因而其使用范围更加广阔、适用性更强。另外，被动图像检验技术的检验过程具有相对的独立性，同时检验依据具有相对的稳定性，能够在不破坏原始数据的条件之下实现对数字图像的检验，已经成为了图像检验研究领域最具发展前途的一个研究方向，近年来引起了国内外科学家与研究人员的广泛关注。

第三节　图像检验方法

在司法鉴定中，对数字图像检验往往是针对数字图像的原始性、完整性、真实性以及图像内容的检验，同时也包括图像的同一认定，还有占比数量较少的图像与拍摄设备之间的关系认定。

一、原始性检验

数字图像的原始性检验主要是针对待检图像是否与原始形成图像所包含的固有信息相一致的检验，包括图像的可交换图像文件格式（exchangeable image file format，Exif）信息；图像内容的亮度、对比度、色彩平衡、饱和度和清晰度等；图像文件信息，如图像的尺寸及分辨率、压缩比等。数字图像没有经过任何形式的编辑处理，也就是说，数字图像经过完美复制（没有受到干扰，无信息损失）不改变其原始性，不同的图像，所包含的固有信息是不一致的，图像中固有的信息的变化意味着图像原始性的改变。检验样本的制作利用同一部摄制设备，在相同的环境下、相近的时段制作与检材长度相近的若干段样本。

（一）Exif 信息检验图像原始性

Exif 译为可交换图像文件格式，是专门为数码相机的照片设定的，可以记录数码照片的属性信息和拍摄数据，最初由日本电子工业发展协会在 1996 年制定。在大多数数码照片形成的时候，图像的 Exif 信息同时就被记录了下来。数码图像的 Exif 信息不仅包括图像分辨率、曝光信息、光圈值、测光模式等图像的基本参数信息，同时还会记录拍摄时间、相机型号、制造厂商等信息，对于使用常用的软件（如 Photoshop）修改后的图像还会记录曾经使用的修改软件名称。因此，在检验数字图像原始性的过程中，比较待检验图像与原始图像的 Exif 信息是十分必要的，同时也是对数字图像原始性检验必不可少的第一步骤，很多时候通过对数字图像的 Exif 信息的查看便能直接看到篡改痕迹。

目前，市场上存在很多可以查看图像 Exif 信息的软件，比如：MediaInfo、Opanda、ExifTool 等，这些软件基本上能够支持常用的图像文件格式，同时能够读取全球大多数流行的数码相机制造厂商的数码相片格式，包括佳能、卡西欧、徕卡、索尼、尼康等。

（二）通过数码图像与拍摄设备的关系检验其原始性

确认数字图像原始性的另外一种方法是通过图像与拍摄设备之间的关系来检验，通过送检检材图像和怀疑拍摄设备拍摄的照片比较确定检材照片是否为该拍摄设备拍摄。认定数字图像与设备的拍摄关系，在条件允许的情况下，要利用设备在与图像检材相同的形成环境条件下进行样本的制作，同时充分考虑好拍摄时间、拍摄位置、拍摄角度、拍摄距离等因素，对于以上这些因素要严格把控，尽量选择与检材光线一致的时间段去制作。如果欲检验两张或多张图像是否来自同一相机，需要利用该相机按检材的场景制作参考样本。制作时，注意相机的参数设置应与检材相同，无法确定时应该制作不同参数的样本。

1. 本底噪声法

在数码图像生成的时候由于外部干扰或者是器材材料本身以及设备电路等原因往往也会产生一些干扰信息，称为图像噪声，常见的噪声有光电管噪声、椒盐噪声等。经研究发现，由于拍摄设备本身固有元器件所造成的噪声具备很强的特殊性和鲁棒性，数码图像的本底噪声就是其中一种。数码图像的本底噪声是感光器件由于坏点和噪点的影响使摄制的影像画面上出现一些特殊的与被摄物无关的点或影像干扰。坏点是感光器件上的感光单元出现“失灵”，在成像时产生永远发亮或发暗的死点，位置固定，根源是感光器件制作工艺和外界干扰造成良品率不高。噪点是感光器件在感光的时候随机产生的“噪声”，位置不固定，并且会随着环境温度升高而增多。噪点的存在会使成像形成影像加成现象，使某区域本应均匀的图像变得不均匀。严格意义上的噪点是不可避免的，只不过多数由于我们肉眼看不见而被忽略。

因此，可以利用本底噪声产生的特殊性来检验图像和拍摄设备之间的来源关系，一般的检测方法就是使用专用的检测软件检测两幅图像之间的本底噪声，通过比较两幅图像之间本底噪声的分布情况确定图像和拍摄设备之间的关系属性。

2. 色彩滤波阵列插值检测法

色彩滤波阵列（color filter array，CFA）是像素传感器上方的一层马赛克覆层，用于采集图像的色彩信息。一般的光电传感器只能感应光的强度，不能区分光的波长（色彩），因此图像传感器需要通过色彩滤波（color filter）以获取像素点的色彩信息。现在的数码相机，大多数采用了“单块感光芯片＋彩色滤光镜阵列技术”，在这种技术架构下，感光芯片由几种基本颜色的滤色镜按特别设计的排列方式构成的阵列所覆盖，每个像素单元只记录一种基本颜色的信息，在相机内的信号处理过程中通过插值的方法，将每个像素中缺少的信息颜色补全，最终实现彩色成像，这种技术的运用，使数码相机拍摄的照片中像素之间的信息产生了较强的相关性，通过对这种相关性的考察，可以在一定程度上确定照片的来源。

此外，由于产品的缺陷，每个滤光片阵列不同位置上滤色片的密度也会有区别，这样就会形成不同产品间的特殊特征。这些特征在成像过程中被带入形成的色彩，为我们检验提供了一个比较稳定的特征。不同的相机，滤色片的排列顺序、参数不同，具有特殊性。因此可以通过检验影像的像素的彩色分布，来检测图像各像素彩色贡献分布的一致性，进而判断图像的原始性。通过对检材和样本的记录特性比较，可以认定图像与相机的拍摄关系，同时也验证了数字图像的原始性。

（三）直方图检验法

图像的灰度直方图是灰度级的函数，描述的是数字图像中每一灰度级与其出现的频率。具体来说就是用以表示数字图像中亮度分布来标绘图像中每个亮度值的像素数，其中横坐标的左侧为纯黑、较暗的区域，而右侧为较亮、纯白的区域。在正常情况下，图像的直方图是一条连续的曲线，当对图像进行一些调整时，比如改变曝光度、饱和度以及亮度的调整时，虽然没有改变图像内容，但是直方图曲线肯定会发生变化。因此，在对图像的原始性进行检验时，图像的直方图形状的变化也是一项参考指标。

（四）图像压缩比检验法

在图像生成的过程中往往会伴随很多冗余数据，为了节约存储空间、减少冗余信息，我们需要对图像进行压缩处理。静止图像标准由国际标准化组织（International Organization for Standardization，ISO）所属从事静态图像压缩标准制定的委员会——联合图像专家组（Joint Photographic Experts Group）负责制定。1992 年，制定出了第一套国标静态图像压缩标准：ISO 10918 - 1，这就是静态图像压缩的经典之作 JPEG。由于 JPEG 优良的品质，使它在短短的几年内就获得极大的成功，目前网站上 80% 的图像都是采用 JPEG 的压缩标准。数码相机生产厂、图像处理软件公司，它们对 JPEG 格式的编码方式都不相同，数码相机厂商为了追求压缩比，往往采用较大倍率的有损压缩。而在对图像进行处理的过程中，为了保证图像质量，压缩比较小，这样经过图像软件编辑前后的图像的文件大小就不同。通过与样本图像文件大小比较，可以作为鉴别图像的原始性的参考指标。

二、图像的真实性检验

图像的真实性检验主要是围绕图像中所反映的内容是否符合客观规律以及是否真实反映当时拍摄场景的一种检验类型。最常用的检验方法是光学检验法，该检验方法主要基于光学成像规律对待检验图像展开计算与分析，最终对待检验图像的真实属性进行判断。

在进行真实性检验过程中，基于光学检验方法的具体分析又包括对成像过程的光照条件进行一致性分析，透视规律一致性分析，对图像中不同区域的色彩信息、色温条件等进行一致性分析。根据上述内容对图像进行综合分析，最终得到待检验图像真实性的认证依据。

（一）光照条件一致性检验

根据实际客观规律和生活经验我们可以知道，在有光的条件下，一幅图像内的物体在同一场景下的光照方向和光照强度应该是一致的。很多篡改图像是从另外一幅或者多幅图像中剪切而来，经过拼接处理合成一张照片，合成后的照片就包含了多个场景，合成照片中场景的光照方向和光照强度的一致性就会存在矛盾的现象。因此，可以通过揭示拼接方式篡改获得的合成图像当中存在的这种光照条件不一致的矛盾现象，可以为图像取证提供一种科学、客观的理论依据。在检验的过程中，如果在一幅图像当中存在明显的光照方向不一致的现象，那么就可以认为该幅图像的内容中存在伪造篡改的痕迹。

那么我们如何去分析和判断光照一致性呢？首先我们需要了解几个概念。

1. 光位

光位指在三维空间中灯具所处的具体位置。其中包括面光、耳光、台口柱光、脚光、追光等。最简单的方式就是借助物体在光照条件下形成的阴影来分析。通过光位可以对光照方向有一个大概的估计。

2. 阴影

阴影的形成是一种光学现象。由于物体遮住了光，光不能穿过不透明物体而形成的较暗区域，就是阴影，阴影是图像中能够明确表征光照方向的物理现象。阴影所在的位置取决于光照方向，通过物体及其形成的阴影轮廓可以大概推算出光照位置。

在同一幅图像当中存在阴影时，当光位、物体、阴影三者之间存在违反客观规律的时候我们就可以断定此幅图像存在篡改痕迹。在具体检验过程中，可以将一幅图像分为参考样本区域与怀疑区域，通过观察参考样本区域与怀疑篡改区域的阴影形成情况是否一致，判断两者区域之间是否存在光照条件不一致的现象，从而得到图像中是否存在伪造篡改的结论。同理，也可以对图像中光照强度、环境色温等光照条件的一致性进行检验。

（二）透视一致性检验

“透视”一词源于拉丁文“perspclre”，一般用于绘画理论术语，指在平面或曲面上描绘物体的空间关系的方法或技术。透视有 3 种：一点透视（平行透视）、二点透视（成角透视）、三点透视（倾斜透视）。先来了解透视学的几个基本概念：

1. 视点——绘画者眼睛所在的地方，在数码图像中即为相机镜头所在的位置。

2. 基面——景物的放置平面，一般指地面。

3. 灭点——透视点的消失点。

4. 视平线——与人眼等高的一条水平线。

5. 视角——视点与任意两条视线之间的夹角。

由于人的眼睛特殊的生理结构和视觉功能，任何一个客观事物在人的视野中都具有近大远小、近宽远窄、近实远虚的变化规律，同时人与物之间由于空气对光线的阻隔，物体的远、近在明暗、色彩等方面也会有不同的变化。经研究，透视学规律主要包括直线形体透视规律和曲线形体透视规律，在成像过程中图像内物体应严格遵循透视原理。

直线形体透视规律主要包括：长度相等的线段，距离画面越远，长度越短，近长远短。空间间隔相等的线段，距离画面空间越远越小，近大远小。高度相等的线段，视平线以上的越远越低，视平线以下的越远越高，两种情况到最远处均消失于消失点。平行透视只有一个消失点，成角透视有两个消失点。与画面不平行的倾斜线段，一定消失于垂直于视平线上的消失点的直立灭线的天点或地点上；向上倾斜的消失于天点，向下倾斜的消失于地点；成角透视的直立灭线垂直于两个视平线上的消失点，平行透视的直立灭线垂直于心点。与画面平行的线段永不消失。与画面不平行而相互平行的线段消失点必须严格统一。曲线形体透视定律主要包括：正圆透视形是呈椭圆形状，在视平线以下时，上半圆小，下半圆大；平面圆中上、下、左、右四方是与正方形的边缘相接的，透视中的圆形不是这样，它的最宽点是根据与视点的位置而定；距视平线越近，圆形透视弧度越小，反之越大；任何曲线形体需画透视图时，都应纳入透视方形或透视立方体中完成。

根据透视学原理可知，在同一幅图像中各部分是要符合透视学基本规律的，但是经过拼接篡改的图片其拼接篡改部分由于拍摄时间、拍摄距离、拍摄位置等因素的变化，其所表现的透视现象和被拼接对象图片肯定是不一致的，而这些因素往往无法修补，相对于之前了解的光照条件不一致性而言，图像素材之间存在的透视不一致现象更加难以消除。因此，可以充分利用伪造合成图像中存在的这种透视不一致的现象来实现对图像内容真实性的检验。

另外，还可以通过图像中内容的透视比例关系来检验图像的真实性。一幅图像在拍摄形成的时候图像内各物体之间的比例关系一定是固定不变的，但是一些经过篡改的图片由于拼接的过程中没有注意到透视比例关系的变化，因此可以以图片内某个长度或者高度确定的物体进行参考，如果某部分与其他内容存在明显的透视关系比例矛盾，说明图像存在伪造篡改的事实。

（三）利用物质成像的唯一性原理检验

图像篡改中有一种常见的篡改方法——复制—粘贴篡改，它是把图像中某个部分复制粘贴到原图片中，如云彩、树叶等物体，随后还会经过缩放、旋转等方法对图片进行润饰，在实际的检验中通过直接观察的方式我们难以发现图片中存在两个相同的区域。一张照片的形成过程是比较复杂的，即使是连续拍摄的照片，由于相机自身的因素以及光线等因素也不会完全相同。基于此，我们可以这样认为，凡是存在整体相同局部不同或者整体不同局部相同的现象的照片都可以认定是经过修改过的照片。

对于复制—粘贴篡改方式的取证研究在近几年取得了很多的成就，也总结了很多具有可操作性的检验方法，比较简单的是利用 Photoshop 差值计算。镜头成像时，像面照度的不均匀性决定了图像中同一色块的亮度是变化的，即不管物体表面多么均匀，照片上都没有完全相同的成块空间。因此，自然图像的像素值应该是随机排列的。数字图像被复制时，是按照数据形式复制的，信息不存在丢失现象。也就是说，数字图像具有原样复制性，如果在一幅图像中发现像素排列完全相同的两个部分，那么这两部分之间很可能存在克隆的联系。在软件的使用过程中，在计算出的差值为 0 的情况下，可以作为认定克隆存在的依据；在差值不为 0 的情况下，需要结合相似度等其他方法予以进一步辨别。

（四）图像边缘特征检验

在进行图像篡改的过程中，在最终形成的图像中会形成新加入图像与原图像的结合点，这些结合点连接后形成的边线即为图像的边缘特征。伪造者为了让图像看起来更加逼真，会使用相应的方法来消除或减弱边缘处的特征，最常用的方法是使用羽化手段。羽化原理是令选区内外衔接部分虚化，起到渐变的作用从而达到自然衔接的效果。但是模糊会造成选区边缘上的一些细节丢失并生成一些规律的颜色统一的像素点，这是无法改变的。所以，利用局部的放大和描点可以很容易看出羽化的痕迹，并认定照片的不真实性。

（五）利用图像内容间景深关系的检验

景深是指在摄影机镜头或其他成像器前沿能够取得清晰图像的成像所测定的被摄物体前后距离范围。利用景深关系检验主要是根据在同一张照片上只有唯一的焦平面和固定的景深。根据焦平面的性质，一张照片只存在一个图像中心，即只有一个清晰的平面。往往在添加性伪造照片中，添加的部分所在的照片景深和原始照片中的景深不一致，或者添加部分与所在图像焦平面的位置关系和添加到的部位与焦平面的位置关系不一致。这一特性可以为检验图像真伪提供依据。

三、内容检验

图像内容检验是目前视频图像检验的主体，也是目前需求比较大的检验项目。很多案件涉及的图片中往往会记录下犯罪的关键信息，这些关键信息是案件侦破或者定罪量刑的重要证据，但是由于光线变化、拍摄距离等外界因素的影响无法准确辨别图像中的关键信息，如人物的身高、文字的内容（车牌号码）、距离、燃烧物等，为了更加准确地辨别上述信息我们需要对图像的内容进行检验，检验过程中往往需要使用专门的图像软件进行图像处理来辨别图像内容。

四、同一性认定

（一）人像同一认定

现实情况下，很多人像照片并不是理想的证件照，由于拍摄角度、拍摄距离、光线变化、化妆等多个因素的影响，所形成的照片会对人的相貌产生一定程度的变化。由于上述因素的影响我们无法直接对照片进行人像同一认定，但是人的相貌具备一定的相对稳定性和特殊性。

人的相貌具有一定的相对稳定性。如果没有出现特殊情况，比如车祸、疾病、整形手术等导致相貌发生变化的情况，在相对较短的时间段内人的相貌一般不会发生很大的变化，尤其是在成年以后，人体骨骼已经发育成熟，人的相貌特征在一定时期会保持基本不变，因此人像同一认定在条件比较好的情况下可以进行年龄跨度较大的检验鉴定。另外，人的相貌也具有一定的特殊性，决定人的相貌的因素有很多，不仅仅包括外在的成长环境、营养摄入状况、生活状况，还包括骨骼结构、心理状态、肌肉组织等因素，这些综合条件共同决定了人的相貌，每一个条件的变化都会对人的相貌产生或多或少的影响，故而在面部五官外貌的具体特征是具有其特性的，这是人像鉴定的重要理论依据。

对于照片中人像拍摄质量比较高的，五官清晰、特征明显的可以直接进行比对，在比对的过程中经常采用的方法有两种：第一种方法是切割结合比对法，该方法是在检材和样本照片人像瞳距相等的条件下，将两张被比对的照片切开，再将其中的半边同另半边拼合比对；第二种方法是测量比对法，该方法是通过分析人面测量点，标志点尺寸数据及角度，确定人像照片上面部特征点的数量及其比例关系，对两张不同的照片进行同一识别，但是该种方法只能检验角度一致或极为相近的照片。

还有一部分照片质量较差，细节特征不明显的需要对照片进行预处理后再比对，一般是进行图像矫正、图像增强以及图像清晰化的处理过程。另外还可以通过模拟法改变拍摄角度、拍摄距离、打光方向等摄影条件，调整检材与样本的放大倍率等。处理后再利用以上两种方法进行比对检验。

（二）照片同源认定

照片同源认定是指对于多张照片（两张及以上）是否源于同一场景的同一认定。实际操作过程中使用的主要方法有重合比对法、透视分析法等。

重合比对法是通过对其中一检材照片进行缩放、变形校正后，选择几个特征点与另外检材照片进行重合比对。如果图像中各个特征点都能够很好地对应，重合度较好，可以认定为同源；否则得出非同源结论。

透视分析是利用影像的透视原理结合相关透视规律对各照片进行透视分析，找出符合点和差异点，通过综合评判进而作出同源与否判断。

参考文献

一、参考著作

1. 朱宝礼、周云彪主编：《刑事图像技术》，中国人民公安大学出版社2003年版。

2. 王锦辉、石建勋主编：《刑事图像技术实训指导》，北京大学出版社2016年版。

3. 杨玉柱：《刑事图像技术》，中国人民公安大学出版社2007年版。

4. 张大治：《刑事数字图像处理原理与实务》，四川大学出版社2015年版。

5. 台治强：《数字化刑事图像技术》，中国人民公安大学出版社2009年版。

6. 李苑、杨洪臣：《刑事数码摄影技术应用》，中国人民公安大学出版社2002年版。

7. 刘建民、李钦、师选生：《刑事照相与录像》，中国人民公安大学出版社2000年版。

8. 俞涛、云翔主编："刑事录像技术讲义"，公安部物证鉴定中心刑事录像学习班讲义。

9. 李卓：《辨认摄影教程》，警官教育出版社1996年版。

10. 杨玉柱：《法医摄影技术》，中国人民公安大学出版社2001年版。

11. 杨玉柱：《刑事图像技术教程》，中国人民公安大学出版社2002年版。

12. 赵成文、杜宇：《刑事相貌学侦查实用概述》，群众出版社2004年版。

13. 赵公仪：《刑事摄影原理与实践》，群众出版社1994年版。

14. 钱钧主编：《刑事摄影简明教程》，中国人民公安大学出版社2002年版。

15. 公安部人事训练局编：《刑事照相与录像教程》，群众出版社2000年版。

16. 潘国光：《刑事摄影教程》，中国人民公安大学出版社2002年版。

17. 王渝霞：《警务现场照相》，中国人民公安大学出版社2005年版。

18. 孟建国等：《视听资料检验》，中国人民公安大学出版社 2002 年版。

19. 马建平：《刑事影像学》，群众出版社 2007 年版。

20. 孟建国、赵玫、黄建东主编：《刑事图像技术与应用》，中国人民公安大学出版社 2002 年版。

21. 黄群主编：《刑事图像教程》，中国人民公安大学出版社 2011 年版。

22. 李寄冰主编：《刑事照相》，法律出版社 2000 年版。

23. 徐立根主编：《物证技术学》（第 2 版），中国人民大学出版社 2000 年版。

24. 赵成德：《数字电视摄像技术》，复旦大学出版社 2007 年版。

25. ［美］美国纽约摄影学院：《美国纽约摄影学院摄影教材》（上册），李之聪等译，中国摄影出版社 2000 年版。

26. ［德］恩斯特·韦伯：《摄影构图的最佳选择》，贺西安、李海靖译，中国摄影出版社 1993 年版。

27. 单大国主编：《刑事科学技术》，高等教育出版社 2016 年版。

28. 单大国、蒋占卿主编：《图像处理与检验》，中国人民公安大学出版社 2015 年版。

29. 谢军、王志群主编：《刑事影像技术》，中国人民公安大学出版社 2014 年版。

二、参考标准

1. 中华人民共和国国家标准：比例照相规则 GB/T 23865—2009。

2. 中华人民共和国公共安全行业标准：尸体辨认照相、录像方法规则 GA/T 223—1999。

3. 中华人民共和国公共安全行业标准：警用多波段光源通用技术要求 GA 235—1999。

4. 中华人民共和国公共安全行业标准：辨认照相、录像要求 GA/T 325—2001。

5. 中华人民共和国公共安全行业标准：偏振光照相方法 GA/T 327—2001。

6. 中华人民共和国公共安全行业标准：犯罪嫌疑人和罪犯司法登记照相规则 GA/T 328—2001。

7. 中华人民共和国国家标准：现场照相、录像要求 GB/T 29349—2012。

8. 中华人民共和国国家标准：刑事照相制卷质量要求法庭科学照相制卷质量要求 GB/T 29351—2012。

9. 中华人民共和国公共安全行业标准：现场照相方法规则 GA/T 582—2005。

10. 中华人民共和国公共安全行业标准：红外照相、录像方法规则 GA/T 583—2005。

11. 中华人民共和国公共安全行业标准：紫外照相方法规则 GA/T 584—2005。

12. 中华人民共和国公共安全行业标准：刑事照相设备技术条件 GA/T 591—2006。

13. 中华人民共和国公共安全行业标准：刑事数字影像技术规则 GA/T 592—2006。

14. 中华人民共和国公共安全行业标准：光致发光照相、录像方法规则 GA/T 593—2006。

15. 中华人民共和国公共安全行业标准：犯罪嫌疑人模拟像制作规则 GA/T 601—2006。

16. 中华人民共和国公共安全行业标准：讯问同步录音录像系统技术要求 GA/T 882—2014。

17. 中华人民共和国公共安全行业标准：法庭科学模糊图像处理技术规范 图像增强 GA/T 895—2010。

18. 中华人民共和国公共安全行业标准：法庭科学模糊图像处理技术规范 退化图像复原 GA/T 896—2010。

19. 中华人民共和国公共安全行业标准：法庭科学模糊图像处理技术规范 图像去噪声 GA/T 897—2010。

20. 中华人民共和国公共安全行业标准：图像真实性鉴别技术规范 图像真实性评价 GA/T 916—2010。

21. 中华人民共和国公共安全行业标准：图像真实性鉴别技术规范 图像重采样检测 GA/T 917—2010。

22. 中华人民共和国公共安全行业标准：图像真实性鉴别技术规范 图像 CFA 插值检测 GA/T 918—2010。

23. 中华人民共和国公共安全行业标准：图像真实性鉴别技术规范 图像 JPEG 压缩检测 GA/T 919—2010。

24. 中华人民共和国公共安全行业标准：紫外观察照相系统数码拍照规则 GA/T 951—2011。

25. 中华人民共和国司法部司法鉴定管理局：图像真实性鉴定技术规范 SF/ZJD0302001—2015。

图书在版编目(CIP)数据

刑事影像技术 / 徐为霞主编. -- 2 版. -- 北京 :
法律出版社, 2020(2022.1 重印)
ISBN 978-7-5197-4439-7

Ⅰ. ①刑… Ⅱ. ①徐… Ⅲ. ①司法摄影－摄影技术
Ⅳ. ①D918.2

中国版本图书馆 CIP 数据核字(2020)第 064053 号

刑事影像技术(第二版)
XINGSHI YINGXIANG JISHU(DI-ER BAN)

徐为霞 主编

责任编辑 李 群 陈 熙
装帧设计 贾丹丹

出版发行 法律出版社
编辑统筹 法规出版分社
责任校对 王晓萍
责任印制 耿润瑜
经　　销 新华书店

开本 710 毫米×1000 毫米 1/16
印张 17.75 字数 338 千
版本 2020 年 7 月第 2 版
印次 2022 年 1 月第 2 次印刷
印刷 三河市龙大印装有限公司

地址:北京市丰台区莲花池西里 7 号(100073)
网址:www.lawpress.com.cn
投稿邮箱:info@lawpress.com.cn
举报盗版邮箱:jbwq@lawpress.com.cn

销售电话:010-83938349
客服电话:010-83938350
咨询电话:010-63939796

书号:ISBN 978-7-5197-4439-7
定价:42.00 元
凡购买本社图书,如有印装错误,我社负责退换。电话:010-83938349